GW01465011

DICTIONNAIRE
ILLUSTRÉ
DES ARTS
DIVINATOIRES
À PRATIQUER CHEZ SOI

Dans la même collection, aux Éditions de Lodi :

❏ **DICTIONNAIRE DES MOTS CROISÉS & JEUX DE LETTRES**
Pour trouver vite le mot clef, *par Thomas Decker*

❏ **DICTIONNAIRE DES SYNONYMES**
Pour trouver vite le mot juste, *par Thomas Decker*

❏ **DICTIONNAIRE DES CITATIONS**
Maximes, dictons et proverbes français, *par Thomas Decker*

❏ **DICTIONNAIRE ILLUSTRÉ D'ARCHÉOLOGIE**
Sculpture, architecture, arts roman et gothique… Tout pour comprendre
le message des pierres, *par Thomas Decker*

❏ **DICTIONNAIRE ILLUSTRÉ DES MYTHOLOGIES**
celtique, égyptienne, gréco-latine, germano-scandinave, iranienne,
mésopotamienne, *par Myriam Philibert*

❏ **TRÉSORS DE LA POÉSIE FRANÇAISE**
Anthologie des plus beaux poèmes depuis le Moyen Âge
par Pierre Ripert

❏ **DICTIONNAIRE ILLUSTRÉ DE L'HISTOIRE DE FRANCE**
600 fiches-synthèses - personnages, événements -
pour 2000 ans d'histoire, *par Charles Le Brun*

❏ **DICTIONNAIRE ILLUSTRÉ DE LA FRANC-MAÇONNERIE**
Histoire, symbolisme et rituels, Francs-Maçons célèbres… *par J.B.*

Illustrations : archives d'*Actualité de l'Histoire* SARL

© 1999, Actualité de l'Histoire SARL

Thomas Decker

DICTIONNAIRE ILLUSTRÉ DES ARTS DIVINATOIRES

À PRATIQUER CHEZ SOI

Méthodes et interprétations,
procédés magiques, superstitions,
sciences occultes...

Éditions
de Lodi

Bibliographie

— **Curiosités des sciences occultes**, du bibliophile Jacob (Paul Lacroix), *1862*.
— **Le musée des sorciers, mages et alchimistes**, de Grillot de Givry.
— **Les arts divinatoires à travers les âges**, Myriam Philibert, *Éditions Dervy, 1995*.
— **Arts divinatoires**, rubrique réalisée par Gabriel Lechevallier
  dans *Actualité de l'Histoire mystérieuse*.

Illustrations : archives d'*Actualité de l'Histoire* SARL.

Avant-propos

L'amour, la fortune (bonne ou mauvaise) et la mort ont toujours été la principale préoccupation des hommes. Les arts divinatoires ont donc été fréquemment sollicités.

Que l'on soit persuadé(e) de leur efficacité ou que l'on prétende ne pas y croire, lorsqu'on est amoureux(se), ou dans un moment difficile, on cherche à interpréter le moindre signe favorable du Destin.

Avec ce dictionnaire, nul besoin d'aller voir une voyante. Il a été réalisé pour que chacun puisse être son propre oracle.

On y trouvera le mode d'emploi des arts divinatoires les plus courants (Astrologie, Numérologie, Géomancie, Tarots, Runes, marc de café, Yi King...) et de nombreux autres chapitres, souvent pittoresques, qui racontent comment, à travers les arts divinatoires, les arts magiques, l'occultisme et les superstitions, les Anciens cherchaient des réponses aux mystères du monde.

A

ABRACADABRA

Formule souvent tournée en déri-
sion dans les contes de fées, mais
à laquelle les Anciens prêtaient
des vertus magiques, notamment
quand elle était utilisée sur un
pantacle (voir ce mot).
Porté autour du cou, c'était un
remède contre les maladies et les
fièvres.

ABRACADABRA
ABRACADABR
ABRACADAB
ABRACADA
ABRACAD
ABRACA
ABRAC
ABRA
ABR
AB
A

Selon Serenus Samonicus, médecin du IIe siècle de notre ère, il
fallait écrire ce nom en diminuant
lettre après lettre par ordre rétrograde (figure ci-avant).
D'autres exégètes de l'*Acadabra*
en proposent la forme suivante,
où l'on retrouve la forme de triangle pointe en bas, qui symbolise tout ce qui descend de haut
en bas, notamment l'eau céleste,
la Nature :

ABRACADABRA
BRACADABR
RACADAB
ACADA
CAD
A

(*Abraca*, ou *Abracax* chez les
Perses, *Abraxas* chez les Syriens
était le nom du plus ancien des
dieux. Sa déformation a donné
Abracadabra.)

ACHILLÉOMANCIE

Divination par les tiges d'achillée.

Méthode consistant à trier des baguettes et à analyser les figures obtenues. Cette méthode, surtout pratiquée en Chine ancienne, a donné le **Yi King** (voir ce mot).

ACUTOMANCIE

Divination par les épingles. Voir aussi **Aiguille**.

À ne pas confondre avec les procédés de magie noire, qui consistent à transpercer sa victime, symbolisée, par exemple, par une statuette de cire, avec une aiguille.

À Alexandrie, les prêtresses perçaient des figurines de cire, à l'effigie de l'ennemi, avec des épingles en métal précieux pour attirer sur lui la malédiction des dieux.

AÉROMANCIE

Divination de l'air.
Nombre de divinations sont
"aériennes". Si l'on prend le tonnerre, la foudre, les oiseaux…,
cette divination appartient à l'*augure*, ou à l'*oracle*. S'il s'agit de
planètes, on s'en réfère à l'**astrologie**… Prédire des variations
atmosphériques est du ressort de
la **météorologie** (appelée autrefois
l'**aéroscopie**), en revanche, lorsqu'une comète annonce la mort
d'un grand homme, c'est de l'**aéromancie**, voire de l'**astrologie.**
Les devins grecs pratiquaient
cette forme d'aéromancie : ils
plaçaient sur une hauteur une
coupe remplie d'eau, et interprétaient les rides provoquées par le
vent à sa surface.

AÉROSCOPIE

Art de prévoir le temps avant que
la météorologie ne devienne une
discipline scientifique. L'aéroscopie
pie s'exprimait sous forme de
dictons.
◆ **Janvier** sec et sage
Est d'un bon présage.
◆ Tonnerre en janvier
Récolte en quantité.
◆ **Février** trop doux
Printemps en courroux.

◆ Février entre tous les mois
Le plus court, le moins courtois.
En février qu'il grêle et tonne
C'est marque d'un bel automne.
◆ Si l'hiver ne fait son devoir
En décembre ou en janvier,
Au plus tard il se fera voir
Dès le deuxième février.
◆ Quand pour **mars** il tonne
L'année sera bonne.
◆ Neige de mars brûle le bour-
geon.
◆ Le beau temps de mars se paie
en avril.
◆ Mars venteux et avril pluvieux
Font le mai gai et gracieux.
◆ Brouillards en mars, gelées en
mai.
◆ Lune d'**avril** ne passe pas sans
gelée.
◆ Avril froid pain et vin donne.
◆ Gelée d'avril ou de mai
Misère nous prédit au vrai.
◆ Au mois d'avril, ne quitte pas
un fil ; au mois de mai, va comme
il te plaît.
◆ Quand il tonne en avril
Prépare tes barils.
◆ Bourgeon qui pousse en avril
Met peu de vin au baril.
◆ Avril le doux, quand il se
fâche est le pire de tous.
◆ Le mois d'avril est cousu de
mauvais fil.
◆ Fleur d'avril tient par un fil.
◆ En avril nuée, en mai rosée.

◆ Pluie d'avril remplit les greniers.

◆ Petite pluie de **mai** rend tout le monde gai.

◆ Mai froid et chaud juin donnent pain et blé.

◆ Pluie de mai fait pousser les enfants.

◆ **Juin** froid et pluvieux
Tout l'an sera grincheux.

◆ Mai froid et chaud juin
Donnent pain et blé.

◆ Trop de pluie en juin
Rend le paysan chagrin.

◆ **Juillet** sans orage
Famine au village.

◆ Juillet doit rôtir
ce que septembre mûrira.

◆ Juillet ensoleillé
Remplit cave et grenier.

◆ Temps trop beau en **août**
Annonce hiver en courroux.

◆ Août tarit les fontaines
ou emporte les ponts.

◆ Quand il pleut en août
Il pleut miel et bon moût.

◆ **Septembre** se nomme
Le mai de l'automne.

◆ En septembre coupe ce qui pend.

◆ En septembre quand il tonne
La vendange est bonne.

◆ **Octobre** en bruine
Hiver en ruine.

◆ Beaucoup de pluie en octobre
Beaucoup de vent en décembre.

◆ **Novembre** chaud au début,
froid à la fin.

◆ En novembre s'il tonne
L'année sera bonne.

◆ **Décembre** de froid trop chiche
Ne fait pas le paysan riche.

◆ Petite pluie abat grand vent.

◆ Canard qui crie, et c'est la pluie.

◆ Chat se chauffant est signe de mauvais temps.

◆ Jour de vent,
Jour de tourment.

◆ Orage de nuit fait peu de mal, et beaucoup de bruit.

◆ Orage du matin ruine le vilain.

◆ La lune annonce par sa pâleur la pluie, par sa rougeur le vent, et par sa blancheur la sérénité.

◆ Quand la lune se fait dans l'eau, deux jours après il fait beau.

◆ Lune d'argent, c'est le beau temps ;
Lune blanche, journée franche ;
Lune pâle, l'eau dévale ;
Lune rouge, le vent bouge.

◆ Arc-en-ciel du matin,
Pluie sans fin ;
Arc-en-ciel du soir,
Fait le beau temps paroir.

◆ D'été bien chaud vient un automne
Pendant lequel souvent il tonne.

◆ Année de sécheresse
A toujours fait richesse.

◆ Après grande sécheresse, grande pluie.

◆ Si l'hiver est chargé d'eau
L'été en sera que plus beau.

◆ Hirondelle volant haut, le temps sera beau.

◆ Bruine est bonne à la vigne,
Et à blé la ruine.

◆ Bruine obscure,
Trois jours dure,
Si elle poursuit,
En dure huit.

◆ Année de glands,
Année d'argent.

◆ Année de glands,
Année d'enfants.

◆ Ciel rouge le soir,
Blanc le matin
Ravit le pèlerin.

◆ Ciel pommelé
et femme fardée
ne sont pas de longue durée.

◆ Ciel moutonné
Beau temps passé.

◆ Ciel bleu foncé
Vent renforcé.

◆ Chant du coucou
Temps doux.

◆ Blanche gelée est de pluie messagère.

◆ Année de gelée,
Année de blé.
Année de givre,
Année de fruits.

◆ Une hirondelle ne fait pas le printemps.

◆ Hirondelle aux champs
Amène joie et printemps.

◆ Quand l'hirondelle fait son nid, plus besoin d'abri.

◆ Par temps d'orage
l'hirondelle monte aux nuages.

◆ Quand l'hirondelle vole en rasant,
c'est pour bientôt le mauvais temps.

◆ Ail mince de peau,
Hiver court et beau.

◆ Oignons à trois pelures
Signe de froidure.

◆ Si l'hiver est surchargé d'eau
L'été en sera que plus beau.

◆ Soleil d'hiver,
amour de paillarde
Tard vient et peu tarde.

◆ Amitié de grands
Serments de femmes
Et soleil d'hiver
Ne durent guère.

◆ Si les fourmis font de gros tas
Un dur hiver viendra.

◆ Bonnes noisettes, mauvais hiver.

◆ S'il y a des noix, l'hiver est froid.

◆ Quand merle siffle, hiver fini.

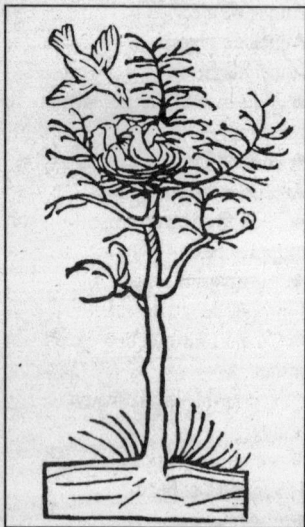

AGATE

(dioxyde de silicium)
Quartz qui doit son nom à la rivière sicilienne où on la trouvait en abondance. Il en existe plusieurs variétés, rouge, verte, jaune, ou noire (celles dont la couleur est éclatante sont artificielles).
L'agate stimule la vitalité, renforce le cœur, et calme les enfants agités.

ÂGE D'OR

Période soit relative à un passé prospère, et devenue mythique, soit période future, pleine de promesses paradisiaques.
Isaïe, prophète hébreu du VIIIᵉ siècle avant J.-C., décrit ainsi l'âge d'or, en se faisant l'interprète de l'Éternel :
Vous vous réjouirez et vous serez éternellement pénétrés de joie à cause des choses que je vais vous créer, parce que je m'en vais rendre Jérusalem une ville d'allégresse et son peuple un peuple de joie...
Les hommes bâtiront des maisons et ils les habiteront ; ils planteront des vignes et ils en mange-

ront les fruits. Ils ne bâtiront point des maisons afin qu'un autre y habite ; ils ne planteront pas de vigne afin qu'un autre y mange le fruit...

Ils ne travailleront plus en vain, et n'engendreront plus des enfants avec crainte ; car ils seront la postérité des bénis de l'Éternel et leurs petits-enfants le seront comme eux...

Et il arrivera qu'avant qu'ils crient, je les exaucerai, et lorsqu'ils parleront encore, je les aurai déjà entendus. Le loup et l'agneau iront ensemble paître, et le lion mangera de la paille et de l'herbe comme le bœuf, et la poussière sera la nourriture du serpent ; ils ne nuiront point, ne tueront point et ne feront aucun dommage dans toute la montagne de ma sainteté.

AIGUE-MARINE

(silicate d'aluminium bleu)
Elle développe les pouvoirs paranormaux et contribue à la méditation. Si elle est translucide, elle rend réceptif.
Elle aide à lutter contre les allergies, et les affections O.R.L..

AIGUILLE (DIVINATION PAR)

◆ On utilise 7 épingles ordinaires, et une épingle à tête noire auparavant brisée en deux parties.
On jette le tout sur un tapis, puis l'on analyse les figures formées. Pour cette analyse, une ligne verticale correspond à la Providence, une ligne horizontale au Destin, une ligne courbe un retard, une ligne brisée un voyage, une ligne oblique des détours, des lignes parallèles de l'argent, la tête de l'épingle brisée une femme, l'autre partie un homme.
◆ Jeter dans une cuvette remplie d'eau de pluie 13 aiguilles sèches et analyser la figure formée. Si les aiguilles sont séparées, signe de bonheur et de sérénité, si les aiguilles sont accolées les unes aux autres, signe d'ennuis d'autant plus graves que l'amalgame sera important.

AIGUILLETTE (NOUEMENT DE L')

Le nouement de l'aiguillette était une pratique redoutée des hommes du Moyen Âge. Le roi Philippe Auguste, lors de sa nuit de noces, ne put consommer son mariage avec la belle Ingeburge de Danemark. Il la répudia, prétextant un nouement de l'aiguillette. L'affaire provoqua son excommunication, et l'interdit papal sur le royaume de France.

Les secrets merveilleux du petit Albert de 1772 donnent la recette suivante : ayez la verge d'un loup nouvellement tué, et, étant proche de la portée de celui que vous voulez lier, vous l'appellerez par son nom, et aussitôt qu'il aura répondu, vous lierez ladite verge avec un lacet de fil blanc, et il sera si impuissant à l'acte de Vénus, qu'il ne le serait pas davantage s'il était châtré.

De bonnes expériences ont fait connaître que, pour remédier et même pour empêcher cette espèce d'enchantement, il n'y a qu'à porter un anneau dans lequel est enchâssé l'œil droit d'une belette.

Pour dénouer l'aiguillette, selon une autre recette, mettre du vif argent dans un chalumeau de paille et mettre ce chalumeau sous l'oreiller du maléficié.

Autre recette pour retrouver sa virilité : uriner par l'anneau nuptial un vendredi matin au soleil levant, en répétant trois fois *yemon.*

ALCHIMIE

L'Alchimie est l'art de transmutation, c'est-à-dire du passage d'un élément à l'autre, un principe d'évolution de la matière.

L'Alchimie est la recherche de la Pierre Philosophale, capable de régénérer l'Homme. Les applications qui en découlent sont celles d'une médecine universelle apte à transmuter les métaux en or, à guérir toute maladie et à conférer l'immortalité à l'alchimiste.

Dans cette quête s'illustrèrent de nombreux personnages, notamment Francis Bacon. Isaac Newton maniait aisément la pensée alchimique (ou hermétique).

Les premiers auteurs connus sont d'origine gréco-égyptienne et les textes écrits en grec. Zozime donne à l'Art divin une origine céleste transmise par les textes sacrés. Il cite Hermès Trismégiste (le trois fois grand) identifié à la déesse égyptienne Thot, comme le traducteur de ces textes (Voir aussi **Table d'émeraude**).

L'existence d'un ancien texte égyptien dont le titre est *Kemjit* fait remonter l'Alchimie à l'époque pharaonique. La racine *Km* signifiant achèvement, réalisation; ce que l'Alchimie veut être.

La transmission alchimique suivit diverses voies : outre celui des Grecs (Zozime, Olympiodore), l'apport des Arabes fut déterminant dès le VIIIe siècle. Le prince Omeyyade Khalid Ibn Yazid se rendit à Alexandrie pour y

apprendre l'Alchimie. On lui doit les premières traductions des textes grecs en arabe.

À cette époque, on s'attacha à la recherche de procédés permettant l'élaboration de matériaux pour les arts (pigments, vernis, émaux) et de médicaments.

Les textes utilisaient le symbolisme des figures de la nature : Soleil, Lune, Corps célestes et animaux divers.

Au XIVᵉ, à Paris, Nicolas Flamel aurait découvert la pierre philosophale ; sa fortune lui permit de fonder le charnier des Innocents. Selon sa légende, il aurait caché le *Livre d'Abraham*, bible des alchimistes, et qui lui aurait permis de mener à bien ses recherches, sous la tour Saint-Jacques.

Charles IX, qui, comme sa mère Catherine de Médicis, était superstitieux, confia une importante somme d'argent à un alchimiste qui… s'enfuit avec. Le comte de Saint-Germain, qui se prétendait lui aussi alchimiste, se fit offrir un laboratoire par Louis XV.

À partir du XVIIIᵉ siècle, l'alchimie souffre de discrédit aux dépens de la chimie naissante. Au début du XXᵉ siècle, Fulcanelli, avec ses *Mystères des cathédrales* a relancé le courant alchimiste.

ALECTRYOMANCIE

Divination du coq.

Recette moyenâgeuse : si l'on veut deviner l'auteur d'un vol, d'un larcin, ou le nom d'un successeur, ou le nom de quelqu'un pour une cause particulière, on trace un cercle divisé en autant de parties qu'il y a de lettres dans l'alphabet.

On dispose dans chacune des cases des grains de froment.

On prend un jeune coq blanc, dont on aura préalablement coupé les ergots, et on le lâchera dans le cercle. Cercle qui doit être tracé sur de la terre noire.

Selon les grains qu'il picore, on notera les cases concernées. Ne pas omettre de remettre du grain dans les cases qu'il a nettoyées.

Ensuite, il suffira d'assembler les lettres "picorées", et éventuellement de résoudre l'anagramme. L'empereur romain Valens (328-378) eut recours à ce procédé pour connaître le nom de son successeur.

Le coq donna *Theod*. L'empereur fit alors mettre à mort tous ceux dont le nom commençait par ces lettres, ce qui n'empêcha pas l'avènement de son successeur, Théodose le Grand.

ALEUROMANCIE

Divination par les grains de froment, la farine, ou le pain.

◆ Une vierge jette dans un foyer
des grains de blé, le premier pour
janvier, le second pour février,
etc. Si le grain ne se consume
pas, c'est signe qu'il tiendra son
prix. S'il se consume, c'est signe
de grande cherté.

◆ La galette des rois, avec sa
fève, est une forme d'aleuroman-
cie. Au Moyen Âge, on mettait
de côté la part de l'absent et l'on
observait son évolution. Si elle
séchait, l'absent était en bonne
santé. Si elle moisissait, il était
malade, ou avait oublié celui ou
celle qui avait coupé sa part.

◆ Quelqu'un soupçonné de vol
était conduit chez un prêtre qui lui
faisait avaler un pain d'orge. S'il le
digérait bien, il était innocent. La
même méthode était utilisée par le
mari qui soupçonnait son épouse
d'infidélité. L'époux devait pétrir
son pain de pure farine d'orge avec
du lait et du sel sans levain, l'envelopper dans un boyau de porc et le
faire cuire sous la cendre. S'il le
digérait mal, ses soupçons étaient
justifiés.

AMBRE

*(résine fossile jaune-brun,
ou rouge)*
L'ambre, dédiée à Apollon,
réchauffe le cœur, transmet
l'énergie solaire, aide à lutter
contre la dépression et l'angoisse,
protège les voies respiratoires.
L'ambre en poudre évite les
fausses couches. Un homme, s'il
porte un anneau d'ambre jour et
nuit, peut rester confiant en sa
virilité. Si une femme a des rou-
geurs au poignet provoquées par
un bracelet d'ambre, c'est qu'elle
trompe son mari.

AMÉTHYSTE

(dioxyde de silicium violet)
Pierre ornant la bague des
évêques, elle était jadis réputée
pour combattre l'intoxication
alcoolique.
Elle stimule la créativité et la
méditation, les rêves prophétiques. Placée sous un oreiller,
elle combat l'insomnie. Elle
apaise les douleurs gastriques,
améliore le fonctionnement du
foie, guérit les brûlures.
Elle annihile les envoûtements
d'un amoureux jaloux, éloigne
les mauvaises femmes et les
vipères.

AMNIOMANCIE

Divination par la membrane amniotique (poche des eaux) qui enveloppe quelquefois la tête de l'enfant à sa naissance. On l'appelle *coiffe*, et c'était une marque de bonheur (d'où l'expression *être né coiffé*).

On la récupérait pour un faire un talisman, très prisé par les avocats romains : la porter sur son sein gauche rendait éloquent !

Cette membrane amniotique, si elle était rouge, était de bon présage ; de teinte plombée, elle était de mauvais augure pour le nouveau-né.

AMOUR

Voir aussi **Philtre d'amour**.

Provoquer l'amour est l'un des principaux motifs pour lesquels on fait appel aux arts divinatoires.

Voici quelques recettes, puisées dans les grimoires.

◆ Pour se faire aimer, prendre un cœur de colombe, un foie de passereau, la matrice d'une hirondelle, un rognon de lièvre. On les réduira en poudre impalpable, et la personne qui composera ce philtre ajoutera partie égale de son sang séché et pulvérisé de même. Si on fait avaler deux ou trois fois la dose d'une dragme (3,24 g.) de cette poudre à la personne qu'on veut induire en amour, on aura un merveilleux succès.

◆ Capturez un crapaud un vendredi avant le soleil levant, à l'heure de Vénus, et vous l'attacherez par les deux pattes de derrière dans votre cheminée. Quand il sera bien sec, vous le mettrez en poudre dans un mortier, vous envelopperez la poudre dans une feuille de papier, et mettrez le tout sous un autel, par-derrière, pendant trois jours. Le troisième jour, à la même heure, vous irez le retirer (il est nécessaire qu'une messe ait été dite sur cet autel dans ce délai).

Grâce à cette poudre, vous aurez autant de filles et de femmes que vous voudrez, et si vous en saupoudrez une fleur que vous offrirez à une femme, celle-ci vous suivra partout.

◆ Vous vous arracherez 3 poils des parties secrètes et 3 de dessous l'aisselle gauche, et les ferez brûler sur une pelle à feu bien chaude. Consumés, vous les réduirez en poudre et les mettrez sur un morceau de pain que vous mettrez dans la soupe ou dans du café, et sitôt que la fille ou la femme aura goûté à ce breuvage, soyez persuadé que jamais elle ne vous quittera.

◆ *Pour garantir du cocuage* : prenez le bout du membre génital d'un loup, le poil autour de ses yeux, celui qui est à sa queue en forme de barbe, réduisez cela en poudre par calcination et faites-le avaler à la femme, sans qu'elle le sache. Elle serra fidèle. La moelle de l'épine du dos d'un loup a le même effet.

ANGES DÉCHUS

Les anciens juifs croyaient à une multitude de mauvais esprits, démons, anges déchus, responsables des maladies et des fléaux. Ce sont ces anges déchus qui enseignent aux hommes la magie, la divination, et leur donnent le goût des joyaux et des pierreries.

ANTÉCHRIST

Ennemi du Christ, son double satanique, qui selon l'Apocalypse, prêchera de fausses religions, précipitant la ruine des nations, avant que la fin du monde et son Jugement Dernier ne viennent réhabiliter les justes et précipiter les méchants dans les flammes de l'Enfer (voir **Apocalypse**).

ANTHROPOMANCIE

Divination par la lecture des entrailles d'un être humain moribond, sacrifié pour la circonstance. Voir aussi **Nécromancie**.
Cette sanglante divination aurait été pratiquée jusqu'aux empereurs romains, dont Julien l'apostat et Héliogabale.

APOCALYPSE

L'Apocalypse, livre "extatique" contient les révélations faites à saint Jean l'Évangéliste alors qu'il séjournait dans l'île de Patmos, sous le règne de Domitien (51-96). L'ouvrage est divisé en 22 chapitres, et se compose d'une introduction, de 7 visions, et d'une conclusion.

Introduction : Jean, serviteur du Christ, reçoit l'ordre d'avertir ses frères que la fin du monde est proche.

Première vision : la voix de Dieu ordonne à Jean d'écrire ses visions et de les envoyer aux 7 églises d'Asie (Éphèse, Smyrne, Pergame, Thyatin, Sardes, Philadelphie et Laodicée). Il a vu 7 étoiles et 7 chandeliers d'or, qui sont les 7 évêques et les 7 Églises. Au milieu est le Fils de l'homme qui dicte 7 messages ordonnant la fidélité.

Seconde vision : du ciel ouvert, surgit, au son des trompettes, un trône soutenu par 4 animaux étranges et entouré de 24 vieillards prosternés qui chantent les louanges de Dieu, derrière 7 lampes ardentes, les 7 esprits de Dieu.

Dans la main droite de Dieu, le livre de l'avenir fermé de 7 sceaux. Chaque sceau ouvert par Jésus fait apparaître un sinistre présage.

Défilent, au 4e sceau, les 4 cavaliers de l'Apocalypse.

Le 5e sceau fait apparaître les âmes des martyrs priant pour les vivants.

Le 6e sceau montre la terre en cataclysme, un soleil se voilant de noir, une lune sanglante, des étoiles tombant comme des fruits mûrs.

À l'ouverture du 7e sceau surgissent des anges exterminateurs, munis de trompettes, qui annoncent la fin des temps.

Troisième vision : Satan, en dragon de feu, s'attaque aux anges de Dieu avant d'être vaincu par l'archange Michel et d'aller faire la guerre aux enfants de Dieu sur la terre et recruter des adorateurs. Dieu envoie deux anges terrasser la bête immonde et moissonner et vendanger la terre autour de la Ville sainte : le sang coule en telle abondance que seule la tête des chevaux émerge de ce lac rouge.

Quatrième vision : 7 anges vêtus de lin et ceints d'or versent sur la terre leurs coupes pleines de la colère de Dieu, et réduisent en cendres, dans le fracas du tonnerre, la grande Babylone.

Cinquième vision : le Christ sur un cheval blanc, suivi par les armées célestes fait nettoyer par des oiseaux de proie la terre de ses cadavres. La bête immonde est jetée dans un étang de soufre et de feu.

Sixième vision : pendant 1 000 ans, les apôtres, saints et martyrs ressuscitent et règnent, aux côtés du Christ, sur la terre purifiée. À la fin de ce règne, Satan, libéré, rassemble les nations (Gog et Magog) pour donner l'assaut à la Ville sainte. Mais le feu du ciel les dévore.

Septième vision : la Nouvelle Jérusalem, construite d'or et de pierres précieuses ; "c'est le Seigneur tout-puissant qui en est le temple".

Conclusion : une exhortation à résister à la persécution.

Texte lyrique, mystérieux, violent, l'Apocalypse a donné lieu à de multiples interprétations. Ce n'est qu'au troisième concile de Carthage, en 397, que l'Église d'Orient, à l'instar de l'Église d'Occident, l'admit dans le canon des Écritures, preuve que ce texte, dès l'origine, fut contesté par les théologiens.

Depuis l'Église primitive, l'Antéchrist est la négation du Christ, la personnalisation du mal, comme Satan est l'opposé de Dieu. Dans l'Apocalypse, L'Antéchrist tente de régner sur la terre, avant d'être précipité en enfer lors du Jugement dernier.

Il est le souverain de la grande Babylone comme le Christ est celui de la Jérusalem céleste. Saint Jean en donne le "portrait" : *quiconque a de l'intelligence, qu'il calcule le nombre de la bête : 666.*

À toutes les époques, les chrétiens ont voulu y reconnaître leurs persécuteurs : les empereurs Néron, Domitien, Dioclétien, mais aussi Mahomet, voire Napoléon Ier, Hitler… Pour les protestants, ce furent les papes et l'Église de Rome, qui avaient détourné la pureté primitive du christianisme.

Quant au nombre 666, on l'a attribué à César Néron, à partir des lettres hébraïques et de leur correspondance chiffrée (il n'est pas tenu compte des voyelles brèves, absentes de cet alphabet) :

K 100 + S 60 + R 200 + N 50 + R 200 + 06 + N 50 = 666.

À l'époque où l'Apocalypse a été rédigée (vers 90 ?), le souvenir de Néron (37-68) et de ses persécutions était encore présent. Une rumeur voulait que l'empereur fou, ayant pris la fuite après avoir incendié Rome, vivait caché en Asie, et qu'il reviendrait, avec des barbares saccager l'empire…

Saint Jean l'Évangéliste est l'un des douze apôtres. Disciple préféré de Jésus, il serait né en l'an V de notre ère, et mort en 99. Frère de saint Jacques le Majeur, et pêcheur comme lui, il suivit le Christ.

Après la Passion du Christ, il fut aux côtés de Marie pour la consoler, avant d'aller prêcher en Samarie, à Jérusalem et en Asie mineure, où il fut le premier évêque d'Éphèse.

Selon sa légende dorée, arrêté lors des persécutions contre les chrétiens ordonnées par Domitien (95), il fut plongé dans de l'huile bouillante et en ressortit indemne. Exilé à Patmos (dans les Sporades) il eut les visions de son Apocalypse, avant de revenir à Éphèse où il composa son Évangile et ses trois Épîtres.

APOLLONIUS DE TYANE

Philosophe néopythagoricien né à Tyane, en Cappadoce, au début de l'ère chrétienne, et mort à Ephèse en 97, où il avait fondé une école pythagoricienne. Grand voyageur, il visita la Méditerranée, poussa jusqu'à Babylone et en Inde, où il se lia avec des brahmanes. Prédicateur intransigeant, il rassemblait les foules sur son passage pour condamner le luxe et la décadence des mœurs, exiger l'abstinence de la chair animale, et prôner un système de vie communautaire.

Il marchait pieds nus, ne se nourrissait que de légumes, repoussait

les femmes et le vin, distribuait aux pauvres les biens qu'on lui offrait, vivait d'aumônes et couchait dans les temples. Ses cheveux longs et son ascétisme le faisaient prendre pour un prophète. Il pouvait aussi accomplir des miracles. Ainsi, à Rome, ressuscita-t-il une jeune fille, ce qui lui valut d'être banni par Néron comme magicien. Un autre empereur, Domitien, exigea qu'on lui coupe cheveux et barbe. Alors qu'il donnait une leçon à ses élèves, à Ephèse, Apollonius entra en transes, criant : *Frappe le tyran!* Au même moment, Domitien (51-96) était assassiné !

Le renom d'Apollonius de Tyane était tel qu'on lui éleva des statues et des temples, et que des païens le comparèrent à Jésus-Christ, au grand dam des premiers chrétiens. Sa légende, confortée par une biographie de Philostrate, et écrite deux siècles après sa mort, ce qui ajoute quelques doutes à l'authenticité de ses miracles, perdura jusqu'à la chute de l'Empire romain.

ARITHMANCIE

Divination par les nombres (voir **Numérologie**, **Yi King**).

ASCENDANT

L'ascendant est le degré du Zodiaque qui se lève à l'horizon au moment de la naissance. Ce degré changeant toutes les 4 minutes, il est nécessaire, lors de l'élaboration d'un thème astral, de connaître l'heure précise de sa naissance, et le lieu. L'ascendant détermine le comportement, le caractère de l'individu. Pour compléter l'analyse, voici les particularités, selon les signes, des ascendants de personnes nées en France (voir aussi **Astrologie**, et, pour le choix des dates, **Zodiaque**).

BÉLIER

Bélier ascendant **Bélier**
du 21 au 31 mars de 5h45 à 6h45
du 1er au 10 avril de 5h00 à 6h00
du 11 au 20 avril de 4h30 à 5h20
Séduction et impulsion.

Bélier ascendant **Taureau**
du 21 au 31 mars de 6h45 à 8h00
du 1er au 10 avril de 6h00 à 7h20
du 11 au 20 avril de 5h20 à 6h40
Courage et matérialisme.

Bélier ascendant **Gémeaux**
du 21 au 31 mars de 8h00 à 9h50
du 1er au 10 avril de 7h20 à 9h00
du 11 au 20 avril de 6h40 à 8h30
Jeunesse et goût du risque.

Bélier ascendant **Cancer**
du 21 au 31 mars de 9h50 à 12h30
du 1er au 10 avril de 9h00 à 11h45
du 11 au 20 avril de 8h30 à 11h00
Indécision et spontanéité.

Bélier ascendant **Lion**
du 21 au 31 mars de 12h30 à 15h00
du 1er au 10 avril de 11h45 à 14h15
du 11 au 20 avril de 11h00 à 13h40
Courage et optimisme.

Bélier ascendant **Vierge**
du 21 au 31 mars de 15h00 à 17h45
du 1er au 10 avril de 14h15 à 17h00
du 11 au 20 avril de 13h40 à 16h20
Curiosité et instabilité.

Bélier ascendant **Balance**
du 21 au 31 mars de 17h45 à 20h30
du 1er au 10 avril de 17h00 à 19h40
du 11 au 20 avril de 16h20 à 19h00
Amour et désir de plaire.

Bélier ascendant **Scorpion**
du 21 au 31 mars de 20h30 à 23h00
du 1er au 10 avril de 19h40 à 22h15
du 11 au 20 avril de 19h00 à 21h30
Brusquerie et sensibilité.

Bélier ascendant **Sagittaire**
du 21 au 31 mars de 23h00 à 1h30
du 1er au 10 avril de 22h15 à 1h00
du 11 au 20 avril de 21h30 à 0h00
Intuition et émotivité.

Bélier ascendant **Capricorne**
du 21 au 31 mars de 1h30 à 3h30
du 1er au 10 avril de 1h00 à 2h30
du 11 au 20 avril de 0h00 à 2h00
Rigueur et persévérance.

Bélier ascendant **Verseau**
du 21 au 31 mars de 3h30 à 4h45
du 1er au 10 avril de 2h30 à 4h00
du 11 au 20 avril de 2h00 à 3h20
Combativité et fidélité.

Bélier ascendant **Poissons**
du 21 au 31 mars de 4h45 à 5h45
du 1er au 10 avril de 4h00 à 5h00
du 11 au 20 avril de 3h20 à 4h20
Humour et générosité.

TAUREAU

Taureau ascendant **Bélier**
du 21 au 30 avril de 3h40 à 4h40
du 1er au 10 mai de 3h00 à 4h00
du 11 au 20 mai de 2h45 à 3h20
Ténacité et brusquerie.

Taureau ascendant **Taureau**
du 21 au 30 avril de 4h40 à 6h00
du 1er au 10 mai de 4h00 à 5h30
du 11 au 20 mai de 3h20 à 4h50
Obstination et rancune.

Taureau ascendant **Gémeaux**
du 21 au 30 avril de 6h00 à 7h40
du 1er au 10 mai de 5h30 à 7h00
du 11 au 20 mai de 4h50 à 6h30
Créativité et charme.

Taureau ascendant **Cancer**
du 21 au 30 avril de 7h40 à 10h30
du 1er au 10 mai de 7h00 à 9h45
du 11 au 20 mai de 6h30 à 9h10
Fidélité et réussite.

Taureau ascendant **Lion**
du 21 au 30 avril de 10h30 à 13h00
du 1er au 10 mai de 9h45 à 12h15
du 11 au 20 mai de 9h10 à 11h40
Esthétisme et égocentrisme.

Taureau ascendant **Vierge**
du 21 au 30 avril de 13h00 à 15h40
du 1er au 10 mai de 12h15 à 15h00
du 11 au 20 mai de 11h40 à 14h30
Habileté et voyages.

Taureau ascendant **Balance**
du 21 au 30 avril de 15h40 à 18h20
du 1er au 10 mai de 15h00 à 17h45
du 11 au 20 mai de 14h30 à 17h10
Sensualité et séduction.

Taureau ascendant **Scorpion**
du 21 au 30 avril de 18h20 à 21h00
du 1er au 10 mai de 17h45 à 20h20
du 11 au 20 mai de 17h10 à 19h45
Passion et érotisme.

Taureau ascendant **Sagittaire**
du 21 au 30 avril de 21h00 à 23h30
du 1er au 10 mai de 20h20 à 23h00
du 11 au 20 mai de 19h45 à 22h15
Vitalité et simplicité.

Taureau ascendant **Capricorne**
du 21 au 30 avril de 23h30 à 1h30
du 1er au 10 mai de 23h00 à 0h45

du 11 au 20 mai de 22h15 à 0h00
Économie et sérénité.

Taureau ascendant **Verseau**
du 21 au 30 avril de 1h30 à 2h40
du 1er au 10 mai de 0h45 à 2h00
du 11 au 20 mai de 0h00 à 1h25
Goût de l'art et maturité tardive.

Taureau ascendant **Poissons**
du 21 au 30 avril de 2h40 à 3h40
du 1er au 10 mai de 2h00 à 3h00
du 11 au 20 mai de 1h25 à 2h45
Goût du confort et de la famille.

GÉMEAUX

Gémeaux ascendant **Bélier**
du 21 au 31 mai de 1h45 à 2h45
du 1er au 10 juin de 1h00 à 2h00
du 11 au 21 juin de 0h25 à 1h25
Intelligence et autorité.

Gémeaux ascendant **Taureau**
du 21 au 31 mai de 2h45 à 4h00
du 1er au 10 juin de 2h00 à 3h25
du 11 au 21 juin de 1h25 à 2h45
Gaîté et instabilité.

Gémeaux ascendant **Gémeaux**
du 21 au 31 mai de 4h00 à 6h00

du 1er au 10 juin de 3h25 à 5h15
du 11 au 21 juin de 2h45 à 4h30
Vivacité et prodigalité.

Gémeaux ascendant **Cancer**
du 21 au 31 mai de 6h00 à 8h25
du 1er au 10 juin de 5h15 à 7h45
du 11 au 21 juin de 4h30 à 7h10
Indiscipline et indécision.

Gémeaux ascendant **Lion**
du 21 au 31 mai de 8h25 à 11h00
du 1er au 10 juin de 7h45 à 10h20
du 11 au 20 juin de 7h10 à 9h45
Talent et orgueil.

Gémeaux ascendant **Vierge**
du 21 au 31 mai de 11h00 à 13h45
du 1er au 10 juin de 10h20 à 13h00
du 11 au 21 juin de 9h45 à 12h30
Pédagogie et nervosité.

Gémeaux ascendant **Balance**
du 21 au 31 mai de 13h45 à 16h25
du 1er au 10 juin de 13h00 à 15h45
du 11 au 21 juin de 12h30 à 15h10
Sens artistique et voyages.

Gémeaux ascendant **Scorpion**
du 21 au 31 mai de 16h25 à 19h00
du 1er au 10 juin de 15h45 à 18h25
du 11 au 21 juin de 15h10 à 17h45
Profondeur et esprit critique.

Gémeaux ascendant **Sagittaire**
du 21 au 31 mai de 19h00 à 21h40
du 1er au 10 juin de 18h25 à 21h00
du 11 au 21 juin de 17h45 à 20h10
Idéalisme et cynisme.

Gémeaux ascendant **Capricorne**
du 21 au 31 mai de 21 h 40 à 23 h 30
du 1er au 10 juin de 21 h 00 à 22 h 45
du 11 au 21 juin de 20 h 10 à 22 h 00
Lucidité et ténacité.

Gémeaux ascendant **Verseau**
du 21 au 31 mai de 23 h 30 à 0 h 45
du 1er au 10 juin de 22 h 45 à 0 h 00
du 11 au 21 juin de 22 h 00 à 23 h 25
Invention et incompréhension.

Gémeaux ascendant **Poissons**
du 21 au 31 mai de 0 h 45 à 1 h 45
du 1er au 10 juin de 0 h 00 à 1 h 00
du 11 au 21 juin de 23 h 25 à 0 h 25
Instabilité et chance.

CANCER

Cancer ascendant **Bélier**
du 22 au 30 juin de 23 h 45 à 0 h 45
du 1er au 10 juillet de 23 h 10 à 0 h 10
du 11 au 22 juillet de 22 h 30 à 23 h 30
Adolescence et indolence.

Cancer ascendant **Taureau**
du 22 au 30 juin de 0 h 45 à 2 h 00
du 1er au 10 juillet de 0 h 10 à 1 h 30
du 11 au 22 juillet de 23 h 30 à 1 h 00
Amabilité et facilité.

Cancer ascendant **Gémeaux**
du 22 au 30 juin de 2 h 00 à 3 h 50
du 1er au 10 juillet de 1 h 30 à 3 h 20
du 11 au 22 juillet de 1 h 00 à 2 h 40
Charme et débrouillardise.

Cancer ascendant **Cancer**
du 22 au 30 juin de 3 h 50 à 6 h 30
du 1er au 10 juillet de 3 h 20 à 5 h 50
du 11 au 22 juillet de 2 h 40 à 5 h 10
Attachement familial et indécision.

Cancer ascendant **Lion**
du 22 au 30 juin de 6 h 30 à 9 h 00
du 1er au 10 juillet de 5 h 50 à 8 h 30
du 11 au 22 juillet de 5 h 10 à 7 h 45
Rêverie et idéalisme.

Cancer ascendant **Vierge**
du 22 au 30 juin de 9 h 00 à 11 h 45
du 1er au 10 juillet de 8 h 30 à 11 h 10
du 11 au 22 juillet de 7 h 45 à 10 h 30
Timidité et dévouement.

Cancer ascendant **Balance**
du 22 au 30 juin de 11 h 45 à 14 h 30
du 1er au 10 juillet de 11 h 10 à 13 h 50
du 11 au 22 juillet de 10 h 30 à 13 h 10
Sensibilité et besoin des autres.

Cancer ascendant **Scorpion**
du 22 au 30 juin de 14 h 30 à 17 h 00
du 1er au 10 juillet de 13 h 50 à 16 h 30
du 11 au 22 juillet de 13 h 10 à 15 h 45
Magnétisme et perspicacité.

Cancer ascendant **Sagittaire**
du 22 au 30 juin de 17 h 00 à 19 h 40
du 1er au 10 juillet de 16 h 30 à 19 h 00
du 11 au 22 juillet de 15 h 45 à 18 h 30
Mémoire et compréhension.

Cancer ascendant **Capricorne**
du 22 au 30 juin de 19h40 à 21h25
du 1er au 10 juillet de 19h00 à 20h50
11 au 22 juillet de 18h30 à 20h10
Altruisme et caractère difficile.

Cancer ascendant **Verseau**
du 22 au 30 juin de 21h25 à 22h45
du 1er au 10 juillet de 20h50 à 22h10
du 11 au 22 juillet de 20h10 à 21h30
Indécision et indiscipline.

Cancer ascendant **Poissons**
du 22 au 30 juin de 22h45 à 23h45
du 1er au 10 juillet de 22h10 à 23h10
du 11 au 22 juillet de 21h30 à 22h30
Imagination et indécision.

LION

Lion ascendant **Bélier**
du 23 au 31 juillet de 21h40 à 22h40
du 1er au 10 août de 21h00 à 22h00
du 11 au 22 août de 20h25 à 21h25
Passion et réussite.

Lion ascendant **Taureau**
du 23 au 31 juillet de 22h40 à 0h00
du 1er au 10 août de 22h00 à 23h25
du 11 au 22 août de 21h25 à 22h45
Fidélité et rigueur.

Lion ascendant **Gémeaux**
du 23 au 31 juillet de 0h00 à 1h50
du 1er au 10 août de 23h25 à 1h15
du 11 au 22 août de 22h45 à 0h30
Intelligence et indiscipline.

Lion ascendant **Cancer**
du 23 au 31 juillet de 1h50 à 4h20
du 1er au 10 août de 1h15 à 3h45
du 11 au 22 août de 0h30 à 3h00
Esprit d'entreprise, sens de la famille.

Lion ascendant **Lion**
du 23 au 31 juillet de 4h20 à 7h00
du 1er au 10 août de 3h45 à 6h20
du 11 au 22 août de 3h00 à 5h45
Générosité et autorité.

Lion ascendant **Vierge**
du 23 au 31 juillet de 7h00 à 9h40
du 1er au 10 août de 6h20 à 9h00
du 11 au 22 août de 5h45 à 8h25
Fierté et finesse.

Lion ascendant **Balance**
du 23 au 31 juillet de 9h40 à 12h20
du 1er au 10 août de 9h00 à 11h45
du 11 au 22 août de 8h25 à 11h00
Amitié et séduction.

Lion ascendant **Scorpion**
du 23 au 31 juillet de 12h20 à 15h00
du 1er au 10 août de 11h45 à 14h25
du 11 au 22 août de 11h00 à 13h40
Magnétisme et goût de surprendre.

Lion ascendant **Sagittaire**
du 23 au 31 juillet de 15h00 à 17h30
du 1er au 10 août de 14h25 à 17h00
du 11 au 22 août de 13h40 à 16h15
Imagination et voyages.

Lion ascendant **Capricorne**
du 23 au 31 juillet de 17h30 à 19h20
du 1er au 10 août de 17h00 à 18h45
du 11 au 22 août de 16h15 à 18h00
Réussites et échecs.

Lion ascendant **Verseau**
du 23 au 31 juillet de 19h20 à 20h40
du 1er au 10 août de 18h45 à 20h00
du 11 au 22 août de 18h00 à 19h25
Excentricité et fidélité.

Lion ascendant **Poissons**
du 23 au 31 juillet de 20h40 à 21h40
du 1er au 10 août de 20h00 à 21h00
du 11 au 22 août de 19h25 à 20h25
Idéalisme et voyages.

VIERGE

Vierge ascendant **Bélier**
du 23 au 31 août de 19h40 à 20h40
du 1er au 10 sept. de 19h00 à 20h00
du 11 au 22 sept. de 18h30 à 19h25
Altruisme et ambition.

Vierge ascendant **Taureau**
du 23 au 31 août de 20h40 à 22h00
du 1er au 10 sept. de 20h00 à 21h30
du 11 au 22 sept. de 19h25 à 20h45
Réserve et obstination.

Vierge ascendant **Gémeaux**
du 23 au 31 août de 22h00 à 23h45
du 1er au 10 sept. de 21h30 à 23h15
du 11 au 22 sept. de 20h45 à 22h30
Ambition et habileté.

Vierge ascendant **Cancer**
du 23 au 31 août de 23h45 à 2h30
du 1er au 10 sept. de 23h15 à 2h00
du 11 au 22 sept. de 22h30 à 1h00
Pédagogie et ténacité.

Vierge ascendant **Lion**
du 23 au 31 août de 2h30 à 5h00
du 1er au 10 sept. de 2h00 à 4h20
du 11 au 22 sept. de 1h00 à 3h40
Ambition mais susceptibilité.

Vierge ascendant **Vierge**
du 23 au 31 août de 5h00 à 7h40
du 1er au 10 sept. de 4h20 à 7h00
du 11 au 22 sept. de 3h40 à 6h20
Intuition mais timidité.

Vierge ascendant **Balance**
du 23 au 31 août de 7h40 à 10h30
du 1er au 10 sept. de 7h00 à 9h50
du 11 au 22 sept. de 6h20 à 9h00
Prudence et timidité.

Vierge ascendant **Scorpion**
du 23 au 31 août de 10h30 à 13h00
du 1er au 10 sept. de 9h50 à 12h20
du 11 au 22 sept. de 9h00 à 11h30
Discrétion et esprit critique.

Vierge ascendant **Sagittaire**
du 23 au 31 août de 13h00 à 15h30
du 1er au 10 sept. de 12h20 à 15h00
du 11 au 22 sept. de 11h30 à 14h15
Idéalisme et prudence.

Vierge ascendant **Capricorne**
du 23 au 31 août de 15h30 à 17h20
du 1er au 10 sept. de 15h00 à 17h40
du 11 au 22 sept. de 14h15 à 16h00
Travail et rigueur.

Vierge ascendant **Verseau**
du 23 au 31 août de 17h20 à 18h40
du 1er au 10 sept. de 17h40 à 18h00
du 11 au 22 sept. de 16h00 à 17h30
Intelligence et analyse.

Vierge ascendant **Poissons**
du 23 au 31 août de 18h40 à 19h40
du 1er au 10 sept. de 18h00 à 19h00
du 11 au 22 sept. de 17h30 à 18h30
Adaptation et voyages.

BALANCE

Balance ascendant **Bélier**
du 23 au 30 sept. de 17h40 à 18h40
du 1er au 10 octobre de 17h00 à 18h00
du 11 au 22 oct. de 16h20 à 17h20
Goût des arts et romantisme.

Balance ascendant **Taureau**
du 23 au 30 sept. de 18h40 à 20h00
du 1er au 10 octobre de 18h00 à 19h20
du 11 au 21 oct. de 17h20 à 18h45
Séduction et harmonie.

Balance ascendant **Gémeaux**
du 23 au 30 sept. de 20h00 à 21h40
du 1er au 10 oct. de 19h20 à 21h15
du 11 au 22 oct. de 18h45 à 20h30
Facilité et légèreté.

Balance ascendant **Cancer**
du 23 au 30 sept. de 21h40 à 0h30
du 1er au 10 oct. de 21h15 à 23h45
du 11 au 22 oct. de 20h30 à 23h10
Affection et hésitation.

Balance ascendant **Lion**
du 23 au 30 septembre de 0h30 à 3h00
du 1er au 10 octobre de 23h45 à 2h45
du 11 au 22 oct. de 23h10 à 1h45
Facilité et vanité.

Balance ascendant **Vierge**
du 23 au 30 septembre de 3h00 à 5h40
du 1er au 10 octobre de 2h45 à 5h00
du 11 au 22 octobre de 1h45 à 4h25
Efficacité et délicatesse.

Balance ascendant **Balance**
du 23 au 30 sept. de 5h40 à 8h20
du 1er au 10 octobre de 5h00 à 7h45
du 11 au 22 octobre de 4h25 à 7h10
Élégance et chance.

Balance ascendant **Scorpion**
du 23 au 30 sept. de 8h20 à 11h00
du 1er au 10 octobre de 7h45 à 10h20
du 11 au 22 oct. de 7h10 à 9h40
Passion et irrésolution

Balance ascendant **Sagittaire**
du 23 au 30 sept. de 11h00 à 13h30
du 1er au 10 oct. de 10h20 à 13h00
du 11 au 22 oct. de 9h40 à 12h20
Sociabilité et pédagogie.

Balance ascendant **Capricorne**
du 23 au 30 sept. de 13h30 à 15h20
du 1er au 10 oct. de 13h00 à 14h45
du 11 au 22 oct. de 12h20 à 14h00
Opportunisme et diplomatie.

Balance ascendant **Verseau**
du 23 au 30 sept. de 15h20 à 16h40
du 1er au 10 octobre de 14h45 à 16h00
du 11 au 22 octobre de 14h00 à 15h20
Invention et persuasion.

Balance ascendant **Poissons**
du 23 au 30 sept. de 16h40 à 17h40
du 1er au 10 oct. de 16h00 à 17h00
du 11 au 22 oct. de 15h20 à 16h20
Hypersensibilité et adaptabilité.

SCORPION

Scorpion ascendant **Bélier**
du 23 au 31 oct. de 15h40 à 16h40
du 1er au 10 nov. de 15h00 à 16h00
du 11 au 21 nov. de 14h30 à 15h20
Idéalisme et exigence.

Scorpion ascendant **Taureau**
du 23 au 31 octobre de 16h40 à 18h00
du 1er au 10 nov. de 16h00 à 17h25
du 11 au 21 nov. de 15h20 à 16h45
Jalousie et séduction.

Scorpion ascendant **Gémeaux**
du 23 au 31 oct. de 18h00 à 20h00
du 1er au 10 nov. de 17h25 à 19h00
du 11 au 21 nov. de 16h45 à 18h30
Intelligence et lucidité.

Scorpion ascendant **Cancer**
du 23 au 31 octobre de 20h00 à 22h30
du 1er au 10 nov. de 19h00 à 21h45
du 11 au 21 nov. de 18h30 à 21h10
Rêveries et apathie.

Scorpion ascendant **Lion**
du 23 au 31 octobre de 22h30 à 1h00
du 1er au 10 nov. de 21h45 à 0h25
du 11 au 21 nov. de 21h10 à 23h40
Créativité et exigence.

Scorpion ascendant **Vierge**
du 23 au 31 octobre de 1h00 à 3h40
du 1er au 10 novembre de 0h25 à 3h00
du 11 au 21 nov. de 23h40 à 2h25
Lucidité et indécision.

Scorpion ascendant **Balance**
du 23 au 31 octobre de 3h40 à 6h30
du 1er au 10 novembre de 3h00 à 5h50
du 11 au 21 novembre de 2h25 à 5h00
Séduction et domination.

Scorpion ascendant **Scorpion**
du 23 au 31 octobre de 6h30 à 9h00
du 1er au 10 nov. de 5h50 à 8h20
du 11 au 21 novembre de 5h00 à 7h45
Idéalisme et incertitude.

Scorpion ascendant **Sagittaire**
du 23 au 31 oct. de 9h00 à 11h40
du 1er au 10 nov. de 8h20 à 11h00
du 11 au 21 nov. de 7h45 à 10h20
Obstination et goût du secret.

Scorpion ascendant **Capricorne**
du 23 au 31 oct. de 11h40 à 13h20
du 1er au 10 nov. de 11h00 à 12h45
du 11 au 21 nov. de 10h20 à 12h00
Réflexion et compassion.

Scorpion ascendant **Verseau**
du 23 au 31 oct. de 13h20 à 14h40
du 1er au 10 nov. de 12h45 à 14h00
du 11 au 21 nov. de 12h00 à 13h20
Générosité et fidélité.

Scorpion ascendant **Poissons**
du 23 au 31 oct. de 14h40 à 15h40
du 1er au 10 nov. de 14h00 à 15h00
du 11 au 21 nov. de 13h20 à 14h30
Hardiesse intellectuelle, voyages.

SAGITTAIRE

Sagittaire ascendant **Bélier**
du 22 au 30 nov. de 13h50 à 14h40
du 1er au 10 déc. de 13h10 à 14h00
du 11 au 20 déc. de 12h30 à 13h25
Aventure et chance.

Sagittaire ascendant **Taureau**
du 22 au 30 nov. de 14h40 à 16h00
du 1er au 10 déc. de 14h00 à 15h30
du 11 au 20 déc. de 13h25 à 14h50
Émotivité et goût du confort.

Sagittaire ascendant **Gémeaux**
du 22 au 30 nov. de 16h00 à 17h45
du 1er au 10 déc. de 15h30 à 17h10
du 11 au 20 déc. de 14h50 à 16h30
Jeunesse d'esprit et instabilité.

Sagittaire ascendant **Cancer**
du 22 au 30 nov. de 17h45 à 20h30
du 1er au 10 déc. de 17h10 à 19h50
du 11 au 20 déc. de 16h30 à 19h10
Méfiance et générosité.

Sagittaire ascendant **Lion**
du 22 au 30 nov. de 20h30 à 23h00
du 1er au 10 déc. de 19h50 à 22h20
du 11 au 20 déc. de 19h10 à 21h40
Altruisme et force.

Sagittaire ascendant **Vierge**
du 22 au 30 nov. de 23h00 à 1h40
du 1er au 10 déc. de 22h20 à 1h00
du 11 au 20 déc. de 21h40 à 0h25
Activité et fidélité familiale.

Sagittaire ascendant **Balance**
du 22 au 30 nov. de 1h40 à 4hH20
du 1er au 10 décembre de 1h00 à 3h50
du 11 au 20 déc. de 0h25 à 3hH10
Séduction et gentillesse.

Sagittaire ascendant **Scorpion**
du 22 au 30 novembre de 4h20 à 7h00
du 1er au 10 déc. de 3h50 à 6h25
du 11 au 20 déc. de 3h10 à 5h45
Invention et perfectionnisme.

Sagittaire ascendant **Sagittaire**
du 22 au 30 novembre de 7h00 à 9h30
du 1er au 10 décembre de 6h25 à 9h00
du 11 au 20 déc. de 5h45 à 8h15
Générosité et curiosité.

Sagittaire ascendant **Capricorne**
du 22 au 30 nov. de 9h30 à 11h20
du 1er au 10 déc. de 9h00 à 10h45
du 11 au 20 déc. de 8h15 à 10h00
Bonté et angoisse.

Sagittaire ascendant **Verseau**
du 22 au 30 nov. de 11h20 à 12h40
du 1er au 10 déc. de 10h45 à 12h00
du 11 au 20 déc. de 10h00 à 11h20
Amitié et générosité.

Sagittaire ascendant **Poissons**
du 22 au 30 nov. de 12h40 à 13h50
du 1er au 10 déc. de 12h00 à 13h10
du 11 au 20 déc. de 11h20 à 12h30
Innovation et voyages.

CAPRICORNE

Capricorne ascendant **Bélier**
du 21 au 31 déc. de 11h40 à 12h40
du 1er au 10 janv. de 11h00 à 12h00
du 11 au 19 janv. de 10h20 à 11h20
Hypersensibilité et solitude.

Capricorne ascendant **Taureau**
du 21 au 31 déc. de 12h40 à 14h00
du 1er au 10 janvier de 12h00 à 13h20
du 11 au 19 janv. de 11h20 à 12h40
Organisation et rancune.

Capricorne asc **Gémeaux**
du 21 au 31 déc. de 14h00 à 16h45
du 1er au 10 janvier de 13h20 à 15h00
du 11 au 19 janv. de 12h40 à 14h30
Réflexion et pédagogie.

Capricorne ascendant **Cancer**
du 21 au 31 déc. de 16h45 à 18h30
du 1er au 10 janvier de 15h00 à 17h40
du 11 au 19 janvier de 14h30 à 17h00
Fausse vulnérabilité et astuce.

Capricorne ascendant **Lion**
du 21 au 31 déc. de 18h30 à 21h00
du 1er au 10 janvier de 17h40 à 20h20
du 11 au 19 janvier de 17h00 à 19h40
Ambition et habileté.

Capricorne ascendant **Vierge**
du 21 au 31 déc. de 21h00 à 23h40
du 1er au 10 janvier de 20h20 à 23h00
du 11 au 19 janv. de 19h40 à 22h20
Facilité et dispersion.

Capricorne ascendant **Balance**
du 21 au 31 déc. de 23h40 à 2h20
du 1er au 10 janv. de 23h00 à 1h40
du 11 au 19 janvier de 22h20 à 1h00
Sérieux et solidité.

Capricorne ascendant **Scorpion**
du 21 au 31 décembre de 2h20 à 5h00
du 1er au 10 janvier de 1h40 à 4h20
du 11 au 19 janvier de 1h00 à 3h40
Obstination et irréalisme.

Capricorne ascendant **Sagittaire**
du 21 au 31 décembre de 5h00 à 7h30
du 1er au 10 janvier de 4h20 à 6h50
du 11 au 19 janvier de 3h40 à 6h00
Prudence et sagesse.

Capricorne asc **Capricorne**
du 21 au 31 déc. de 7h30 à 9h20
du 1er au 10 janvier de 6h50 à 8h40
du 11 au 19 janvier de 6h00 à 8h00
Intelligence et faiblesse.

Capricorne ascendant **Verseau**
du 21 au 31 déc. de 9h20 à 10h40
du 1er au 10 janv. de 8h40 à 10h00
du 11 au 19 janvier de 8h00 à 9h20
Curiosité et égocentrisme.

Capricorne asc **Poissons**
du 21 au 31 déc. de 10h40 à 11h40
du 1er au 10 janv. de 10h00 à 11h00
du 11 au 19 janvier de 9h20 à 10h20
Amitié et sentimentalité.

VERSEAU

Verseau ascendant **Bélier**
du 20 au 31 janv. de 9h40 à 10h30
du 1er au 10 février de 9h00 à 10h00
du 11 au 19 février de 8h20 à 9h20
Amitié et exubérance.

Verseau ascendant **Taureau**
du 20 au 31 janvier de 10h30 à 12h00
du 1er au 10 févr. de 10h00 à 11h20
du 11 au 19 février de 9h20 à 10h40
Joie de vivre et sincérité.

Verseau ascendant **Gémeaux**
du 20 au 31 janvier de 12h00 à 13h40
du 1er au 10 février de 11h20 à 13h00
du 11 au 19 fév. de 10h40 à 12h30
Dynamisme et idéalisme.

Verseau ascendant **Cancer**
du 20 au 31 janv. de 13h40 à 16h20
du 1er au 10 février de 13h00 à 15h40
du 11 au 19 février de 12h30 à 15h00
Sociabilité et curiosité.

Verseau ascendant **Lion**
du 20 au 31 janvier de 16h20 à 19h00
du 1er au 10 février de 15h40 à 18h20
du 11 au 19 février de 15h00 à 17h40
Égocentrisme et autoritarisme

Verseau ascendant **Vierge**
du 20 au 31 janvier de 19h00 à 21h30
du 1er au 10 février de 18h20 à 21h00
du 11 au 19 fév. de 17h40 à 20h20
Subtilité et prudence.

Verseau ascendant **Balance**
du 20 au 31 janv. de 21h30 à 0h15
du 1er au 10 février de 21h00 à 23h40
du 11 au 19 février de 20h20 à 23h00
Abstraction anticonformisme.

Verseau ascendant **Scorpion**
du 20 au 31 janvier de 0h15 à 2h50
du 1er au 10 février de 23h40 à 2h20
du 11 au 19 février de 23h00 à 1h40
Conviction et obstination.

Verseau ascendant **Sagittaire**
du 20 au 31 janvier de 2h50 à 5h20
du 1er au 10 février de 2h20 à 5h00
du 11 au 19 février de 1h40 à 4h15
Humanisme et progressisme.

Verseau ascendant **Capricorne**
du 20 au 31 janvier de 5 h 20 à 7 h 15
du 1er au 10 février de 5 h 00 à 6 h 40
du 11 au 19 février de 4 h 15 à 6 h 00
Introspection et intuition.

Verseau ascendant **Verseau**
du 20 au 31 janvier de 7 h 15 à 8 h 40
du 1er au 10 février de 6 h 40 à 8 h 00
du 11 au 19 février de 6 h 00 à 7 h 20
Provocation et séduction.

Verseau ascendant **Poissons**
du 20 au 31 janvier de 8 h 40 à 9 h 40
du 1er au 10 février de 8 h 00 à 9 h 00
du 11 au 19 février de 7 h 20 à 8 h 20
Perception et introspection.

POISSONS

Poissons ascendant **Bélier**
du 20 au 28 février de 7 h 45 à 8 h 45
du 1er au 10 mars de 7 h 15 à 8 h 00
du 11 au 20 mars de 6 h 30 à 7 h 30
Fraîcheur d'âme et mysticisme.

Poissons ascendant **Taureau**
du 20 au 28 février de 8 h 45 à 10 h 10
du 1er au 10 mars de 8 h 00 à 9 h 30
du 11 au 20 mars de 7 h 30 à 8 h 45
Sensualité et sens du devoir.

Poissons ascendant **Gémeaux**
du 20 au 28 février de 10 h 10 à 12 h 00
du 1er au 10 mars de 9 h 30 à 11 h 15
du 11 au 20 mars de 8 h 45 à 10 h 30
Séduction et inconstance.

Poissons ascendant **Cancer**
du 20 au 28 février de 12 h 00 à 14 h 30
du 1er au 10 mars de 11 h 15 à 14 h 00
du 11 au 20 mars de 10 h 30 à 13 h 15
Romanesque et intuition.

Poissons ascendant **Lion**
du 20 au 28 février de 14 h 30 à 17 h 00
du 1er au 10 mars de 14 h 00 à 16 h 15
du 11 au 20 mars de 13 h 15 à 15 h 30
Mégalomanie et irréalisme.

Poissons ascendant **Vierge**
du 20 au 28 février de 17 h 00 à 19 h 45
du 1er au 10 mars de 16 h 15 à 19 h 15
du 11 au 20 mars de 15 h 30 à 18 h 30
Indépendance et légèreté.

Poissons ascendant **Balance**
du 20 au 28 fév. de 19 h 45 à 22 h 30
du 1er au 10 mars de 19 h 15 à 22 h 00
du 11 au 20 mars de 18 h 30 à 21 h 15
Séduction et irréalisme.

Poissons ascendant **Scorpion**
du 20 au 28 février de 22 h 30 à 1 h 10
du 1er au 10 mars de 22 h 00 à 0 h 30
du 11 au 20 mars de 21 h 15 à 23 h 45
Manipulation et autoritarisme.

Poissons ascendant **Sagittaire**
du 20 au 28 février de 1 h 10 à 3 h 40
du 1er au 10 mars de 0 h 30 à 3 h 00
du 11 au 20 mars de 23 h 45 à 2 h 30
Irresponsabilité et chance.

Poissons asc **Capricorne**
du 20 au 28 février de 3 h 40 à 5 h 30
du 1er au 10 mars de 3 h 00 à 4 h 45
du 11 au 20 mars de 2 h 30 à 4 h 10
Goût du secret et habileté.

Poissons ascendant **Verseau**
du 20 au 28 février de 5 h 30 à 6 h 45
du 1er au 10 mars de 4 h 45 à 6 h 15
du 11 au 20 mars de 4 h 10 à 5 h 30
Introspection et égocentrisme.

Poissons ascendant **Poissons**
du 20 au 28 février de 6 h 45 à 7 h 45
du 1er au 10 mars de 6 h 15 à 7 h 15
du 11 au 20 mars de 5 h 30 à 6 h 30
Indifférence et obstination.

Selon les manuels d'astrologie, les dates de chaque signe varient à un ou deux jours près. Nous avons choisi les dates utilisées dans la plupart des horoscopes contemporains.

ASTRAGALOMANCIE

Voir aussi **Dés** et **Kybomancie**.
Divination par les osselets, et, par extension, divination avec des dés, des bâtonnets (jeu du mikado), des boulettes ou des tablettes gravées jetés en l'air et dont on interprétait, une fois retombés, la signification.
Tombée en désuétude, cette divination est devenue le jeu d'osselets, très populaire chez les légionnaires romains et les soldats au Moyen Âge.

ASTROLOGIE

Attribuée à Cham, l'un des fils de Noé, l'astrologie est l'un des plus anciens arts divinatoires du monde, pratiqué par presque tous les peuples, sous toutes les latitudes. Interdite par l'Église au Moyen Âge, l'astrologie, en Occident, de science, devint magie…
Elle a toujours ses adeptes, et désormais on peut lire son horoscope, plus ou moins détaillé, dans son journal ou l'obtenir par minitel ou sur internet.
C'est pourquoi nous ne donnons dans cet article qu'un aperçu de l'astrologie divinatoire, une base pour établir un horoscope sommaire, mais insuffisant pour interpréter un thème, avec l'influence de planètes (se reporter éventuellement dans ce dictionnaire au nom de celles-ci, ainsi qu'**Éléments**, et **Zodiaque**)… [Par facilité grammaticale, les descriptions des signes ont été données au "masculin", mais concerne aussi les individus "féminins". Les lectrices rectifieront d'elles-mêmes.]
On trouvera le complément de cette approche astrologique à la rubrique **Ascendant**. Pour chaque signe, nous avons pris les dates utilisées par la plupart des astrologues contemporains.

BÉLIER

du 21 mars au 20 avril.
Signe de Feu.
Tempérament bilieux.
Impulsif et sauvage, plein d'énergie créatrice, identifié au dieu Mars. C'est un fonceur, un guerrier, enthousiaste et franc, jusqu'à l'emportement. Sportif, il est aussi idéaliste.
À trop dépenser son énergie, il s'épuise, d'où des dépressions fréquentes.

TAUREAU

du 21 avril au 20 mai.
Signe de Terre.
Tempérament nerveux.
Gastronomie et sensualité. Amour des plaisirs de la vie. Identifié à la déesse Vénus, il aime le paraître, les bijoux, le luxe. Charmeur, mais aussi parfois trop âpre au gain. Il sait attendre le bonheur et le consolider.

GÉMEAUX

du 21 mai au 21 juin.
Signe d'Air.
Tempérament sanguin.
Pédagogie et amour de la vie, identifié au dieu Mercure. Comme lui, il est astucieux, malin, avec une tendance à se montrer superficiel, pour mieux déguiser ses sentiments. Son insouciance est un leurre : il est précis, rapide, efficace, et profond, quand il veut s'en donner la peine. En amour, il peut se révéler volage.

CANCER

du 22 juin au 22 juillet.
Signe d'Eau.
Tempérament lymphatique.
Volontiers tourné vers le passé, nostalgie de l'enfance. Identifié à la Lune, c'est un ambitieux et un intuitif qui se projette dans le futur, éventuellement pour fuir le présent. Son romantisme latent peut lui faire oublier toute prudence, mais il saura toujours revenir au concret.

LION

du 23 juillet au 22 août.
Signe de Feu.
Tempérament bilieux.
Stabilité, maturité. Identifié à la royauté, il est volontiers orgueilleux et dominateur, voire violent, facilement jaloux, mais sa bonté naturelle reprend vite le dessus. Peu à l'aise dans les fonctions subalternes, il se passionne facilement, en amour comme dans sa profession.

VIERGE

du 23 août au 22 septembre.
Signe de Terre.
Tempérament nerveux.
Identifié à la Déesse-Mère, il ressent le besoin de construire, d'édifier. Intelligent, il sait séduire, par son magnétisme. Professionnellement comme en amour, c'est un collaborateur, ou un compagnon, précieux et exigeant, avec, dans l'intimité, une tendance à l'exubérance et au laisser-aller.

BALANCE

du 23 septembre au 22 octobre.
Signe d'Air.
Tempérament sanguin.
Besoin de communiquer. Il est raffiné, artiste, souvent combatif, mais fréquemment indécis quand il s'agit d'agir, préférant la diplomatie et la subtilité à l'affrontement. Avec l'âge, montre une tendance au pessimisme.

SCORPION

du 23 octobre au 21 novembre.
Signe d'Eau.
Tempérament lymphatique.
Goût du pouvoir et sexualité. Il a de l'attirance pour le secret, et sa détermination ne lui évite pas de se fourvoyer dans des expériences difficiles.

SAGITTAIRE

du 22 novembre au 20 décembre.
Signe de Feu.
Tempérament bilieux.
Volontiers philosophe, désir de spiritualité. Identifié au dieu Jupiter, il aime l'activité ; son manque de souplesse, jusqu'à la

rigidité peut lui être socialement néfaste, d'autant qu'il est volontiers moralisateur. Mais il a l'intelligence du cœur, et même ses contradicteurs doivent reconnaître son efficacité et son honnêteté. En amour, il est fidèle, et ne supporte pas la trahison.

CAPRICORNE

du 21 décembre au 19 janvier.
Signe de Terre.
Tempérament nerveux.
Il sait attendre et cristalliser son énergie. Cet émotif, malgré les apparences, est très vulnérable. Ambitieux, il aime la réussite, même s'il a conscience de la futilité des honneurs. Il n'accorde pas facilement sa confiance, mais se révèle un compagnon fidèle et chaleureux, agréable à vivre.

VERSEAU

du 20 janvier au 19 février.
Signe d'Air.
Tempérament sanguin.
Amour de la paix et de la liberté. Identifié à Uranus, cet intuitif est doué pour les arts et l'introspection. Volontiers rebelle, détestant la routine, il affiche son originalité. C'est un compagnon ou un associé agréable, imprévisible, à condition de brider son idéalisme militant, qui peut aller jusqu'au fanatisme.

POISSONS

du 20 février au 20 mars.
Signe d'Eau.
Tempérament lymphatique.
Ouverture sur le monde, sur l'extérieur. Mais aussi sentimental ou mystique, doux et compatissant. Pour échapper aux rigueurs du monde, au spectacle de la souffrance cet altruiste se réfugie dans son jardin intime.
Quand il ne s'enferme pas, il adhère à des causes. Caméléon social, il peut s'intégrer partout, dans un parti politique comme dans une secte. L'amour seul peut le détourner du militantisme : il y met la même ferveur, le même abandon de soi.

AUGURES AUSPICES

À Rome, les augures interprétaient le vol, le ciel et le comportement des oiseaux. Par extension, divination interprétant l'observation du ciel (phénomènes météorologiques) et des animaux. L'art augural était pratiqué par des prêtres qui traçaient un carré sur le sol (le temple) orienté nord-sud. Ils se plaçaient au sud, face au nord : les signes venant de l'est, à leur droite, étaient considérés comme bénéfiques, les signes venant de l'occident, à leur gauche, étaient néfastes.

Ces prêtres élevaient aussi des poulets dont ils étudiaient l'appétit après leur avoir jeté des graines en posant des questions.

AXINOMANCIE

Divination par la hache.

Pratiquée dans l'Antiquité et au Moyen Âge : on plantait une hache dans un billot, et l'on étudiait les vibrations de son manche. Pour confondre les voleurs, on plantait la hache et l'on récitait le nom des voleurs présumés. Lorsque le manche vibrait à l'énoncé d'un nom, celui qui le portait était jugé coupable.

Autre méthode, on posait la hache sur le sol, en équilibre sur son fer, puis on dansait autour d'elle. Lorsqu'elle finissait par tomber, on regardait la direction indiquée par le manche : c'était celle dans laquelle se trouvait la cachette du voleur.

B

BIBLIOMANCIE

La bibliomancie est une science ancienne qui consiste à tirer des présages ou des informations dans un livre sacré, ou considéré comme tel.

Ainsi furent utilisés, lorsque les religions se référèrent à un livre, la *Bible*, les *Évangiles*, le *Coran*.

Les premiers chrétiens choisirent d'utiliser les *Évangiles* et les *Actes des Apôtres*… Mais rapidement cette pratique se perdit, étant considérée comme idolâtre et païenne.

Les Pères de l'Église et les saints évêques du calendrier, qui n'étaient pas des modèles de tolérance, n'admettaient pas que l'on puisse interpréter à sa guise les saintes Écritures, que d'ailleurs ils "trafiquèrent" au gré de leurs inspirations religieuses et de leurs intuitions sociales, la plupart d'entre eux exerçant, outre un ministère spirituel, des responsabilités politiques auprès de princes malléables.

Dans un esprit identique, des musulmans condamnèrent, eux aussi, l'usage du *Coran* à des fins divinatoires : il est impie de poser à un livre saint des questions qui peuvent se révéler insidieuses, ou sacrilèges. Mais l'usage de la bibliomancie chez les musulmans n'en a pas moins perduré.

Après avoir procédé à des ablutions, le questionneur ouvre le *Coran* au hasard, lit la septième ligne du feuillet droit, puis la septième ligne de la septième page en avant, et en arrière, de ce feuillet. La combinaison de ces trois lignes doit lui donner la réponse à sa question, et éclairer son avenir…

Il existait en Perse des éditions du *Coran* dont chaque page était surmontée d'un des trois mots *bon*, *mauvais*, ou *neutre*, afin de rendre plus rapide l'interprétation du bibliomancien.

Auparavant, les Grecs ouvraient *l'Iliade* ou *l'Odyssée*, les Romains *l'Énéide* de Virgile… Ils considéraient la poésie et l'éloquence comme un don des dieux, et interrogeaient le ciel avec la complicité d'Orphée, d'Homère, d'Euripide ou de Virgile.

C'était surtout les écrits d'Homère et de Virgile, dans lesquels les dieux ne cessent d'intervenir, qui servaient à ces consultations oraculaires.

BIBLIOMANCIE PRATIQUE

Choisir, dans sa bibliothèque, un livre "noble", tant par la qualité de son auteur que par la richesse morale de son contenu. Le tenir fermé, dos vers le bas, et penser à la question posée.

Dans l'autre main, tenir un objet pointu (les Anciens utilisaient des aiguilles d'or) ; soit on enfonce cette aiguille dans le livre fermé, soit on la promène sur la tranche jusqu'à ce qu'elle accroche.

Ouvrir alors le livre à la page ainsi désignée, et lire la ligne à hauteur de la pointe de l'objet. Le message donné dépend beaucoup de qui l'interprète. Pour le comprendre, il faut savoir "lire entre les lignes".

Pour trouver la ligne oraculaire, il existe d'autres techniques dérivées de celle de l'aiguille d'or.

◆ On peut, les yeux fermés, ouvrir le livre au hasard, et, toujours au hasard, poser le doigt sur une ligne…

◆ On peut aussi charger de la besogne une main neutre, ou innocente (enfant illettré).

◆ On peut encore, avec des dés, déterminer le numéro de la page, de la ligne…

◆ On peut aussi imiter les Romains (l'empereur Hadrien — 76-138 — était féru de bibliomancie et d'arts divinatoires), qui mettaient dans une urne des morceaux de parchemin portant chacun un extrait de l'*Énéide*, et y puisaient au hasard. Lorsque la réponse était trop obscure, ils allaient consulter un oracle, en son sanctuaire.

De nos jours, le bibliomancien indécis peut se référer, pour tenter d'interpréter un message confus, à des dictionnaires de psychanalyse, des rêves ou des symboles…

BIORYTHMES

Ce n'est pas une méthode divinatoire proprement dite, mais elle est utilisée, comme le **Yi King**, les **Tarots** ou la **Numérologie** (voir ces termes) pour déterminer, dans un futur immédiat, sa forme, physique, psychique et intellectuelle.

Les Grecs anciens connaissaient déjà les biorythmes : Hippocrate avait déjà déterminé que les santés morale, intellectuelle et physique étaient fonction de cycles.

Les biorythmes se calculent désormais par ordinateur. Il existe des logiciels que l'on rentre dans son ordinateur personnel.

On peut aussi connaître ses biorythmes sur minitel, ou sur des écrans dans les galeries marchandes.

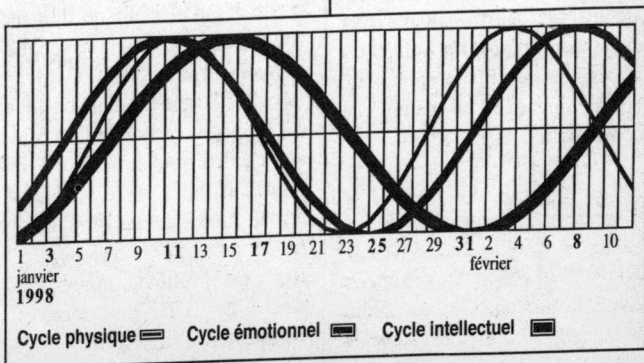

| 1 | 3 | 5 | 7 | 9 | 11 | 13 | 15 | 17 | 19 | 21 | 23 | 25 | 27 | 29 | 31 | 2 | 4 | 6 | 8 | 10 |

janvier
1998

février

Cycle physique ▬▬   Cycle émotionnel ▭▭   Cycle intellectuel ▬▬

Les cycles biorythmiques sont déterminés à partir de la date de naissance, et comportent trois courbes d'amplitudes inégales.

Lorsque ces trois courbes se croisent dans la partie supérieure du graphique, ce sont des moments très positifs, pendant lesquels on est au mieux de sa forme.

Les passages "périlleux" sont lorsque les courbes coupent la ligne médiane. Chaque courbe peut être analysée séparément.

CYCLE INTELLECTUEL

Durée : 33 jours. Détermine l'acuité intellectuelle, la mémoire, la réceptivité.

Lorsque la courbe est dans la partie supérieure du graphique, on se sent "décideur", l'intelligence en éveil.

Lorsque la courbe est dans la partie inférieure du graphique, on est attentiste, abattu, on perd sa confiance en soi, on doute des autres, on a du mal à apprendre, et à comprendre, on manque de concentration.

CYCLE PHYSIQUE

Durée : 23 jours. Détermine la force, la résistance à la maladie, le bien-être. Lorsque la courbe est dans la partie supérieure du graphique, on est plein d'énergie, on supporte mieux la fatigue. Dans la partie inférieure du graphique, on se sent las, découragé.

CYCLE ÉMOTIONNEL

Durée : 28 jours. Détermine la santé mentale, la créativité, la sensualité, la perception du monde extérieur et l'intuition.

Lorsque la courbe est dans la partie supérieure du graphique, on se sent optimiste, créatif. Dans la partie inférieure du graphique, on est davantage émotif, déprimé.

BLÉ

Céréale sacrée, dont le grain meurt pour renaître, le blé a connu de multiples usages. Porte-bonheur, on le jetait, à Rome sur la tête des mariés afin qu'ils aient une nombreuse descendance. Le symbolisme est évident.

Récolter le blé au clair de lune est un gage d'amour et de fidélité. Dans le nord de la France, on jetait sur une plaque rougie au feu 12 grains de blé symbolisant les 12 mois de l'année.

Ceux qui brûlaient annonçaient des mois difficiles, ceux qui résistaient à la chaleur étaient promesse de félicité, et richesses durant ces mois bénéfiques.

Dans le sud de la France, un oracle enfermait dans sa *main gauche* huit feuilles de blé en laissant dépasser leurs extrémités. Puis, de la *main droite*, il tentait de lier ensemble les bouts deux par deux, dessus et dessous, tout en prononçant les noms des futurs mariés. Si l'oracle parvenait, sans regarder sa main, à nouer les huit feuilles ensemble, afin qu'aucune ne tombe de sa main gauche rouverte, le mariage serait heureux.

Les Italiennes en mal de mari, la veille de la Saint-Jean, semaient du blé dans un pot placé dans l'obscurité. Neuf jours plus tard, elles venaient constater le résultat : si le blé avait germé avec des pousses vertes, elles auraient mari beau et riche ; si le blé était chétif et racorni, il allait leur falloir attendre des jours meilleurs pour trouver époux à leur guise.

Pendant la moisson, la jeune fille qui coupe la première gerbe sera mariée dans l'an qui suivra...

BOIS (TOUCHER DU)

Toucher du bois conjure le mauvais sort, à condition qu'il ne soit ni rond, ni verni.

Les meilleurs bois de protection sont le cèdre et l'olivier, parce que la croix du Christ était faite d'un pieu de cèdre et d'une traverse d'olivier.

Le bois, qui, vivant, donne le fruit et abrite les oiseaux, et qui, mort, aide le feu, a toujours été sacré, dans les anciennes traditions. Les Celtes mettaient un dieu dans chaque arbre.

BOTANOMANCIE

Divination par les végétaux. C'est une science très étendue, qui va de l'observation de la forme des végétaux à l'utilisation de la vertu des plantes, notamment des plantes hallucinatoires.

◆ Pour les amoureux indécis, dont le cœur balance entre plusieurs élu(e)s, une méthode médiévale facile : disposer, dans un endroit aéré — mais non venté — des feuilles sur lesquelles on aura inscrit le prénom des candidats. Trois jours plus tard, on consulte les feuilles qui ne se sont pas envolées. Moins la feuille aura bougé, meilleur sera l'oracle. Si la feuille s'est desséchée, ou recroquevillée, on jugera des suites amoureuses à donner selon son état. Une feuille bien desséchée ne doit pas laisser espérer une passion torride !

◆ Les Bretonnes bonnes à marier effeuillaient un **chardon** et éparpillaient ses pétales dans leur chambre, plaçant le reste de la fleur sous leur lit.

Si, le lendemain, le chardon était reconstitué, le mariage était proche. (Il n'est pas interdit de penser que, profitant du sommeil de la fille à marier, le père, ou le promis, opérait une substitution !)

BOULE DE CRISTAL

Voir aussi **Catoptromancie**.

La méthode viendrait d'Angleterre, où les *crystal-readers* étaient nombreux aux XVIIIe siècle.

Après s'être recueilli, l'officiant s'hypnotise en fixant la boule de cristal, et ne tarde pas à y découvrir l'avenir. Si la boule de cristal fait défaut, on peut agir aussi en fixant, au fond d'un verre d'eau, une pièce de monnaie brillante. Ce qui s'ensuit n'est pas affaire de méthode, mais d'interprétation.

Selon miss Freer, une adepte anglaise de la boule de cristal à la fin du XIXe siècle, les visions, généralement brumeuses et floues, représentent soit des souvenirs remontés du subconscient, soit des intuitions provoquées par des facultés télépathiques.

En cas d'absence de ces dons, on évitera de se... *cristalliser* devant sa boule qui, si elle a perdu son aura divinatoire, sera toujours d'un bel aspect décoratif.

C

CAFÉDOMANCIE

Art divinatoire consistant à lire dans le marc de café, c'est-à-dire à analyser les taches qu'il laisse en séchant. L'interprétation de figures laissées par des infusions est très ancienne, et était, notamment pour les feuilles de thé, fréquente en Asie. Les Grecs anciens, eux aussi, pratiquaient la divination à partir de boisson : ils jetaient un peu de vin dans un récipient de bronze : les figures qu'on pouvait alors y lire étaient interprétées comme des présages. La cafédomancie, elle, apparaît pour la première fois en Europe à la fin du XVIIᵉ siècle, dans un traité du Florentin Thomas Tamponelli (Le café apparaît officiellement en France en 1669 : Louis XIV est invité à en boire une tasse). En Orient elle était déjà courante dans les harems. La lecture dans le marc de café jouit d'une grande vogue aux XVIIIᵉ et XIXᵉ siècles. En notre époque de café soluble, elle risque de devenir obsolète. Raison de plus pour donner le mode d'emploi d'une technique divinatoire facile qui allie poésie et intuition.

On peut employer la méthode avec sa propre tasse de café.

Après l'avoir bue, on laisse un peu de liquide au fond, et l'on fait tourner sa tasse. Le liquide évaporé, on interprète les dessins qui maculent le fond.

Attention au sucre ! Il est déconseillé par les diététiciens à ceux qui font des régimes et par les voyants et médiums aux adeptes de la cafédomancie car il épaissit — quand il ne les fige pas — les images, rendant leur lecture difficile.

Préparation

◆ Boire son café lentement, en pensant à la question que l'on va mentalement poser : personne à séduire, problème à résoudre.

◆ Conserver dans la cafetière, pendant une heure, le marc que le café y a déposé. Jeter un peu d'eau sur ce marc, et le faire chauffer jusqu'à ce qu'il se délaye dans l'eau. Remuer le marc avec une cuillère. Il ne doit être ni trop épais (les figures seraient illisibles) ni trop liquide (il se déposerait mal sur la porcelaine).

◆ Verser dans une assiette de porcelaine blanche, plate, un peu de marc, de façon à ne couvrir que la moitié de la surface de l'assiette.

◆ Tourner et incliner l'assiette de façon que le marc, en coulant, dessine des figures, forme des dessins, sur toute la surface de l'assiette.

◆ Interpréter alors les figures tracées par le marc, après quelques minutes de concentration, en laissant s'exprimer son subconscient.

◆ On considère que la cafédomancie donne des prédictions d'une semaine à six mois.

Signification des figures

Si les dessins obtenus paraissent se contredire entre eux, cela signifie que la personne pour laquelle on lit dans le marc est indécise quant à son avenir, et prisonnière d'une situation qu'il est nécessaire de clarifier. Les figures, en se côtoyant, en se superposant, en se confondant, peuvent se compléter ou se contredire entre elles. Au médium d'analyser.

Ainsi une maison près d'un cercle indique que le consultant en possédera une ; si elle est près d'un dessin d'arbre ou de plante qu'elle sera située à la campagne ; à proximité de triangle que ce sera la maison du bonheur, ou qu'elle sera obtenue par héritage…

Un bouquet accompagné de cercles est signe d'un mariage heureux et durable, de triangles de félicité amoureuse et de bien-être financier…

◆ **Ronds** ou **cercles** prédominent : signe de richesse.

◆ **Rond** contenant **quatre points** : enfant à venir.

◆ Si les **ronds** sont absents : signe de gêne financière ou de détresse.

◆ **Figures carrées** : ennuis.

◆ **Carré** voisinant avec des **croix** : infidélité.

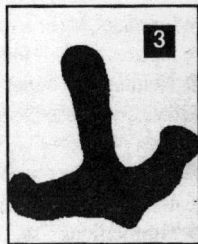

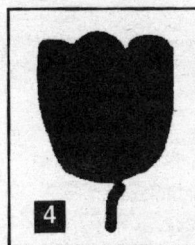

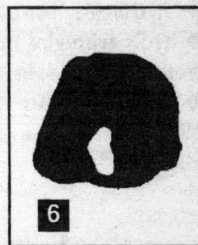

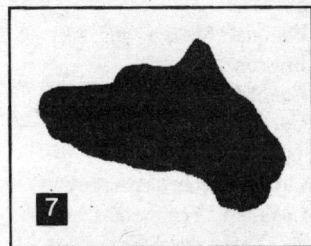

◆ **Losange** : bonheur en amour.
◆ **Figures ovales** : joies et succès.
◆ Nombreuses **lignes**, grandes et petites : vieillesse longue et heureuse.
◆ Peu de **lignes** : bonheur paisible, mais médiocrité de fortune.
◆ **Ondulations** : succès et revers entremêlés.
◆ Un **triangle** : bon emploi.
◆ Trois **triangles** rapprochés : grandes faveurs de la fortune.
◆ Quand un **chiffre** apparaît lisiblement, le jouer aussitôt (loterie, loto, tiercé…)

TABLE D'INTERPRÉTATION
DES IMAGES

Les figures peuvent évoquer, de façon plus ou moins précise, des images. Voici la signification des symboles les plus fréquents et les plus utilisés dans les arts divinatoires faisant appel à des dessins.

Abeille(s) : Bonheur. Efforts couronnés de succès.

Agneau : Sérénité, bonheur.

Aigle : Changement de domicile. Incendie, ravages.

Aiguille : Difficultés, danger.

Ailes : Lettres, nouvelles.

Ancre : Succès en affaires.

Âne : sensualité érotique, adultère.

Ange : Chance, bonne nouvelle.

Anneau : Mariage, union.

Araignée : Bon présage. Réussite financière.

Arbre : Adapter le présage à l'état de l'arbre.

Autel : Sacrifice, souffrance.

Baguette : Élévation sociale.

Balance : Besoin d'équité et de réflexion avant l'action. Problème juridique.

Bassin : Voyages.

Bâton : Réussite sociale ou amoureuse.

Bélier : Évolution, mutation.

Blé : Naissance, création.

Bouc, : Sexualité exacerbée.

Boucle : Blocage.

Bouclier : Protection ou besoin de secours.

Bouquet : Mariage ; amis sûrs.

Buisson : Retard.

Canard : Rentrée d'argent.

Carré : Blocage ; Correspondance inattendue.

Cavalier : Venue d'un protecteur.

Cavalière : Femme dévouée jusqu'à l'extravagance.

Cercle ouvert : Réussite.

Cercle fermé : Complications

Cercueil : Situation pénible.

Cerf-volant : Vœux exaucés.

Chandelle : Triomphe, victoire.

Charrue : Réussite.

Chat : Méchanceté, mensonge. Sexualité féminine exacerbée.

Château : Rentrée d'argent.

Chauve-souris : Porte-chance.
Cheval : Voyages heureux et profitables. Réussite.
Cheval fougueux : Érotisme, sexualité.
Chêne : Chance. Longévité.
Chien : Amitié. Bonheur domestique.
Chouette : Clairvoyance.
Clef : Progression risquée.
Cloche : Réussite, annonce d'un heureux événement.
Clocher : Facilités, secours.
Colombe : Vie facile, agréable
Compas : Perfection, justesse.
Coq : Triomphe.
Corbeau : Défaite, mort.
Corne d'abondance : Argent, gains.
Couronne : Demi-chance. Victoire coûteuse. Succès mondain.
Crâne : Découvertes, imagination.
Crocodile : Des ennemis…
Croissant de lune : Romance.
Croix : Bénéfices difficiles.
Cygne : Heureux présage, succès.
Cyprès : Fin des entreprises.
Diable : Embûches (parfois imaginaires).
Dragon : Grand danger.
Dragon vaincu : Bon présage.
Eau : Besoin d'évasion mentale ou spirituelle. Romantisme exacerbé, absence de réalisme.
Échelle : Élévation, ascension. Progrès.

Éclairs : Mort, ruine, ravages.
Église : Protection.
Éléphant : Bonheur et longévité.
Solidité. Force.
Épée : Réussite en amour.
Épée (brisée) : Deuil, maladie,
douleur.
Escalier : Changement. Réussite
professionnelle.
Étoile(s) : Réussite après des
épreuves.
Éventail : Aventure amoureuse
Fer à cheval : Chance.

Feu, flamme : Réussite, heureux
présage.
Feuille : Nouveau départ. Joie et
bonheur à venir.
Figuier : Succès en amour.
Flèche(s) : Maladie, souffrance.
Fleur : Amour, sympathie, bon-
heur.
Fleuve : Retard, lenteur.
Forêt : Chagrin, difficultés.
Fusil : Querelles, difficultés.
Gâteau : Réussite, prospérité.
Grains : Facilités, espérance.

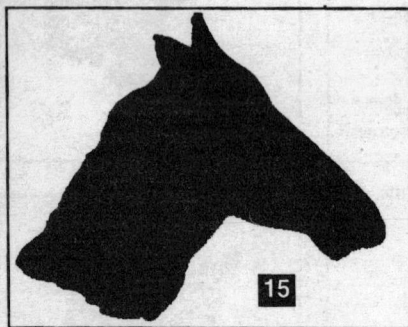

Grotte : Danger, emprisonnement, peine.

Gui : Victoire, chance, amour.

Guitare : Liaison amoureuse à venir prochainement.

Hache : Difficultés passagères.

Harpe, lyre : Harmonie, joie.

Hibou : Se méfier d'autrui.

Houx : Aide amicale.

Journal : Embarras d'argent, ennuis politiques.

Lampe : Réussite à long terme

Lance : Victoire, puissance.

Langue : Hypocrisie, lutte.

Lapin : Succès à court terme.

Licorne : Présage heureux *pour les femmes*,
Risque de scandale ou d'échec *pour les hommes*.

Lièvre : Chance.

Lignes droites : Détermination, courage.

Lignes ondulées : Difficultés, embûches.

Lignes pointillées : Courts voyages.

Lion : Loyauté, victoire.

Livre : Succès futur.

Loup : Virilité, fécondité, fidélité.

Louve : Infidélité, adultère.

Lumière : Grand amour, amour mystique.

Lune : Attente, déception, tristesse.

Main : Amitié.

Maison : Calme, équilibre.

Marteau : Besoin de réaliser.

Sens du concret. Travail acharné et rigoureux.

Médaille : Récompense.

Mer : Grandes espérances.

Miroir : Période calme.

Montagne : Voyages, amitiés.

Navire : Voyage heureux, espoir, progrès.

Neige : Souffrance.

Noyade : Découverte.

Nuages : Imprévus agréables.

Œil : Naissance, angoisse.

Œuf : Travail important mais fructueux.

Oiseau : Voyage, nouvelles, joie, amours fidèles.

Os : Heureuse rencontre.

Ours : Obstacle.

Pain : Lutte sociale, recherche.

Palmes : Réussite précaire et menacée.

Panier : Du nouveau dans la vie quotidienne.

Paon : Malheur, échec, désordre.

Papillon : Instabilité.

Parapluie, parachute : Timidité. Dissimulation.

Perle : Illusion, déception.

Phallus : *droit* : Virilité, puissance sexuelle ; *courbé* : Frustration, inhibition.

Pièce de monnaie : Victoire, chance.

Pied : Succès amoureux.

Pierre : Danger.

Plumes : Flirt, aventure.

Poignard : Jalousie. Danger.
Poire : Amélioration sociale ou financière.
Poisson : Voyage, amour.
Pomme : Réussite. Vitalité et santé. *Pour les hommes* : attention aux femmes.
Pont : Voyage heureux.
Porte ouverte : Facilité.
Porte fermée : Découvertes si on peut l'ouvrir.
Pyramide : Élévation sociale, professionnelle, affective ou spirituelle.
Rat : Destruction, ruine, mort.
Règle : Droiture, rectitude. Avant-projet.
Rocher : Danger, épreuve, prison.
Rose : Parfaite réussite, espoir. Santé, amour.
Roue : Progression, amélioration. Menace (accident ou maladie).
Sapin : Bonheur familial. Espoir.
Saule : Mélancolie.
Sceptre : Réussite momentanée. Pouvoir, détermination.

Serpent : Argent, guérison, avancement. Risque de trahison. Pulsions sexuelles refoulées.
Sillon : Rapports sexuels.
Sirène : Tentation sexuelle.
Soleil : Grand succès. Amour. Bonne santé. Argent.
Souterrain, tunnel : Mort.
Table : Stabilité, vie paisible.
Taupe : Travail, réussite pénible.
Taureau : Réalisation certaine.
Tête : Recherche spirituelle.
Tortue : Stabilité. Longévité.
Tour : Besoin de protection ou d'isolement.
Tulipe : Danger de séduction.
Trèfle : Prospérité.
Triangle : Chance inattendue.
Vache : Bon présage.
Vase : Amour mystique.
Vautour : Réussite douteuse.
Ver de terre : Labeur, lenteur.
Visage : Nouvelle amitié. Brouille (*si le visage est caricatural*).
Voiture : Entreprise importante, énergie.

TESTEZ VOS CAPACITÉS D'INTUITION EN IDENTIFIANT LES DESSINS

1- Bouclier. Masque
2 - Chêne. Arbre feuillu. Profil d'enfant.
3 - Ancre.
4 - Tulipe.
5 - Arbre desséché.
6 - Caverne. Grotte.
7 - Tête de chien.
8 - Araignée.
9 - Saule. Palmier.
10 - Parapluie. Parachute.
11 - Coq
12 - Lapin.
13 - Chauve-souris.
14 - Papillon.
15 - Cheval.
16 - Sillon.
17 - Chandelle
18 - Sapin.
19 - Ver. Serpent.

CALCÉDOINE

(dioxyde de silicium bleu-gris)
Ce quartz entoure souvent
d'autres pierres (agate).
Elle aide à trouver la paix intérieure, apaise les colériques,
contribue à lutter contre l'empoisonnement, les engelures et le
surmenage.

CALENDRIER MÉTÉOROLOGIQUE

(Les dates indiquées ne sont pas
celles du calendrier actuel, cor-
rigé par le concile Vatican II, en
1963, afin que les dates des fêtes
correspondent à celles de la mort
des saints, mais celles utilisées
dans le passé, et sur lesquelles
s'est bâtie la tradition populaire.)

ÉPIPHANIE (6 JANVIER)
Beaucoup d'étoiles pour la nuit
des Rois
Et sécheresse en été tu auras.

SAINT -RAYMOND (6 JANVIER)
S'il gèle à la Saint-Raymond
L'hiver est encore long.

CHANDELEUR (2 FÉVRIER)
◆ À la Chandeleur, les jours
croissent de plus d'une heure
Et le froid pique avec douleur.

◆ La veille de la Chandeleur,
L'hiver se passe
Ou prend vigueur.

SAINTE-AGATHE (5 FÉVRIER)
A la Sainte-Agathe sème ton
oignon fût-il dans la glace.

SAINT-VINCENT (22 JANVIER)
Si Saint Vincent est clair et beau,
On boira plus de vin que d'eau.

ANNONCIATION (25 MARS)
Annonciation mouillée
Crains les giboulées.

**SAINT-GEORGES (23 AVRIL) /
SAINT-MARC (25 AVRIL)**
A la Saint Georges,
Sème ton orge.
À la Saint Marc,
Il est trop tard.

ASCENSION
Quand il pleut à l'Ascension,
Tout dépérit jusqu'à la moisson

**SAINTS DE GLACE :
SAINT-MAMERT (11 MAI)
SAINT-GERVAIS (12 MAI)
SAINT-PANCRACE (13 MAI)**
Saint Gervais, saint Pancrace et
saint Mamert
Font à eux trois un petit hiver.

SAINTE-ANGÈLE (24 MAI)
Après sainte Angèle,
Ne crains plus le gel.

SAINT-MÉDARD (8 JUIN)
S'il pleut le jour de Saint-Médard,
Il pleut quarante jours plus tard.

SAINT -BARNABÉ (11 JUIN)
◆ Pluie de Saint-Barnabé
Diminue la récolte de moitié.
◆ Saint Barnabé reboutonne la
culotte de saint Médard.

SAINT-AURÉLIEN (16 JUIN)
Pluie à la Saint-Aurélien,
Belle avoine et mauvais foin.

SAINT-JEAN (24 JUIN)
Eau de Saint-Jean
Peu de vin et peu de grain.

SAINT-THIBAULT (1ER JUILLET)
À la Saint-Thibault
Sème tes raves, arrache tes aulx.

ASSOMPTION (15 AOÛT)
S'il pleut le jour de Notre-Dame,
Il pleut jusqu'au 8 septembre.

SAINTE-JUSTINE (26 SEPTEMBRE)
À la Sainte-Justine,
Toutes les fleurs s'inclinent.

SAINT-MICHEL (29 SEPTEMBRE)
Les hirondelles à la Saint-Michel
L'hiver s'en vient après la Noël.

SAINT-LUC (18 OCTOBRE)
À la Saint-Luc ne sème plus,
Ou sème dru.

SAINT-HUBERT (3 NOVEMBRE)
À la Saint-Hubert, Les oies sauvages fuient l'hiver.

SAINT-MARTIN (11 NOVEMBRE)
◆ À la Saint-Martin,
Le moût passe pour bon vin.
◆ Pour Saint-Martin,
Mène la chèvre au bouquin.

SAINT-CLÉMENT (23 NOVEMBRE)
Passé la Saint-Clément
Ne sème plus froment.

SAINTE-CATHERINE (25 NOVEMBRE)
À la Sainte-Catherine
Le bois prend racine.

SAINT-ANDRÉ (30 NOVEMBRE)
◆ À la Saint-André la nuit
L'emporte sur le jour qui suit.
◆ Neige de Saint-André,
Peut cent jours durer.

SAINT AMBROISE (7 DÉCEMBRE)
À la Saint-Ambroise, du froid pour huit jours.

SAINTE LUCE (13 DÉCEMBRE)
À la Sainte-Luce, les jours croissent du saut d'une puce.

SAINT NICOLAS (6 DÉCEMBRE)
Saint-Nicolas marie les filles avec les gars.

SAINT-THOMAS (21 DÉCEMBRE)
À la Saint-Thomas
Les jours sont au plus bas.

NOËL & PÂQUES
◆ Noël au balcon,
Pâques aux tisons.
◆ À Noël les moucherons,
À Pâques les glaçons.

CAPNOMANCIE

Divination par la fumée.

Le premier à l'avoir pratiquée fut Caïn. Les deux frères ayant fait des sacrifices à l'Éternel, Caïn remarqua que la fumée du bûcher de son frère Abel montait droit vers le ciel, preuve que l'Éternel agréait son sacrifice, alors que la fumée du bûcher de Caïn rampait vers la terre, ce qui signifiait le refus. Il en conçut une telle amertume, et une telle jalousie, devant cette injustice divine, qu'il en tua son frère.

Les Grecs pratiquaient la capnomancie en observant l'aspect et l'odeur des fumées qui s'élevaient lorsqu'on brûlait les chairs des victimes sacrifiées.

Au Moyen Âge, on jetait dans un foyer des graines (notamment de jasmin) dont on observait la fumée.

Afin d'activer la vision de l'oracle, on pouvait aussi déposer sur les braises des plantes hallucinogènes : chanvre, pavot, verveine…

CARDAN JÉRÔME

Médecin, mathématicien, philosophe et mage, il est né à Pavie en 1501, et mort à Rome en 1576. Il se serait laissé mourir de faim pour justifier son propre horoscope dans lequel il avait prévu sa fin.

Esprit brillant, réputé à travers l'Europe pour ses guérisons, il fit de la prison pour avoir dressé l'horoscope de Jésus-Christ ! Pétri de culture classique, il resta un esprit libre, refusant catholicisme et réforme, malgré les persécutions de l'Inquisition. On lui doit le cardan, en mécanique, mais aussi des traités de morphopsychologie, de philosophie, des essais sur l'immortalité… dans lesquels il lui arrive de se contredire, d'un ouvrage à l'autre.

Son fils, Jean-Baptiste, lui aussi médecin, fut accusé d'avoir empoisonné son épouse sous prétexte de la soigner : il eut la tête tranchée à vingt-six ans.

CARRÉS MAGIQUES

Voir aussi **Nombres** et **Talismans**. Les carrés magiques, sorte de travaux pratiques de l'arithmologie (la science des nombres), existent depuis l'Antiquité, et furent un des exercices favoris des Pythagoriciens.

Ils sont une illustration de cette mystique des nombres que l'on retrouve aussi bien dans les traditions chinoise, grecque ou islamique. On leur attribuait des vertus divines, on les utilisait comme clefs initiatiques ou comme talismans.

Le plus célèbre des carrés magiques est celui d'Apollonius de Tyane (voir ce nom), connu aussi en Chine sous le nom de Iosh, et appelé aussi Sceau de Ghazâli. C'est le plus petit carré qui utilise tous les nombres de 1 à 9 (*ci-dessous*).

4	9	2
3	5	7
8	1	6

Quand on additionne ses chiffres horizontalement, verticalement ou en diagonale, on obtient toujours un total de 15.

Il était *logique* qu'un tel carré, et ses propriétés *magiques* soient sollicités à des fins oraculaires.

Le Carré magique est utilisé, en arts divinatoires, pour apporter une "ambiance". Sa réponse est certes imprécise mais elle donne une indication de comportement, d'attitude à adopter pour affronter la difficulté, le problème à résoudre.

Reproduire, sur une grande feuille de carton, le Carré magique (on peut aussi le broder sur une toile, le peindre…).

La question à poser — qui doit vous concerner directement — doit être nettement formulée. Concentrez-vous dessus, et, les yeux clos, jetez sur le carré une pièce, une médaille, ou un galet, que vous aurez, au préalable, serré dans votre main gauche, afin de lui communiquer votre magnétisme.

Lisez ensuite l'oracle donné par le chiffre sur lequel votre médaille est tombée.

Si la médaille est en dehors du carré, recommencez, mais plus tard, après une nouvelle concentration.

Si la médaille chevauche plusieurs cases :

— **2 CASES** : cumulez les oracles donnés par les 2 chiffres, en les hiérarchisant, en fonction de la surface que la médaille occupe sur les deux emplacements.

— **3 OU 4 CASES** : recommencez, mais plus tard, après une nouvelle concentration.

1 — Phase d'épanouissement sur le monde extérieur, et de renouveau amoureux. Vos mérites professionnels sont reconnus, et vous allez en tirer des bénéfices. L'investissement, financier ou culturel, est à l'ordre du jour. C'est le moment de semer, pour une bonne récolte.

2 — Une trop grande sensibilité peut provoquer des déceptions, notamment sentimentales, mais aussi des rencontres enrichissantes. Professionnellement, agissez avec tact. Vous n'avez pas que des amis, et certains guettent vos faux pas. Évitez les grosses dépenses, il n'est pas certain que vous puissiez vous renflouer dans un proche avenir.

3— Vos relations amoureuses manquent de sincérité et de profondeur. Au travail, vous vous montrez trop susceptible. Mais il y a des possibilités de changement professionnel, des opportunités inattendues à saisir. Côté finances, la phase est à l'optimisme, aux transactions bénéfiques.

4— Vous pouvez compter sur votre famille et sur vos amis. Si vous ressentez un besoin de stabilité, appuyez-vous sur votre entourage. Le bonheur, dans votre cas, est dans la sérénité, pas dans la recherche de nouvelles aventures. Professionnellement, on vous apprécie. Avancement, ou mutation valorisante en vue.

5— Attention à l'infidélité. Votre besoin d'autonomie ne justifie pas de gaspiller l'acquis. Attendez avant d'agir, laissez les autres faire le premier pas. Maîtrisez votre nervosité, surtout si l'on vous confie de nouvelles responsabilités qui, dans un premier temps, vous accablent. La phase d'adaptation est obligatoire. Appliquez-vous. Gérez vos économies sans prise de risque.

6— Les coups de foudre, en amour, parfois illuminent, parfois consument. Vous allez devoir vivre dans l'incertitude. Provoquez la chance, au lieu d'attendre qu'elle se manifeste. Vous reportez tout votre dynamisme dans votre travail, et votre entourage vous en sait gré. Mais attention au surmenage. Les jeux de hasard et les spéculations hasardeuses vous attirent. Ne jouez pas vos biens, et votre santé mentale, sur un coup de dés.

7— Instabilité sentimentale : votre imagination, en vous détachant de la réalité, vous a trahi(e). Et pour peu que vos amours se stabilisent, voilà qu'ils vous paraissent déjà ennuyeux et routiniers. Disciplinez-vous. Disciplinez-vous aussi dans vos activités professionnelles. Vous n'êtes pas aussi indispensable que vous le prétendez, même si votre sens des affaires vous conserve l'estime de votre entourage. Vos finances sont à votre image : brouillonnes !

8— La passion a du retard à l'allumage. Votre égocentrisme vous fait préférer - ou regretter - le célibat. Si vous voulez que les autres vous donnent, faites le premier pas, sortez de votre tour d'ivoire.

Professionnellement, le stress est au rendez-vous. Vous n'allez pas être épargné par le surmenage, et l'autoritarisme de vos supérieurs. Prenez votre temps, le plus patient gagnera.

9— Vous allez droit au but, sans prendre le temps d'offrir des fleurs. Un peu de romantisme, S.V.P. ! Heureusement, votre témérité et votre ardeur finiront par vaincre les réticences. Mais n'en profitez pas pour enchaîner sur des scènes de jalousie. Vous finiriez par lasser.

Votre ardeur au travail, votre audace en imposent. Avec vous, les obstacles sont surmontés à la hussarde. On vous en apprécie d'autant. Attention toutefois à la panne d'énergie : ceux que vous avez piétinés sauront s'en souvenir. Financièrement, vous avez la baraka. Profitez-en pour réaliser vos projets.

CARTOMANCIE

Voir aussi **Réussites**, et **Tarot**

La cartomancie, ou divination par les cartes, eut son heure de gloire pendant la Révolution, l'Empire et la Restauration. L'impératrice Joséphine n'entreprenait rien sans tirer les cartes. Eteilla, puis Mademoiselle Lenormand furent les rénovateurs de la cartomancie, qui déjà au Moyen Âge, avait ses adeptes (Charles VI, le roi fou, dessina son propre jeu de tarots).

Les méthodes pour tirer les cartes sont multiples. Les praticiens exercés recommandent de ne jamais tirer les cartes les jours pairs et les dimanches, et de marquer le dos des cartes d'un signe, afin de reconnaître quand elles sont droites, ou inversées, et de toujours couper de la main gauche.

Lorsqu'on donne un oracle, on désigne le consultant par les cartes suivantes :

8 de cœur : femme blonde de moins de 30 ans.

8 de trèfle : femme brune de moins de 30 ans.

Dame de cœur : femme blonde de plus de 30 ans.

Dame de trèfle : femme brune de plus de 30 ans.

Valet de cœur : homme blond de moins de 30 ans.

Valet de trèfle : homme brun de moins de 30 ans.

Roi de trèfle : homme brun ou blond de plus de 30 ans.

Parmi les différentes façons de tirer les cartes, celle de *Madame Lenormand*, à pratiquer une fois par mois, et qui donne les tendances du mois à venir.

Battre un paquet de 32 cartes, le couper et l'étaler devant soi, les figures cachées.

Tirer 5 cartes que l'on place devant soi sur une ligne verticale, en commençant par le haut (1, 2, 3, 4, et 5 sur le tableau). *C'est la ligne du destin, celle de l'influence astrale.*

Puis tirer 4 cartes que l'on place à gauche de la première ligne (6, 7, 8 et 9 sur le tableau). *C'est la ligne du matériel.*

Tirer enfin 4 cartes que l'on place à droite de la première ligne (10, 11, 12 et 13 sur le tableau). *C'est la ligne du spirituel.*

Puis l'on décrypte de la façon suivante, en ôtant les cartes concernées :

— Le 5 (*destin*) conduit à l'événement *matériel* 9.

— Puis le 4 (*destin*) conduit à l'événement *spirituel* 13.

— Puis le 8 (*matériel*) conduit à l'événement *spirituel* 12.

— Puis le 3 (*destin*) conduit à l'événement *matériel* 7.

— Puis le 2 (*destin*) conduit à l'événement *spirituel* 11.

— Puis le 6 (*matériel*) conduit à l'événement *spirituel* 10.

— Reste le 1, conclusion du tirage.

SIGNIFICATION DES COULEURS

CŒUR
Cartes généralement favorables en ce qui concerne les questions de sentiment, d'amour, d'amitié.

TRÈFLE
Cartes comportant réussite partout où intervient l'argent.

CARREAU
Cartes fréquemment défavorables, mais dont le pouvoir maléfique peut être fortement réduit ou même retourné par certains voisinages.

PIQUE
Cartes inquiétantes, souvent synonymes de malchance et même de malheur si leur efficacité n'est pas atténuée par la présence de Cœurs et de Trèfles.

SIGNIFICATION DES CARTES

Cette signification est celle d'un jeu de 32 cartes "classiques". Les indications données concernent la position "droite" de la carte lors de son tirage. Si les cartes sont "inversées" (à l'envers, la tête en bas) les significations ont un sens plus défavorable.

Lorsqu'il y a surabondance de cartes de même couleur ou de même valeur, on en déduira une accentuation de l'oracle : une profusion de Trèfles signifie une fortune plus rapide, une abondance de Piques fera redouter des ennuis répétés, de nombreux Cœurs annoncent une opportunité amoureuse… Un autre tirage, ou un complément avec une autre méthode divinatoire, sera alors nécessaire.

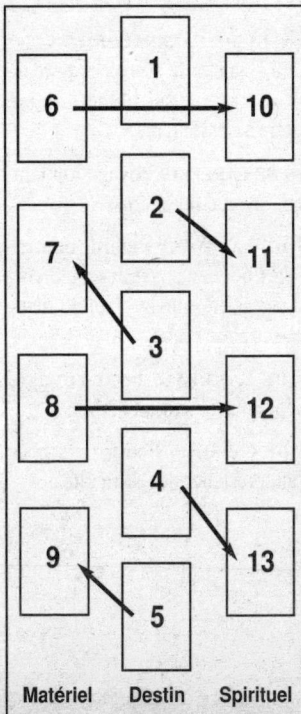

Matériel   Destin   Spirituel

CŒURS

As DE CŒUR. Représente la maison du consultant, le bonheur domestique. Bonne nouvelle, lettre d'amour ou visite.

Roi DE CŒUR. Homme blond ou châtain, marié ou veuf, ami sincère, serviable, riche et obligeant.

Dame DE CŒUR. Femme blonde ou châtain clair, mariée ou veuve, amie sûre.
Issue favorable dans une affaire.

Valet DE CŒUR. Jeune homme blond, célibataire, galant.
Pour une jeune fille, son prétendant.

10 DE CŒUR. Amour dans la maison ou estime de ses concitoyens. Réalisation heureuse ou surprise avantageuse.

9 DE CŒUR. Réussite en affaires et en amour. Victoire dans un procès ou une querelle.

8 DE CŒUR. Joie pour soi ou un proche. La jeune fille blonde sera remarquée ; le jeune homme blond aura une épouse dotée de toutes les qualités de cœur.

7 DE CŒUR. Bonheur calme ; prochain mariage selon ses désirs.

CARREAUX

As DE CARREAU. Lettre prochaine (amour ou intérêt), annonçant bonne ou mauvaise nouvelle suivant les cartes voisines.

Roi DE CARREAU. Homme marié ou veuf, militaire, étranger, volage ou autoritaire.

Dame DE CARREAU. Femme étrangère, blonde, jalouse, et dont il faut se méfier en dépit des services qu'elle veut rendre.

Valet DE CARREAU. Messager ; annonciateur de succès et de réussites, mais aussi jeune homme intéressé et flatteur.

10 DE CARREAU. Voyage lointain, sentimental ou intéressé.

9 DE CARREAU. Retard, contrariété ; bonnes nouvelles avec voisinage de Cœur ou Trèfle ; mauvaises avec Pique.

8 DE CARREAU. Petit voyage, pour amusement ou intérêt.

7 DE CARREAU. Pourparlers pouvant présenter des difficultés.

TRÈFLES

AS DE TRÈFLE. Présage certain de succès sous tous les rapports et particulièrement en affaires.

ROI DE TRÈFLE. Homme brun, marié ou veuf, puissant et dévoué. Présage de succès matériels, d'honneurs. Pour une jeune fille, mariage avec celui qu'elle aime. Rival, pour un homme.

DAME DE TRÈFLE. Femme brune, mariée ou veuve, riche, dévouée, sincère. Rivale, pour une femme. Mariage, pour un homme.

VALET DE TRÈFLE. Jeune homme brun, fidèle, dévoué, aimant, franc et loyal.

10 DE TRÈFLE. Réussite dans une importante affaire d'argent attendue ou ignorée ; prospérité, succès.

9 DE TRÈFLE. Réussite dans les affaires représentées par les cartes prochaines. Annonce d'un mariage inespéré.

8 DE TRÈFLE. Prospérité dans les affaires ; augmentation de fortune ou meilleure situation.

7 DE TRÈFLE. Réussite dans les entreprises, grâce à une jeune femme brune.

PIQUES

AS DE PIQUE. Réussite par persévérance, constance, malgré les nombreux obstacles rencontrés. Excellent augure.

ROI DE PIQUE. Homme de loi, médecin ou fonctionnaire, à influence défavorable ; homme méchant, faux ami. Rival pour un homme, amant pour une femme.

DAME DE PIQUE. Femme veuve, méchante, fausse amie, peu fortunée, dont il faut se méfier.

VALET DE PIQUE. Garçon méchant, faux, traître, hypocrite.

10 DE PIQUE. Chagrin, peine de cœur, maladie, deuil, divorce, espérances déçues.

9 DE PIQUE. Mauvais augure ; chagrins, rupture, solitude.

8 DE PIQUE. Larmes, contrariétés par envie ou malveillance ; se méfier des personnes qui vous entourent.

7 DE PIQUE. Ennuis, chagrins, mais aussi réussite sur les obstacles occasionnés par les autres cartes de pique. Infidélité en amour.

CATOPTROMANCIE

Divination au moyen d'un miroir.
Voir aussi **cristallomancie** et
Boule de cristal.
*Miroir, mon beau miroir, dis-moi
si...* : la marâtre de Blanche-
Neige savait-elle, en interrogeant
sa glace, qu'elle pratiquait l'un
des plus vieux arts divinatoires
du monde ?
La cristallomancie, divination à
l'aide d'un miroir ou d'une boule
(ou un vase) de cristal, appelée
aussi catoptromancie, viendrait
de Perse.
On consultait la fontaine d'un
temple, dans laquelle on plon-
geait un miroir. À travers celui-
ci, on voyait alors si les personnes malades allaient obtenir
leur guérison.
Plus tard, Pythagore posséda un
miroir magique, qu'il présentait à
la lune afin d'y lire l'avenir,
selon la méthode des sorciers de
Thessalie.
Chez les Juifs anciens, on se
concentrait sur les pierres précieuses qui ornaient le pectoral
du Grand Prêtre pour percevoir le
futur.
Pendant les guerres d'Italie, un
magicien montra à François 1er
ce qui se passait à Milan, en son
absence. Selon le même chroni-
queur, un ecclésiastique de
Nuremberg, en 1530, avec un
cristal magique, trouva un trésor.
Il creusa à l'endroit indiqué.
Mais, descendu dans le trou qu'il
avait creusé, il fut englouti par un
éboulement !
Cela n'empêcha pas le succès de
la cristallomancie en France, au
XVIe siècle.
Léonard de Vinci, qui croqua
quelques scènes de sorcellerie, a
placé dans l'un de ses dessins un
miroir magique : une sorcière,
dans son miroir, y voit un visage
de vieillard...
Catherine de Médicis, protectrice
de Nostradamus, avait son miroir
magique, qu'elle interrogeait tous
les jours pour connaître l'avenir

politique du royaume, qu'elle dirigeait à travers ses fils.

Ainsi y vit-elle une troupe de jésuites cherchant à s'emparer du pouvoir, ce qui la mit dans une violente colère.

Le confesseur d'Henri IV, autre jésuite, le père Cotton, lui montrait aussi, via un miroir magique, les intrigues que les princes d'Europe tramaient dans leurs cabinets.

La divination catoptromancienne est simple : il s'agit, en fixant du regard une surface brillante (miroir, eau, pièce d'argent, épée astiquée, pierre précieuse...) de provoquer des hallucinations visuelles et de les interpréter.

À l'interrogation simple du miroir, souvent agrémenté de signes cabalistiques, sphinx, signes du Zodiaque, figures diaboliques..., on pouvait ajouter un rituel pour sacraliser la divination. On ne lisait pas toujours directement dans le miroir : on le tournait vers la surface d'un liquide, et c'est sur ce liquide qu'apparaissaient les figures.

On bandait les yeux les yeux de la personne avant de lui présenter le miroir, afin que son attention ne soit pas distraite par son environnement, et que sa "vision" ne soit pas perturbée.

Si l'on priait saint Christophe pour retrouver les objets perdus, on demandait au miroir de retrouver les voleurs.

Il fallait une jeune vierge, qui approchait du miroir — ou, à défaut, d'un vase empli d'eau bénite — une bougie bénite allumée, en prononçant, en bas latin, la formule suivante : *Ange blanc, ange saint, par ta sainteté et ma virginité, montre-moi qui a dérobé cette chose !*

Malheur à celui dont l'image apparaissait alors à la surface de l'eau ou du miroir : c'était le coupable !

En Hongrie, la nuit de la Saint-Sylvestre, il n'y a pas si longtemps, les jeunes filles bonnes à marier plongeaient à minuit un miroir dans l'eau d'une source afin d'y voir apparaître le visage de leur futur époux.

En Russie, c'était le soir de Noël que la jeune fille s'isolait, et interrogeait, toujours à des fins conjugales, deux miroirs placés en vis-à-vis, éclairés par deux chandelles, en leur demandant de faire apparaître le visage de l'élu...

CAVALIERS DE L'APOCALYPSE...

Les quatre cavaliers de l'Apocalypse sont célèbres, et souvent évoqués, en peinture et littérature. Ils symbolisent les fléaux qui, dans une charge d'une violence démoniaque, s'abattent sur le genre humain, qu'ils sont chargés de détruire.

Le premier cavalier, sur son cheval blanc, est la Peste, qu'il décoche avec ses flèches empoisonnées ;

le second, puissant et fougueux, arrogant de jeunesse et de violence, sur son cheval de feu, c'est la Guerre, qui pousse les hommes à s'entr'égorger ;

le troisième, décharné, sur son cheval noir, représente la Famine, qui tient en sa main une balance pour peser le grain ;

le quatrième, momie sur un cheval blême, est la Mort, qui fait périr le quart de l'humanité par l'épée, la famine, la morsure des bêtes sauvages et la maladie.

Ils laissent dans leur sillage épouvante, désolation et désespoir...

Il y eut aussi, plus pittoresques, des **chevaliers de l'Apocalypse** ! En 1694, à Rome, un certain Augustin Gabrino décida qu'il était temps de défendre l'Église catholique contre l'Antéchrist et fonda l'Ordre des chevaliers de l'Apocalypse, tout en s'intitulant Prince du nombre septennaire et Monarque de la sainte Trinité.

Grand lecteur de saint Jean, et de son Apocalypse, il croyait que l'Antéchrist n'allait pas tarder à venir (en 1700 ?), et que l'Église, pour se défendre d'un aussi redoutable ennemi, ne pourrait se passer de ses services.

Il recruta parmi le peuple romain quelques crédules qu'il gratifia, à la façon de don Quichotte, de titres ronflants. Les armes de l'Ordre étaient une étoile rayonnante, le nom des trois anges Michel, Gabriel et Raphaël, un sabre et un bâton.

Les chevaliers de l'Apocalypse ne pouvaient être plus de 80 (le Prince du nombre septennaire et Monarque de la sainte Trinité avait la manie des chiffres sacrés).

Ils ne pouvaient vaquer à leurs occupations que l'épée au côté, afin d'être prêts à dégainer dès la première alerte à l'Antéchrist. Ils avaient, outre l'uniforme, un dogme qui ne serait pas passé à la postérité s'il n'avait contenu l'acceptation du divorce et la déclaration qu'une femme n'était pas adultère si elle trompait son mari, à condition toutefois de ne pas refuser à l'époux, quoique bafoué, le plein exercice de ses droits conjugaux.

De telles dispositions ne pouvaient que leur attirer et la vindicte du clergé, et la sympathie populaire. Mais l'histoire de l'Ordre fut brève et tourna court dès le printemps 1694 : lors de la messe des Rameaux de 1694, le sémillant Augustin Gabrino, non content d'être déjà Prince du nombre septennaire et Monarque de la sainte Trinité bondit sur l'autel d'une église en criant qu'il était aussi Roi de Gloire.

Maîtrisé, il fut enfermé dans un asile de fous, où il mourut. Les autres membres de l'Ordre qui n'avaient pas eu la prudence de se disperser furent emprisonnés.

CÉPHALOMANCIE

Divination obtenue à partir de la tête d'un âne, rôtie sur des charbons ardents. Si les mâchoires de la tête d'âne se mouvaient alors qu'on égrenait les questions, on en tirait des conclusions.

La céphalomancie à la tête d'âne se pratiquait en Germanie, la céphalomancie à tête de bouc en Italie...

CERCLE MAGIQUE

Souvent, dans les procédés divinatoires, il faut tracer un cercle sur le sol, notamment pour invoquer les esprits. L'opérateur se protège par une incantation afin que les démons - l'exception de celui qui a été invité - ne puissent pénétrer dans le cercle.

Le cercle magique peut aussi être remplacé par une *chaîne d'union et de protection*, où les participants à la cérémonie forment une ronde en se tenant fortement la main.

CERCUEIL

Lorsqu'un crime avait été commis, on dépouillait le corps de la victime, on le plaçait dans un cercueil et l'on obligeait toutes les personnes soupçonnées du crime à toucher le cadavre.

Les soupçons se portaient sur celui qui y était réticent, ou qui s'effondrait (on retrouve cette méthode lors des enquêtes judiciaires, lorsque l'assassin présumé est confronté au corps de sa victime, lors des reconstitutions du crime).

CHAÎNE DU DIABLE

Chaîne symbolique destinée à se protéger du Malin et de ses œuvres. Saint Bernard de Clairvaux l'aurait imposée comme symbole.

Les devins la suspendent derrière eux. Autrefois, les forgerons, avant d'entreprendre leur travail, donnaient trois coups de marteau sur leur enclume afin de "resserrer la chaîne du diable".

CHAT

Chez les Égyptiens, le chat était l'égal d'un dieu, où il passait pour manger les chagrins. Au Moyen Âge chrétien, le chat, — surtout s'il est noir — devient l'animal des sorciers.

Il participe au Sabbat. Porte-malheur pour les uns (notamment quand on le croise), porte-bonheur pour d'autres (il absorbe les maléfices de la maison où il vit pour les décharger au dehors). Mahomet l'a admis au paradis.

CHEMISE DE NÉCESSITÉ

Selon la tradition médiévale, était invulnérable celui qui portait la chemise de nécessité. Il fallait la tisser avec du lin filé par une vierge, la coudre dans une nuit de la semaine de Noël, et représenter sur la poitrine deux têtes d'homme barbu avec la couronne de Belzébuth.

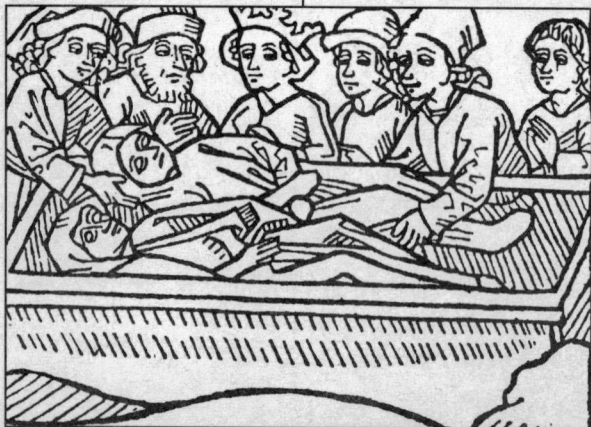

CHEVILLEMENT

Le chevillement — dit aussi *chevillet* — était un maléfice à rapprocher de l'**envoûtement** (voir ce mot). Lorsqu'on voulait nuire à une personne, il suffisait de prononcer son nom en enfonçant dans une muraille, à grands coups de marteau, un clou de fer ou une cheville de bois.

Au sujet du clou, en Grèce, planter dans la porte d'entrée un clou provenant d'un cercueil éloigne les mauvais esprits.

Diable avec une chemise de nécessité

CHIROMANCIE

Notre destin est-il inscrit dans les lignes et la forme de nos mains ? La complexité de notre cerveau (donc de notre tempérament), qui donne les ordres, se reflète-t-elle dans la main, organe noble (seuls les mammifères évolués en possèdent) qui exécute ces ordres ?

Pour les adeptes de la chiromancie, et de la chirognomonie, il existe une corrélation intime entre l'organisation morale de l'individu et ses mains. Morphopsychologie ou divination ? Question d'interprétation des signes entrevus.

"À défaut d'autres preuves, le pouce me convaincrait de l'existence de Dieu." *Isaac Newton*

"Ne croyez pas les mains sans gants plus robustes que les autres." *Gustave Flaubert*

"Joindre les mains, c'est bien ; les ouvrir, c'est mieux." *Louis Ratisbonne*

Voici les grands principes de cet art divinatoire, contesté, devenu monopole des "diseuses de bonne aventure", mais qui fit l'objet, jusqu'au XVIIe siècle, de doctes ouvrages.

Divination par l'inspection des lignes de la main, la chiromancie viendrait de l'Inde. Elle était pratiquée en Grèce et à Rome, mais aussi par les Hébreux, les Chaldéens, les Assyriens et les Égyptiens.

Les anciens Juifs auraient compté parmi eux des milliers d'adeptes de la chiromancie et en auraient perfectionné l'art, au temps du roi Salomon.

Aristote, ayant trouvé sur un autel dédié à Hermès un livre de chiromancie écrit en lettres d'or, l'envoya à Alexandre le Grand, son élève, comme ouvrage de réflexion. Platon la pratiqua. L'empereur Auguste passait pour un chiromancien émérite. La chiromancie, depuis l'Antiquité, a eu ses théoriciens. Selon Corvæus, il existerait 170 espèces de mains…

Au Moyen Âge, la chiromancie était un art divinatoire en vogue jusqu'à ce que l'Église persécute les sorciers comme suppôts de Satan. Les Bohémiens en firent alors leur spécialité, et plusieurs le payèrent de leur vie. Lire l'avenir dans les paumes de la main pouvait conduire au bûcher. Pour le chiromancien, la main est un microcosme actif de l'homme : elle est révélatrice de l'équilibre qui doit exister entre sa constitu-tion physique, sa constitution morale, et sa destinée, conséquence de cet équilibre.

C'est donc après inspection des diverses lignes empreintes sur une main que la divination peut être formulée.

Les trois lignes les plus importantes sont celles qui traversent la paume dans sa largeur. Ces lignes — cœur, intelligence et action — symbolisent la trinité de l'existence humaine.

— la ligne de cœur est la plus rapprochée des doigts ; lorsqu'elle est bien nette, dans toute sa longueur, elle signifie un caractère affectueux.

Le haut de la ligne, c'est l'amour, le bas la sensualité : ainsi, si la ligne de cœur est plus prononcée vers le bas, c'est que le sujet aime davantage par plaisir sensuel que par élan du cœur.

Si cette ligne est brisée, c'est signe d'inconstance en amour et en amitié et, pour les hommes, mépris des femmes. Les ruptures de la ligne de cœur sont des signes de faiblesse sentimentale.

Plus elle est rouge, et plus elle est le signe d'un amour passionné, pouvant aller jusqu'à la violence ; plus elle est pâle et large, et plus elle est la marque d'un individu blasé.

— **la ligne de tête** est celle du milieu; droite, longue, bien colorée, elle dénote un esprit sain, un jugement lucide. Si elle s'avance vers le mont de Mars, elle est signe de forte volonté. Si elle descend vers le mont de la Lune, indique un esprit romanesque, une certaine frivolité; si elle s'incline profondément, elle peut signifier un déséquilibre psychique…

— **la ligne de vie** contourne la base du pouce. Longue, bien formée, bien colorée, entourant complètement le mont du Pouce

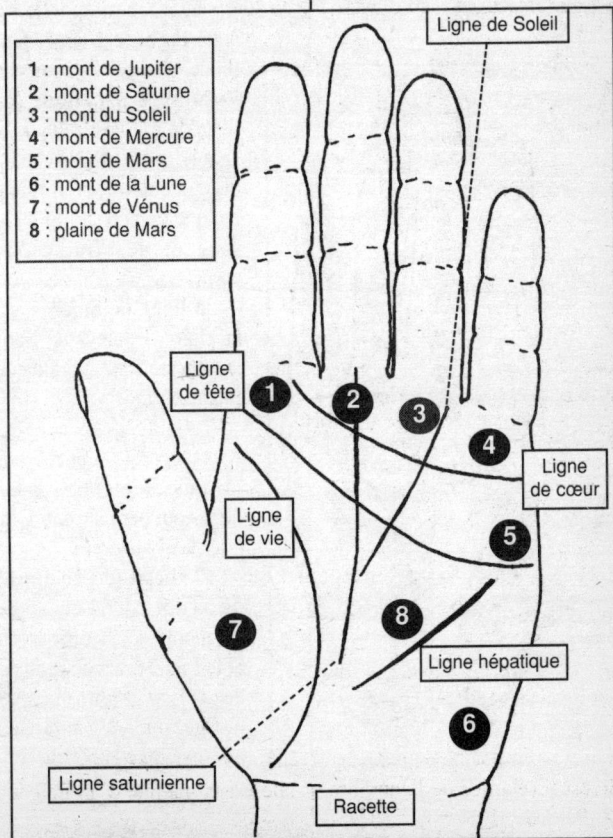

1 : mont de Jupiter
2 : mont de Saturne
3 : mont du Soleil
4 : mont de Mercure
5 : mont de Mars
6 : mont de la Lune
7 : mont de Vénus
8 : plaine de Mars

Ligne de Soleil

Ligne de tête

Ligne de cœur

Ligne de vie

Ligne hépatique

Ligne saturnienne

Racette

(mont de Vénus) elle est l'indice d'une longue et heureuse vie.

Pâle et large, elle indique de mauvais instincts, une santé défaillante. Grosse partout, elle traduit le tempérament coléreux, creusée profondément la brutalité ; longue et grêle la mélancolie, le caractère envieux et soupçonneux.

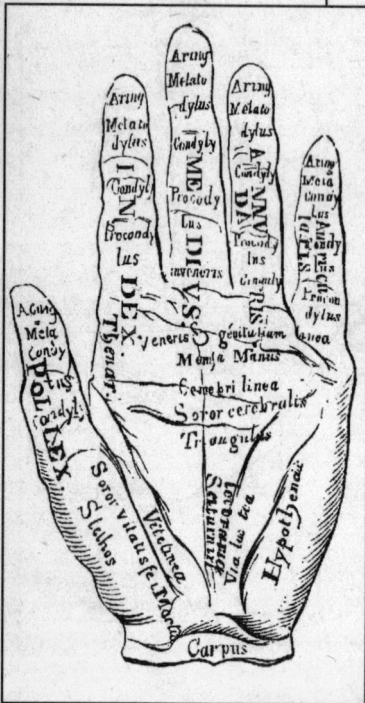

Traversant la paume dans sa hauteur, il faut aussi tenir compte de trois autres lignes :

— **la ligne saturnienne** est celle de la destinée ; elle part tantôt de la ligne de vie, de la racette, de la plaine de Mars ou du mont de la Lune, et signifie une vie heureuse ou tourmentée, selon qu'elle est nette ou brisée, large, profonde, ou à peine esquissée.

— **la ligne hépatique** (ou ligne du foie) est celle de la santé : plus elle est marquée et colorée, et plus elle indique un bon équilibre du sang et des fluides du corps.

— **la ligne de Soleil**, c'est la gloire, l'amour de l'art, la richesse (tant morale que financière).

À ces lignes, on peut ajouter des éléments secondaires qui permettront d'affiner la divination.

— **l'anneau (ou ceinture) de Vénus** (sillon qui cerne les monts de Saturne et du Soleil au-dessus de la ligne de cœur) bien marqué indique un goût pour les plaisirs, voire la débauche.

— **une étoile**, sur les monts ou sur les lignes, indique un événement imposé par le destin, indépendant de la volonté du sujet.

— **un carré** indique l'énergie de l'organe où il se trouve placé : un carré sur la ligne de cœur est signe de puissance amoureuse…

— **un triangle** annonce l'aptitude aux sciences ;

— **une croix** (signe généralement peu favorable) placé sur le mont de Jupiter annonce un mariage d'amour…

Pour conclure le pronostic, il faut aussi tenir compte des Monts : leur développement témoigne de l'excès des passions, qualités, ou défauts, auxquels ils correspondent ; à l'inverse, s'ils sont peu saillants, ils expriment le contraire.

Lorsqu'un mont est nettement plus marqué, les autres monts "entrent dans son ombre" : les éléments de caractère auxquels ils correspondent sont à analyser en fonction de ceux de ce mont prédominant.

— **mont de Jupiter** (sous l'index) : gaieté, sage ambition, goût des honneurs, de la religion, amour de la nature et de la famille.

— **mont de Saturne** (sous le médius) : prudence, sagesse, réussite, chance.

— **mont d'Apollon** — ou du Soleil — (sous l'annulaire) : goût des lettres et des arts, de la gloire, des métaux brillants, recherche du succès ; mais aussi tolérance, bienveillance, intelligence et ouverture d'esprit.

— **mont de Mercure** (sous l'auriculaire) : goût de la science, du commerce et de l'industrie, de l'invention et des affaires. Amour du travail bien fait. Esprit pratique, éloquence, promptitude à réagir.

— **mont de Mars** (partie charnue de la main sous le mont de Mercure) : courage, résolution, fierté, dévouement. Sang-froid et dignité, maîtrise de soi, amour de la justice, du droit et de la vérité.

— **mont de la Lune** (entre le mont de Mars et le poignet) : mysticisme, tendance à la rêverie, imagination, tendresse et mélancolie. Compassion, charité, douceur.

— **mont de Vénus** (racine du pouce) : amour du beau, désir de séduire, affection, sensualité, charme, aptitudes aux exercices corporels, grâce.

CHIROGNOMONIE

Si la chiromancie est l'étude des lignes de la main (la paume, en fait) la chirognomonie est son complément pour déterminer le caractère à partir du dessin de la main.

Remise à la mode, au XIXe siècle cette "science" fut pratiquée dans l'Antiquité. Savonarole y excellait, paraît-il

LA MAIN

Les mains se divisent en 7 catégories :

— **main élémentaire ou à grande paume** ; doigts dénués de souplesse, pouce parfois retroussé, paume ample, épaisse et dure : indice de sens lourds et paresseux, d'une imagination lente. Main des travailleurs manuels.

— **main nécessaire ou en spatule** ; grand pouce, troisième phalange des doigts spatulée : vaillance, astuce, habileté, goût de l'activité, et des sciences, fidélité en amour. Main des avocats, des hommes d'affaires, des travailleurs manuels inventifs.

— **main utile ou carrée** ; doigts noueux, grand pouce, paume moyenne, creuse et assez ferme :

sens de l'organisation, calme, réflexion, sagesse. Main des professeurs, des bureaucrates…

— **main philosophique ou noueuse** ; paume grande et élastique, doigts noueux, grand pouce : logique, décision, goût du calcul, de la déduction et de la métaphysique.

— **main artistique ou conique** ; souple, avec un petit pouce et une paume moyenne : goût pour le beau, enthousiasme. Large, épaisse et courte, avec un grand pouce : attirance pour la grandeur, la richesse, le sens de la bonne fortune, ruse. Grande et très ferme : goûts des plaisirs sensuels, volupté. Toutes les trois sont des mains d'artiste, inaptes aux arts mécaniques.

— **main psychique ou pointue** ; grande avec la paume moyenne, les doigts sans nœud, phalange effilée, pouce petit : intelligence, esprit agréable, et supérieur, goût de la bonne compagnie.

— **main mixte** ; lignes indécises : la main mixte réunie deux types différents et le diagnostic est à établir en fonction de ces types. Elle concerne des individus "intermédiaires" ; goût de la littérature, des arts, de la mécanique…

LA PAUME

En complément de cette classification, une paume étroite et mince signifie un tempérament faible.

Une paume large, dure, est l'indice de violence, d'instincts brutaux et d'individualisme. Les grandes mains dures sont signe de force physique, les mains à paume moyenne sont indice de tempérament artistique.

Une main molle est indice de paresse morale ; une main molle à doigts spatulés est indice de paresse physique, mais aussi de goût pour le merveilleux.

Une main dure est indice de volonté, de goût pour l'exercice physique ; une main dure avec des doigts spatulés : grande activité.

LES DOIGTS

Des doigts très courts et très gros indiquent la cruauté, des doigts longs et fins la diplomatie, ou la fourberie. Quant aux doigts crochus, même les non-chirognomoniens savent que ce sont ceux des avares. Ceux qui ont les doigts lisses sont spontanés, impressionnables, intuitifs, capricieux, dilettantes, artistes.

Ceux qui ont les doigts noueux sont réfléchis, aiment l'ordre, les chiffres, les sciences exactes.

La première phalange, ou phalange onglée : si elle est pointue, avec des doigts lisses : religion, extase, invention, poésie. Si elle est carrée, avec des doigts lisses : ordre, organisation, réflexion, raison. Si elle est spatulée, avec des doigts lisses ou noueux : résolution, goût du mouvement et du confort, audace, orgueil.

LE POUCE

Sa racine est le siège de la volonté raisonnée ; la première phalange celui de la logique, du raisonnement ; la seconde celui de l'invention et de l'initiative.

Un petit pouce indique donc un esprit irrésolu, un grand pouce le contraire (Voltaire avait les pouces énormes). Raisons pour lesquelles, parfois, il ne faut pas s'obstiner à mettre le doigt dans l'engrenage, ou la main à la pâte, et savoir mettre les pouces...

CHRYSOLITHE

*(silicate de magnésium
et de fer vert clair)*
"Elle réprime la paillardise, si elle
est portée en contact avec la chair.
Mise sous la langue des fiévreux,
elle apaise la soif, laquelle chose
est commune au cristal et à plusieurs pierres, mais pas aussi évi-
dente qu'avec la chrysolithe"
(Selon Jérôme Cardan). Elle passait aussi pour protéger de la folie.

CIERGE

Accessoire indispensable à certaines cérémonies, notamment
religieuses ou divinatoires. Par
exemple, quand on tire les tarots,
il faut faire brûler un cierge.
Lorsqu'on était amoureux, et si
toutes les tentatives, magies,
philtres… restaient vaines, si le
cœur à prendre continuait à se laisser désirer, on pouvait, en derniers
recours, faire brûler un cierge (où
l'on mélangeait à la cire quelques
sucs parfumés, et éventuellement
aphrodisiaques), en le dédiant à la
Vierge, ou à Vénus…
Dans la Grèce antique, lorsqu'on
était amoureux, on observait un
flambeau à la tombée de la nuit,
en présence de l'objet de son
désir.

S'il brûlait clair et surtout s'il
pétillait, l'idylle s'annonçait pro-
metteuse. Si le flambeau charbonnait, il était préférable de porter son cœur ailleurs…

CITRINE

(dioxyde de silicium jaune)
Appelée aussi fausse topaze, la
citrine est un quartz qui a les
mêmes pouvoirs que l'ambre
(voir ce mot), aide à l'acuité
intellectuelle, et transforme les
ondes négatives en ondes positives.

CLAQUETTE

Les bergers de l'Antiquité et du
Moyen Âge avaient un procédé
immédiat pour savoir si leurs
sentiments étaient payés de
retour : ils étalaient une feuille
d'**anémone** ou un pétale de **rose**
sur le cercle formé par leur index
replié dans le creux du pouce de
la *main gauche* ; puis ils la frap-
paient avec la paume *droite*.
Plus le déchirement de la feuille,
sous la claque, était sonore, plus
l'amour de la bien-aimée était
violent.
Avec la fleur d'un **lis** double, les
pastoureaux procédaient selon le

même principe. Ils gonflaient la fleur avant de se la faire éclater sur le front.

Cette pratique de la claquette pouvait aussi s'exercer avec des feuilles de **rosier**, ou de **figuier**, dans le creux de l'épaule, ou sur le pli du coude, tenu à l'horizontale. Afin que l'oracle soit le plus sonore possible, on pouvait être tenté de claquer fort.

Mais gare à la trace obtenue ! Car si une marque rouge était un signe favorable, quoique cuisant, l'égratignure était un mauvais présage !

CLÉIDOMANCIE

Divination à partir d'une clef.

◆ Sur un parchemin, on écrivait le nom d'une personne soupçonnée de vol, puis on l'enroulait autour de la clef.

La clef était reliée par un cordon à une bible, qui faisait contrepoids. Ce pendule était suspendu au médius d'une fille vierge, qui récitait par trois fois ce verset : *Exurge, Domine, adjava nos, et redime nos propter nomen sanctum tuum.* Si la clef et la bible se mettaient à tourner, ou à osciller, l'accusé était reconnu coupable. Si le pendule restait inerte, il était innocenté.

◆ Lorsqu'une femme enceinte veut connaître le sexe de son enfant, on lui présente, serrée entre deux mains, une clef : si elle tape sur la main qui cache l'anneau de la clef, ce sera une fille, un garçon si elle désigne l'autre extrémité.

CONJURATION

Action par laquelle (souvent par incantations) on modifie le destin, on éloigne le mauvais sort. D'après la *Clavicule de Salomon*, "on se servira, dans plusieurs arts et opérations, ou de terre vierge pour faire des images, ou de

chandelle de cire : c'est pourquoi tu dois bien prendre garde que ni l'une ni l'autre n'ait jamais été mise en œuvre, et il faut que tu tires la terre de tes propres mains… et elle ne doit être touchée d'aucun instrument de fer de quelque genre qu'il puisse être, afin qu'elle ne soit point souillée.

"La cire doit être prise des mouches à miel qui ont seulement fait la première cire et il faut qu'elle n'ait servi en aucun ouvrage, car quand tu voudras te servir de l'une ou de l'autre, avant que tu commences ton ouvrage, tu réciteras dessus cette conjuration :

"Extator, Nestator, Sytacibor, Adonaï, On, Azozamon, Mecchon, Asmodachii, Comphac, Erijonas, Propheres, Alijomas, Canamas, Papiredas, Otiodos, Narbonidos, Almoij, Cacaij, Coanaij, Equevant, Vemat, Dennaij, Comapris, Scier, Serantis, Cosphilados : Anges de Dieu, venez et soyez présents, parce que je vous invoque dans ma besogne, afin qu'elle acquière de la vertu par vous et qu'elle s'achève bien par vous."

CORNALINE

(dioxyde de silicium rose à rouge-brun)
Elle stimule le goût de vivre mais est dangereuse pour l'hypertendu. Placée sous l'oreiller, elle fait faire de beaux rêves.

COSCINOMANCIE

(S'écrit aussi **Cosquinomancie**.) Divination avec un sas (au Moyen Âge, pièce de tissu, ou de soie de porc, montée sur un cadre de bois, servant à passer des liquides ou des poudres). Cette divination, qui remonte à l'Antiquité, paraît avoir subsisté dans les campagnes jusqu'au XIXe siècle.

On suspendait le sas à des ciseaux tenus par le médius de deux assistants, lesquels citaient "leurs" coupables puis disaient *dies, mies, jesquet, benedoe, fet, domina…* Ces six mots forçaient le démon à faire tourner sur-le-champ le sas du côté de celui qui avait cité le nom du coupable…

COULEUR

Les couleurs préférées des individus peuvent être un moyen pour
comprendre leur personnalité.
Les couleurs avec lesquelles une
personne s'habille reflètent son
"aura", ses tendances profondes,
et inconscientes.

Selon les traditions et les civilisa-
tions, la signification des couleurs changent (ainsi le blanc, en
Orient, est-il couleur de la mort,
alors qu'en Occident, c'est le
noir). Ne sont abordées ci-après
que les significations des couleurs dans la culture occidentale.

Blanc : lumière et vide, virginité
et vie. Le blanc traduit l'inhibition, la disponibilité jusqu'à la
soumission, le goût du secret ;
l'attente et le manque d'assu-
rance, ou, au contraire, la certitude dans tout son éclat. Tout
dépend comment est portée, ou
affichée, cette "non-couleur".

Bleu : couleur profonde, c'est
celle de la vérité, et de la
noblesse (rien à voir avec le
"sang bleu" de la noblesse, déformation du juron *Par le sang de
Dieu*, devenu *Palsembleu* : seuls
les nobles, au Moyen Âge,
avaient le droit de jurer.

Le peuple prit l'habitude de les
désigner par "sang bleu", déformation de leur juron favori). Le
bleu symbolise la dévotion, la
spiritualité, la sincérité, le goût
de la méditation, la sagesse et la
créativité.

Jaune : couleur solaire, couleur
de l'or (mais aussi couleur des
traîtres), c'est celle de l'amitié,
de l'optimisme, de l'intelligence,
mais aussi du cynisme et de la
jalousie, quand le jaune est écla-
tant. Quand le jaune est pâle, ten-
dant à la timidité et à l'indécision, et à la déception.

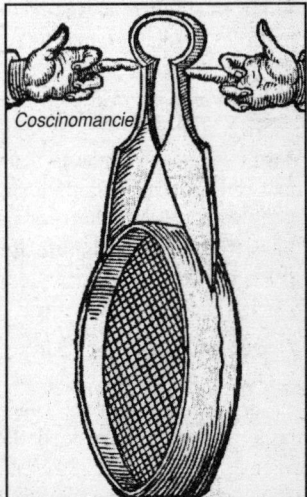

Coscinomancie

Noir : couleur, ou plutôt non-couleur des origines, du chaos originel, le noir, opposé du blanc lumineux, est symbole de passivité, de résignation, de fatalité, et même de discorde, de malveillance et de haine. Mais le noir, c'est aussi la sagesse, la prudence et la constance, notamment dans l'adversité.

Orange : équilibre intellectuel, spirituel, voire sexuel (les moines bouddhistes portent une robe couleur safran, c'est-à-dire orange, mais c'était aussi la couleur des vêtements de Dionysos/Bacchus, lors de ses orgies). L'orange symbolise la fidélité, la santé, le contrôle de soi, l'orgueil, mais elle peut dénoncer aussi un certain goût pour la luxure, ou une ambition effrénée.

Rose : symbole, comme la fleur dont cette couleur porte le nom, de la beauté, de la délicatesse et du raffinement. Symbole de modestie et de réserve, mais aussi d'amitié et d'amour… physique.

Rouge : symbole de vie, de force, de puissance, le rouge est la couleur de l'action et de la sensualité, de la passion et du désir, de la volonté, mais aussi de l'égocentrisme, et d'une certaine incapacité à maîtriser ses vices cachés.

Vert : cette couleur symbolise le réconfort et la renaissance, l'espérance, la prospérité et la recherche du succès, mais aussi la dissimulation et un caractère versatile, la ruse et le mensonge.

Violet : couleur du manteau d'Apollon et de la chasuble des évêques, le violet est la couleur de la tempérance, de l'intelligence et de la sagesse, de la réflexion, de la profondeur psychique. Le violet, en Occident, tempère les passions charnelles (alors qu'en Inde cette couleur est supposée stimuler les glandes sexuelles de la femme — pour l'homme, c'est le rouge —).

CRISTAL DE ROCHE

(dioxyde de silicium incolore)
Il équilibre le corps et l'esprit, purifie l'atmosphère, lutte contre le mal des transports, aide à rassembler ses énergies. Lorsqu'on capte les derniers rayons du soleil dans un cristal de roche, on est protégé des démons de la nuit.

CRISTALLOMANCIE

Divination par la **boule de cristal** (voit ce terme), appelée aussi *miroir hindou*.

CROIX

En Égypte, c'était un symbole d'immortalité. Mais symbole du martyr du Christ, la croix est devenue porte-malheur, *si elle est formée par hasard.* C'est pourquoi il ne faut pas croiser ses couteau et fourchette, ni quatre personnes se serrer les mains simultanément en les croisant…

En revanche, la croix que volontairement l'on trace, ou que l'on fait en se signant porte bonheur.

Croiser les jambes en se signant renforce la protection divine, lors d'une conjuration.

CROMNIOMANCIE

Divination par l'oignon. On écrivait sur des oignons, la veille de Noël, ses questions, puis on les déposait sur l'autel d'une église. L'oignon qui germait le plus tôt apportait une réponse positive.

Les jeunes filles, en Allemagne, inscrivaient ainsi le nom de tous leurs soupirants : celui de leur futur mari était donné par l'oignon premier germé !

CRUCIFIX

On le retrouve parfois accroché au mur dans les cabinets de voyance. Il éloigne les démons. Lorsque l'on prend possession d'un logis neuf, il faut y accrocher avant toute chose un crucifix.

CUIR

En bracelet autour du poignet, il donne de la force et éloigne les mauvais esprits.

CUIVRE

Métal bénéfique. Pur, il chasse les spectres et les mauvais esprits.

CYNOMANCIE

Divination par l'étude du comportement du chien.

Selon des tablettes chaldéennes, la cynomancie se pratiquait ainsi à Babylone.

Si un chien s'arrêtait devant un homme, c'est qu'un obstacle allait se dresser devant lui.

Si le chien s'arrêtait à son côté, c'est qu'il jouissait de la protection divine.

Si un chien se couchait sur un lit, le propriétaire de la couche était en proie au courroux divin.

Si le chien se couchait sur une chaise, la femme du propriétaire de la chaise suivrait ce dernier dans son malheur.

Si des chiens hurlaient à un carrefour, c'est que l'ennemi était en marche. Si des chiennes aboyaient devant les portes, c'était présage de peste.

Si des chiens hurlaient dans les rues, la famine était proche…

D

DAPHNOMANCIE

Divination par le laurier. On jette des branches de laurier (ou leurs feuilles) dans le feu. Si elles pétillent en brûlant, c'est bon présage, mauvais si elles brûlent sans bruit. Parce qu'au feu la feuille de laurier crépite comme la foudre, les Anciens croyaient que faire brûler du laurier en préservait, pendant l'orage.

DÉS

Voir aussi **Astragalomancie** et **Kybomancie**.
Le jeu de dés est l'un des plus anciens du monde. Les Grecs prétendaient qu'il avait été inventé pendant le siège de Troie. Homère cite les prétendants jouant aux dés sur des peaux de bœufs, devant le palais d'Ulysse.
En Inde, un chant antique décrit les funestes effets de la passion des dés sur un joueur…
On a aussi retrouvé des dés dans des sépultures de l'ancienne Égypte.
Au Moyen Âge, les chevaliers, à l'instar des légionnaires romains, jouent aux dés, quand ils ne s'étripent pas au cours de tournois. Saint Louis, grand pourfendeur de vices, les fit interdire, comme les jurons. Le dé eut une telle importance qu'une corporation spéciale, les déciers, avait le monopole de sa fabrique.
Il faudra l'invention de l'imprimerie, et de la carte à jouer, pour que le dé perde la faveur des joueurs.
Instrument du hasard par excellence, il était logique que le dé soit utilisé à des fins divinatoires.

Rabelais, dans une satire, invente le juge Bridoie, qui rend ses jugements après avoir tiré les dés…

La méthode divinatoire des dés est simple. Il suffit de se concentrer sur la question posée, de jeter trois dés sur un plateau, ou à l'intérieur d'un cercle préalablement délimité, de faire la somme de trois chiffres obtenus et d'interpréter l'oracle.

Si un dé sort du cercle, ou du plateau, il faut recommencer le jeté. Si, à la troisième tentative, les dés ne sont toujours pas à l'intérieur du cercle, il faut abandonner le tirage, au moins jusqu'au lendemain.

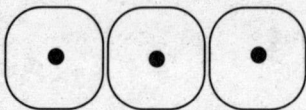

3— Bon tirage. Vous êtes créatif(ve), avez le sens de l'amitié et un bon sens pratique ainsi qu'une joie de vivre qui vous font apprécier par votre entourage.

Possibilité de bonne(s) rencontre(s). N'hésitez pas à tenter votre chance, vous êtes poussé par un vent favorable.

4— Persévérant(e) ? Tant mieux, car il va falloir vous "accrocher". Ne faiblissez pas, des personnes de votre entourage, professionnel ou familial, guettent votre découragement pour l'exploiter.

Votre sens du concret reste votre meilleur atout.

L'aboutissement de vos projets, professionnels ou sentimentaux, prendra du temps. Consolidez les liens existants. Faites le dos rond devant vos adversaires : ils se lasseront les premiers.

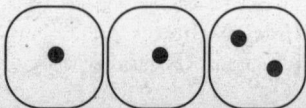

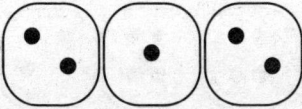

5 — Méfiez-vous d'un excès de spontanéité. Vous voulez du mouvement, vous allez faire des rencontres, nouer de nouveaux liens, acquérir d'autres compétences.

Votre existence ne va pas être monotone, surtout avec votre habileté à vous adapter à toutes les situations, même les plus insolites, mais que l'euphorie n'empêche pas la prudence ! Ne vous dispersez pas. Sinon, vous risquez des désillusions, notamment côté cœur.

6 — Vous aurez besoin de vous montrer très conciliant, car il y a des risques de conflits sentimentaux. Vos indécisions peuvent vous nuire. Faites le tri, entre bons et mauvais amis, vrais alliés et mauvais conseillers.

N'engagez pas de dépenses ; le moment est mal choisi.

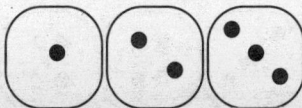

7 — Vous avez tendance à être rêveur, créatif… Faites-vous donc violence, soyez terre à terre. Avec du concret, les obstacles s'aplaniront. Céder à l'impulsion serait maladroit, s'impatienter néfaste.

Votre potentiel de sagesse est à exploiter. Côté cœur, êtes-vous prêt à renoncer à votre indépendance ? La vie en société comporte des obligations qu'il faut accepter. Sortez de votre tour d'ivoire !

8 — Ca marche pour vous ! Bonnes rencontres, professionnelles, amicales ou sentimentales. Bonnes nouvelles aussi. La tempête est finie, le calme arrive. Ne vous endormez toutefois pas dans la béatitude. Ménagez votre entourage : votre aisance et votre réussite peuvent agacer, restez attentif à votre entourage.

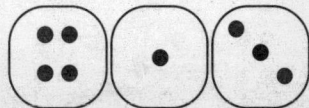

9 — Le bonheur, pour vous, n'est pas dans l'aventure, mais dans la fidélité et la tendresse. Côté cœur comme côté affaires, ce trait de votre tempérament rassure vos partenaires, et vous assure de leur affection ou de leur amitié. Mais des aigrefins peuvent profiter de votre attirance pour la vie intérieure pour abuser de votre naïveté.

10 — Des changements vous intervenir dans votre vie. Ils peuvent être professionnels — mutation, augmentation...—, sentimentaux — rencontre importante, renforcement de liens affectifs —, ou intérieurs. Votre personnalité est en train d'évoluer vers davantage de plénitude. Votre énergie est contagieuse, mais veillez à faire bon usage de votre liberté, et du hasard qui vous est favorable.

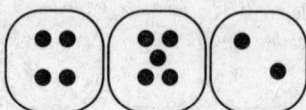

11 — Par votre détermination et la force intérieure qui vous habite, vous allez pouvoir efficacement faire face aux conflits et aux difficultés qui se dressent. Au prix d'un peu de fatigue morale ou physique, toutefois. Mais vous garderez suffisamment de ressources pour séduire et convaincre. Votre maîtrise sera votre meilleure alliée pour obtenir le succès auquel vous aspirez, et réaliser vos ambitions.

12 — Ne baissez pas les bras, même si vous en avez la tentation ! À force d'espérer l'impossible, vous vous êtes coupé(e) de la réalité, et maintenant qu'elle vous rattrape, vous ne savez pas comment réagir.
Prenez conseil auprès de vos proches, le temps de retrouver le bon cap. Vous êtes trop troublé(e) pour agir spontanément et d'instinct : vous aggraveriez la situation par vos maladresses. Prenez

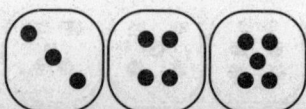

le temps de surmonter vos blo-cages, de ravaler vos déceptions et d'éliminer vos faux espoirs.

Pliez la tête sous le vent mauvais, ne lui donnez pas de prise. Quand vous aurez fait le ménage dans votre tête et autour de vous, tout ira mieux, d'autant plus que votre idéalisme et votre créativité vous incitent, avec raison, à l'opti-misme.

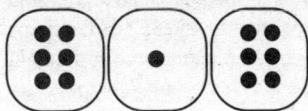

13— Il va y avoir, autour de vous, et aussi à cause de vous, des ruptures sentimentales, des cassures, des conflits profes-sionnels.

Mais ces transformations seront salutaires. Ce qui, dans l'immé-diat, ressemble à des échecs va se révéler comme autant de vic-toires. Dans l'adversité vous êtes en train d'acquérir votre philoso-phie. Mais il faudra vous habituer au goût tenace de l'amertume.

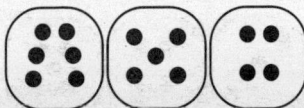

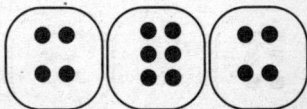

14— Modéré, modeste : c'est l'image que vous donnez. Vous pressentez, avec raison, que le temps travaille pour vous, et que vous atteindrez vos objectifs, qu'ils soient sentimentaux, sociaux ou professionnels. Appuyez-vous sur votre entou-rage. Il vous incite à la prudence ; avec vos proches, ce temps d'at-tente nécessaire passera vite.

15— Vous êtes volontaire, ambitieux, impérieux. Vous vous savez fort(e). N'en dédaignez pas les autres pour autant. Vous n'êtes pas à l'abri des intrigues et des médisances et même si vous affectez de les ignorer, tenez en compte.

Vous n'aimez pas qu'on vous marche sur les pieds, ce n'est pas une raison pour piétiner les escar-pins de ceux que vous doublez.

Sentimentalement, professionnelle-ment, socialement, vous agissez sous l'influx de la passion. Attitude qui privilégie le superficiel.

Faites-vous violence, maîtrisez vos pulsions, sachez vous arrêter dans votre course en avant, pour raffermir les liens établis.

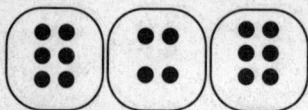

16 — Prudence ! Pour bâtir, il va falloir d'abord démolir. Vous êtes dans le creux de la vague. Analysez ce qui bloque, étudiez comment surmonter l'épreuve… Ne comptez pas sur les autres pour vous y aider ; vous n'êtes pas dans une phase de bonne entente avec votre entourage. La victoire sur l'adversité, et sur vous-même ne sera pas facile, mais vous en ressortirez plus fort, plus dur, plus expérimenté de ce coup de tabac.

17 — Une lumière intérieure vous illumine. Votre harmonie séduit, et ceux qui vous entourent ont envie de vous aider (mais avez-vous besoin d'aide ?). Cette harmonie, bien sûr, a des conséquences heureuses sur le plan affectif. Et l'équilibre appelle la réussite professionnelle. Profitez de cette phase euphorique : parce que vous êtes raisonnable, tout vous est permis.

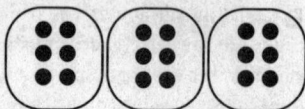

18 — Si vous êtes cartésien, ne cherchez pas à comprendre : la chance est avec vous, profitez-en sans vous poser de questions.

Puisque le hasard vous est favorable, jouez ! Méfiez-vous toutefois de ne pas pousser trop loin les jeux amoureux : la déception puis la rancune seront d'autant plus vives, pour vous ou votre partenaire, que vous aurez trop promis ce que vous ne pouvez pas tenir. Exploitez votre chance, mais ne bâtissez pas pour autant des châteaux en Espagne. Limitez vos fantasmes.

Et ne cherchez pas à contrarier, en croyant l'aider, ce hasard favorable. Il sera bien temps, plus tard, d'en analyser les conséquences. Laissez-vous porter par votre instinct, votre intuition, et jouissez du présent.

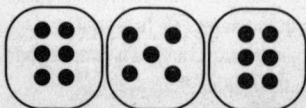

DIABLE

Le Diable est la terreur ou l'allié des sorciers, selon qu'ils se livrent à la magie blanche ou à la magie noire.

Les démons, ses serviteurs, interviennent dans la **démonomancie**, divination qui fait appel aux mauvais Esprits des puissances infernales que les sorciers appellent à la rescousse pour jeter leurs maléfices.

DIAMANT

(carbone cristallisé, généralement transparent)

La pierre la plus dure, elle amplifie les vibrations, positives ou négatives. Selon Pline le Jeune, le diamant combat l'empoisonnement, chasse les mauvais esprits, protège, enchâssé dans un anneau d'argent, de l'insomnie et des ennemis, soigne, plongé dans un verre de vin, de l'apoplexie et de la jaunisse, et favorise la chasteté.

DIEU

Puissance suprême, recours ultime invoqué dans les conjurations par l'intermédiaire des anges et archanges, au grand dam de l'Église qui n'acceptait comme prières valables que les siennes.

Son assistance est indispensable pour tenir tête au Diable. Un manuscrit de la fin du Moyen Âge a pour titre *Livre premier de la sacrée Magie que Dieu donna à Moïse, Aaron, David, Salomon et à d'autres saints patriarches*, preuve que Dieu était considéré aussi comme "magique", et que ceux que les clercs qualifiaient de sorciers ou d'alchimistes n'avaient pas scrupule à mettre leurs expériences sous son parrainage.

DOMINOS

Le plus vieux jeu de dominos est au musée national de Bagdad, en Irak. Il a été trouvé à Ur, patrie d'Abraham, par des archéologues, daterait de -3 500 ans et aurait été taillé dans des os.

Outre les Hébreux, les Grecs et les Chinois utilisaient les dominos, et pour jouer, et pour prédire l'avenir.

Les dominos seraient apparus en Italie au XIVᵉ siècle, mais n'auraient atteint l'Europe du Nord qu'au XVIIIᵉ siècle.Traditionnellement, l'une des faces était en os, dans laquelle on creusait les trous correspondant aux points, l'autre en bois d'ébène.

Le nom de domino viendrait de l'expression *Benedicamus Domino* (Loué soit le Seigneur) : les moines avaient l'autorisation d'y jouer, et le gagnant ne manquait pas, rituellement, d'invoquer le Seigneur qui lui avait permis de gagner la partie !

On ignore toutefois si les moines, comme les Chinois et les Indiens, utilisaient les dominos à des fins divinatoires.

DIVINATION PAR LES DOMINOS

la technique est simple : on mélange les 28 plaques dans un sac ou dans une boîte, tout en se concentrant sur la question que l'on veut poser.

On tire 3 dominos, en les interprétant un par un, puis en faisant la synthèse des réponses fournies. Le premier domino fait, dans la plupart des tirages, le bilan de la situation présente, les deux autres plaques apportent des précisions sur la conduite à tenir dans un futur proche.

À l'oracle d'adapter le message divinatoire à la question posée. Si la réponse n'est pas satisfaisante, parce que trop floue, ou trop ambiguë, il faudra recommencer au minimum une semaine plus tard, parce que la question a été posée trop tôt, lors d'une période pas encore propice.

La question doit être suffisamment claire et précise et ne doit pas être "gratuite".

La réponse sera d'autant plus valable que celui qui pose la question y mettra de conviction.

ANALYSE DES PLAQUES

0-0 Mauvais augure. Signe de rupture, de désagréments. Son effet néfaste peut être annihilé par les autres plaques tirées, qui prennent le pas sur elle. Surtout si vous tirez le 6-6, son opposé.

0-1 Prudence en affaire. Rebondissements sentimentaux ou professionnels prévisibles.

0-2 Période difficile à assumer, mais passagère, à condition de garder sa pugnacité.

0-3 Évitez les affrontements. Restez prudent dans votre comportement, et sobre dans vos paroles, même si vous avez l'intime conviction d'avoir raison.

0-4 Difficultés et déceptions en perspective. Laissez passer l'orage.

0-5 Risque d'erreur si vous agissez de façon irréfléchie. Votre désir d'indépendance peut vous coûter cher.

0-6 Attendez la fin de la tempête. Tout va aller de travers : faux amis, fausses bonnes idées… Votre jugement est faussé, les responsabilités vous pèsent. Restez impassible dans cet orage ; ce n'est pas encore cette fois que le ciel vous tombera sur la tête.

1-1 Signe d'ambition nouvelle. Résolution d'un problème. Changements en vue.

1-2 Agréable surprise sentimentale. En affaires, encore des difficultés à résoudre.

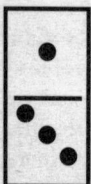

1-3 Prenez conseil. On vous épie. Laissez faire le temps pour déjouer les intrigues qui se trament contre vous.

1-4 Difficultés financières à assumer. Être heureux en amour oblige parfois à savoir faire des concessions ou des sacrifices.

1-5 Laissez faire le hasard. Il va vous aider, financièrement ou sentimentalement. mais surtout, ne le provoquez pas. ·

1-6 Oubliez votre misanthropie. Les autres vous aideront, si vous faites le premier pas. La réussite peut sourire, car vous êtes intérieurement riche et original : encore faut-il le laisser paraître !

2-2 Succès et harmonie malgré les jaloux. En amour et en amitié, affection.
Attention à un excès de confiance.

2-3 Succès ou changement notable (et bénéfique) à venir.

2-4 Un traître est dans votre entourage. Vérifiez qui sont vos vrais amis avant d'entreprendre.

2-5 Faites fructifier vos acquis. La patience va se révéler payante.

2-6 Amélioration en vue. Attention à ne pas être trop audacieux en brûlant les étapes. Votre rythme n'est pas celui de tous, respectez votre entourage.

3-3 Création et ambition seront récompensées. Bon présage, en affaires ou sentimentalement.

3-4 Amour et amitié sont là. Gérer d'abord, vous oserez plus tard.

3-5 Une bonne surprise à venir, professionnelle ou sentimentale.

3-6 Si vous aimez bouger, vous allez être servi. En positif ou négatif, d'ailleurs (pour le savoir, interrogez d'autres dominos). Mettez un bémol à votre idéalisme.

4-4 Vous êtes travailleur, mais risquez de vous entêter, ce qui peut vous nuire. Préférez le bonheur tranquille aux aventures douteuses. La réussite matérielle se construit d'abord en soignant ses relations et en confortant ses appuis.

4-5 Profitez de la vie, exploitez vos inspirations, jetez-vous à l'eau, foncez ! La période est favorable à l'initiative. Attention toutefois à ne pas trop piétiner les autres dans votre volonté de vous affirmer. Ils sauraient s'en souvenir et vous le faire payer plus tard.

4-6 Créatif, mais aussi instable, vous devez demander de l'aide pour éviter les erreurs. Vous bénéficiez d'un préjugé favorable. Profitez-en.

5-5 Indépendance, changements professionnels, voyages… sont en vue. Vous allez choisir la difficulté; elle se révélera bénéfique.

5-6 Succès presque garanti. S'il y a des réticences, sachez convaincre. Vous êtes votre meilleur avocat.

6-6 On vous fait enfin confiance. Les obstacles disparaissent. La réussite est là. Bravo.

Cette plaque est un joker porte-bonheur. Dans les interprétations, elle annule le néfaste des autres plaques.

DROITE

Le côté droit est celui de la lumière, du soleil, il symbolise le côté masculin. Le côté gauche est celui de la lune et des ténèbres. Au Moyen Âge, on prétendait qu'Adam était androgyne, mâle du côté droit, femme du côté gauche.

Des légendes dorées de saints vont jusqu'à prétendre que ces pieux chrétiens allaient jusqu'à refuser le sein gauche de leur nourrice !

Lors du Jugement dernier, Jésus sera assis à la droite de Dieu, alors que les damnés seront envoyés en Enfer par le côté gauche.

Pour qu'un présage soit favorable, notamment dans les traditions grecque et celte, il doit venir de la droite.

Pour s'orienter, il faut se mettre face au nord. La droite est donnée par l'orient.

De droite vient "droiture". De *sinister* (gauche en latin) vient "sinistre", et gauche veut aussi dire maladroit. Si la main gauche coupe les cartes, la main droite les distribue.

Signalons qu'en Chine et au Japon, c'est la gauche qui est bénéfique !

E

ÉLÉMENTS

Les Anciens ont divisé l'univers en 4 éléments, le feu, l'air, l'air et l'eau. Les astrologues "adaptèrent" ces éléments au Zodiaque, et y répartirent les signes astrologiques (voir **Astrologie**), en établissant des "tempéraments" selon ces éléments.

FEU : le tempérament de Feu est sec et chaud, énergique, passionné, dominateur.

TERRE : le tempérament de Terre est sec et froid, solide, énergique.

AIR : le tempérament d'Air est humide et chaud, communicatif, créatif, imaginatif jusqu'au superficiel.

EAU : le tempérament d'Eau est humide et froid, émotif, sentimental, rêveur.

Selon Jean de la Taille de Bondaroy, auteur de la *Géomance abré-*
gée (1574), voici les influences des éléments sur l'homme :

"De la **terre** a été fait et formé l'homme et tout ce qu'on voit contenu en sa rondeur, étant dite par les poètes la mère des hommes et de dieux, encore qu'elle soit le moindre élément... Elle est néanmoins bien nécessaire et de grande force et puissance, faisant ceux auxquels elle abonde le plus, secs et froids, mélancoliques, pesants, tardifs, avares, mais sages.

"**L'eau** est un élément froid et humide, plus grand et moins pesant que la terre, et, selon aucuns, le principe des merveilles, le plus excellent, antique et puissant, comme celui qui maîtrise et commande à tous. Elle départ son humeur à tous les animaux, herbes et plantes, et fait ceux auxquels elle surabonde, froids, flegmatiques, paresseux mais beaux.

"**L'air** est un élément humide et chaud, plus grand et plus léger que la terre et que l'eau ; il donne vie et respiration à tous les animaux, et ne laisse rien vide en Nature, faisant ceux auxquels sa force ou vertu surabonde, humides et chauds, sanguins, légers, mais gaillards.

"**Le feu** est le dernier et plus chaud élément joignant le ciel de la Lune, chaud et sec, plus grand,

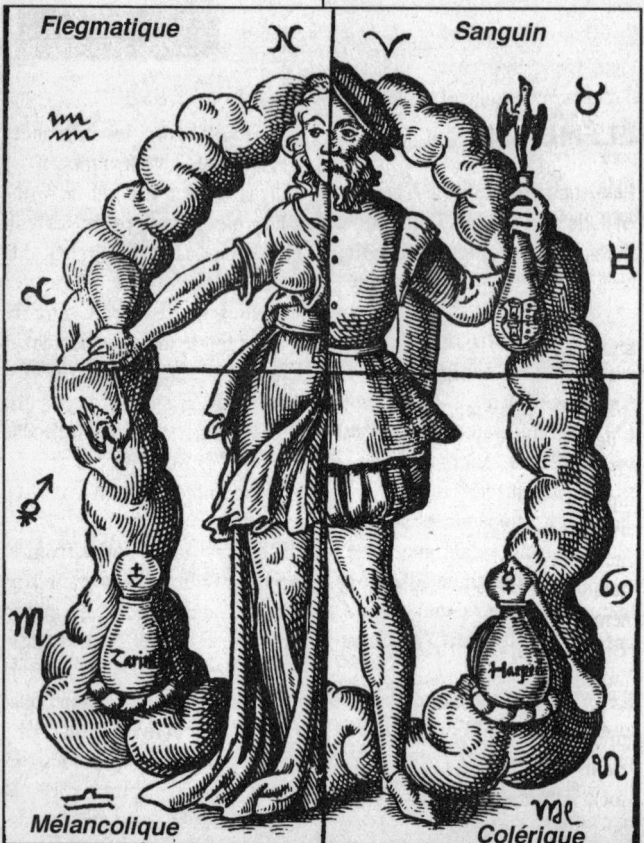

subtil et léger que les trois autres qu'il environne, tellement que sa sphère et rondeur est mille fois plus grande que la terre, qui, toutefois, est le fondement des autres éléments, subjecte à recevoir les influences du ciel ; il départ aux hommes, bêtes et oiseaux, sa chaleur naturelle, sa force et sa vertu, et surtout aux semences, dont toutes choses sont produites.

Il est invisible, pur, net, non corruptible… Il passe partout, il est au ciel pour lustre, aux enfers pour peine, en la terre pour notre usage… Il fait ceux auxquels il maîtrise chauds, secs, subtils, légers, colériques, mais ingénieux."

ÉMERAUDE

*(silicate d'aluminium
et de béryllium vert)*
Elle stimule la croissance physique et psychique, harmonise les niveaux corporel et émotionnel, guérit les peines de cœur et les maladies oculaires, améliore la mémoire, combat l'épilepsie.

"Elle fait connaître les choses futures. La pierre précieuse portée en anneau, ou pendue au col, qui est la chose la plus valide, ou retenue sous la langue (voir ce mot), confirme l'opinion de la chose future, et ôte de l'esprit la chose qui ne doit pas advenir. Elle résiste grandement aux venins." (Selon Jérôme Cardan)

ENCENS

Voir **Libanomancie**

ENCROMANCIE

Divination par les taches d'encre. Pour les dessins et leur interprétation, voir à **Cafédomancie**.

Cet art divinatoire est relativement récent. Il a été codifié au début du XXe siècle. Sur une feuille de papier, on inscrit le nom du consultant et sa question. Puis l'on projette 13 taches d'encre (éventuellement rouge). On plie la feuille en deux dans le sens vertical, on presse, on rouvre, puis on laisse sécher.

On interprète alors les figures.

Le milieu de la feuille indique le sujet lui-même et la question qu'il a posée. Les symboles en haut de la feuille sont favorables, ceux du bas de la feuille néfastes. Les psychologues utilisent l'encromancie afin d'analyser les problèmes de leurs patients à partir de l'interprétation qu'ils font des symboles contenus dans les taches d'encre.

ENVIE

(voir aussi **Grains de beauté**
et **Verrues**.)

Avec le grain de beauté, il faut
étudier l'envie. La fameuse envie
de la femme enceinte. Les
Anciens croyaient que si cette
"envie" n'était pas satisfaite,
l'enfant à naître porterait sur sa
peau l'empreinte de l'objet
convoité par sa mère !

D'où le nom donné à ces taches
de peau, rouge lie-de-vin, bleues,
parfois violettes.

Taches rouges

La mère a eu peur en voyant un
incendie, un écoulement de sang
ou une blessure.

Taches brunes

La mère voulait du café.

Taches livides

La mère voulait boire du vin.

Taches jaunes

La pauvre femme avait été battue.

Selon le dessin de l'envie, on
pouvait aussi en déduire que la
mère avait désiré consommer des
poires, des fraises, des pommes,
des cerises, des figues et autres
desserts fruitiers… Ou bien
qu'elle avait été effrayée par la
vision d'un chien, d'un serpent,
d'un crapaud, d'un poisson…

La mère pouvait tenter d'en
débarrasser le nouveau-né en
léchant la marque, pendant les
sept jours suivant la naissance,
voire un mois, à condition d'être
à jeun. Ou de la faire toucher par
un mourant, en espérant qu'il ne
serait pas contagieux.

Ainsi attribuait-on, à partir de ces
incidents dermatologiques, des
épisodes, plus ou moins imaginaires, de la vie intra-utérine.

N'est-il pas écrit, dans la Genèse,
que Jacob, pour avoir des
agneaux avec des taches noires,
disposait au fond des vases où les
brebis en rut allaient s'abreuver,
des branches d'arbre dont il avait
ôté une partie de l'écorce ?

Cela donnait lieu à des interprétations qui donnaient des sueurs
froides aux rationalistes : si un
enfant naissait sans jambes, c'est
parce que sa mère avait croisé un
cul-de-jatte !

Croyances qui faisaient la fortune
des marchands d'amulettes et de
gris-gris contre le mauvais œil !
C'était, pour son enfant à venir,
avoir la sensibilité à fleur de
peau !

Buffon s'en indignait : "Il ne faut
pas compter qu'on puisse jamais
persuader aux femmes que les
marques de leurs enfants n'ont
aucun rapport avec les *envies*
qu'elles n'ont pu satisfaire ; je
leur ai quelquefois demandé,

Cette Vénus n'est pas victime d'une maladie. Les points sur son corps indiquent l'emplacement des principaux grains de beauté. Saunders (XVIᵉ siècle) dessina cette planche à partir de laquelle il analysait plus de 300 cas divinatoires (voir Grains de Beauté*).*

avant la naissance, quelles étaient les *envies* qu'elles n'avaient pu satisfaire, et quelles seraient, par conséquent, les marques que leur enfant présenterait. Par cette question, j'ai fâché les gens sans les avoir convaincus."

ENVIES D'ONGLE

Ce sont les lambeaux de peau qui se décollent à proximité des ongles. Si l'on a une inflammation à l'index droit, il faut s'attendre à des ennuis financiers d'autant plus conséquents que la cicatrisation sera longue.

Pour les éviter, ne pas se couper les ongles ni les jours en R (mardi, mercredi, vendredi), ni le dimanche.

ENVOÛTEMENT

L'envoûtement a été, notamment au Moyen Âge (mais des griots africains le pratiquent encore) l'une des formes de magie les plus usitées, soit pour nuire, soit pour se faire aimer.

Enguerrand de Marigny, en 1315, grand argentier de Philippe le Bel, fut pendu pour avoir été soupçonné d'avoir envoûté son roi. La finalité de l'envoûtement était de faire mourir lentement une personne que l'on ne pouvait ouvertement assassiner.

On moulait en terre glaise ou en cire vierge l'effigie de la victime. On tuait ensuite une hirondelle, dont le cœur était placé sous le bras droit de l'effigie et le foie sous le bras gauche. Ensuite, on piquait avec une aiguille neuve le corps et les membres de la figure de cire ou de terre glaise, en prononçant des conjurations.

Autre méthode, on dédiait une victime à une figure en airain que l'on cachait dans un tombeau. Avec le temps elle se couvrait de rouille, en même temps que la lèpre s'emparait de la personne envoûtée !

On pouvait aussi faire une figure de cire, et l'approcher lentement d'un feu de bois et de verveine, pour la faire fondre doucement. L'envoûté, à quelques lieues de là, agonisait…

Enfin on pouvait modeler une figurine avec de la terre ramassée dans une sépulture et mêlée d'os de mort. On inscrivait sur cette figurine des caractères de malédiction (qui, hélas pour les apprentis-sorciers, ne sont pas parvenus jusqu'à nous) et le maléfice faisait périr en peu de temps la victime désignée !

Plus agréable était l'envoûtement d'amour, auquel pouvaient avoir recours les amoureux éconduits. En voici un, tiré d'un grimoire :

Un vendredi, par nuit claire, écraser trois poignées de riz noir (sarrasin, blé noir ? Le grimoire est imprécis). *Pétrir la farine obtenue afin d'obtenir une pâte et en confectionner la figure de la personne dont on veut se faire aimer. Ne pas oublier de fabriquer un petit cœur, que l'on placera à l'intérieur de la figure, là où doit se trouver le cœur humain. Allumer un feu de morelle blanche, d'asclépias à fleurs rouges, d'aubépine blanche et de branches de chêne. Faire cuire sous la cendre la figure et la manger très chaude. Toute, sauf le cœur ! Autrement, la personne désirée en mourrait !*

ESCARBOUCLE

(pierre fine rouge grenat).

Anti-poison, elle protège aussi les enfants de la noyade, chasse l'insomnie, fortifie le cœur et le cerveau, et permet de résister au feu. "Elle excite l'esprit et le rend joyeux." (Jérôme Cardan)

ÉTERNUEMENT

Considéré comme un signe des dieux, l'éternuement était un présage plus ou moins heureux selon l'endroit et l'heure de l'éternuement, et la position de la tête de l'éternueur.

Éternuer de midi à minuit était de bon augure ; l'inverse lorsqu'on éternuait de minuit à midi. Pour les personnes à la gauche de l'éternueur, l'éternuement portait bonheur.

C'est pour avoir entendu un soldat éternuer avec violence que Xénophon, général grec, se lança dans un assaut victorieux.

Lorsque Pénélope, alors qu'elle suppliait les dieux de lui ramener Ulysse, entendit son fils Télémaque éternuer à en faire vibrer les murs du palais, elle sut que ses prières étaient enfin exaucées. (voir aussi **Présages**.)

F

FATIMA (MAIN DE...)

Cagliostro (alias Joseph Balsamo, 1743-1795), qui n'en était pas à une mystification près, prétendit avoir découvert cette Main de Fatime (ou de Fatima, ou de Fathma) dans un manuscrit, lors de sa détention dans la forteresse de Saint-Léon, sur l'Adriatique, où l'Inquisition et le pape l'avaient fait enfermer pour sacrilège, hérésie et démonisme, et où il mourut mystérieusement tandis que les troupes de Bonaparte envahissaient l'Italie (sans doute étranglé sur l'ordre du pape, qui craignait son témoignage sur le procès inique dont il avait été la victime).

Cette Main de Fatima était utilisée dans les contrées orientales, de l'autre côté de la Méditerranée, par les mages à des fins divinatoires.

Elle a été, parfois, gravée sur du cuivre, ou des métaux précieux, et se présentait comme un bijou-talisman : l'expert en divination qui la portait en pendentif pouvait ainsi, tout en joignant l'esthétique à l'exercice de son art, conjurer le mauvais sort.

De plus, ce talisman était beaucoup moins encombrant que les habituels accessoires de divination...

Toutefois, ce faible encombrement a son inconvénient : la divination permise par la Main de Fatima est relativement limitée.

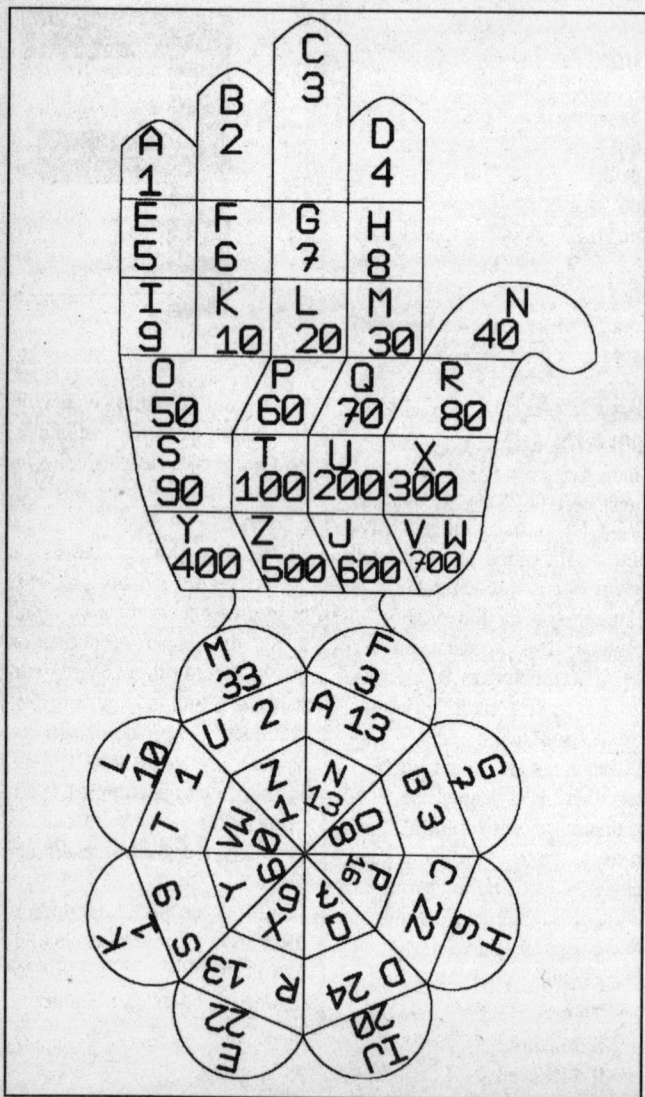

MAIN DE FATIMA
MODE D'EMPLOI

Sa *partie supérieure*, avec la **Clef des Nombres individuels**, permet de déterminer les grandes lignes du portrait intime, du caractère, du tempérament d'une personne.
La *partie inférieure*, en donnant la **Clef du Double Zodiaque**, permet, elle, de déterminer qui sera le vainqueur dans un duel amoureux, dans une rivalité d'affaires, lors d'un affrontement, ou, s'il y a compatibilité entre deux individus, lequel sera le "dominateur" dans le couple…
Pour une utilisation efficace, nous reproduisons ci-contre, sous forme de tableau alphabétique, les données chiffrées de la Main de Fatima.

Parie supérieure, CLEFS DES NOMBRES INDIVIDUELS	
A = 1	N = 40
B = 2	O = 50
C = 3	P = 60
D = 4	Q = 70
E = 5	R = 80
F = 6	S = 90
G = 7	T = 100
H = 8	U = 200
I = 9	V / W = 700
J = 600	X = 300
K = 10	Y = 400
L = 20	Z = 500
M = 30	

Table des victoires numérales
1 domine : 2 - 3 - 7 - 9.
2 domine : 1 - 4 - 6 - 8.
3 domine : 2 - 5 - 7 - 9.
4 domine : 1 - 3 - 6 - 8.
5 domine : 2 - 4 - 7 - 9.
6 domine : 1 - 3 - 5 - 7.
7 domine : 2 - 4 - 6 - 8.
8 domine : 1 - 3 - 5 - 7.
9 domine : 2 - 4 - 6 - 8.

Parie inférieure, CLEFS DU DOUBLE ZODIAQUE	
A = 13	N = 13
B = 3	O = 8
C = 22	P = 16
D = 24	Q = 7
E = 22	R = 13
F = 3	S = 9
G = 7	T = 1
H = 6	U = 2
I / J = 20	V / W = 0
K = 1	X = 6
L = 10	Y = 6
M = 33	Z = 1

CARACTÈRE D'UNE PERSONNE

Prendre les lettres du **prénom** et du **nom** et les remplacer par leur valeur en chiffres du premier tableau (**Clef des Nombres individuels**).

Additionner (nom et prénom) puis consulter le *Tableau des Correspondances numériques*. Si le chiffre obtenu n'est pas inscrit dans la table, supprimer les mille et détacher les centaines, dizaines et unités.

Exemple, si l'on obtient 1291, qui ne figure pas dans le tableau, on décompose en 200, en 90 et en 1. On lit ensuite la définition donnée en 200, en 90 et en 1, et l'on en fait la synthèse en superposant les informations apportées.

On peut affiner le portrait en séparant, ensuite, le prénom et le nom, et en cumulant les informations proposées par le *Tableau des Correspondances numériques*.

Exemple : Gabriel Lechevallier.

G = 7	L = 20	L = 20
A = 1	E = 5	L = 20
B = 2	C = 3	I = 9
R = 80	H = 8	E = 5
I = 9	E = 5	R = 80
E = 5	V = 700	
L = 20	A = 1	

Somme = **1000**, nombre qui figure sur la table. *Prénom* = **124** (qui ne figure pas sur la table, donc les informations de la table pour 120, et pour 4), *Nom* = **876** (qui ne figure pas sur la table, donc les informations de la table pour 800, et pour 6).

Autre exemple : Pierre Norma.

P = 60	N = 40
I = 9	O = 50
E = 5	R = 80
R = 80	M = 30
R = 80	A = 1
E = 5	

Somme = **440**. 440 ne figurant pas dans le tableau, décomposer en 400, et 40.

*CONNAÎTRE LE VAINQUEUR
LORS D'UN AFFRONTEMENT*

Prendre les lettres du nom et pré-nom de baptême des protago-nistes et les remplacer par leur valeur en chiffres du second tableau (*Clef du Double Zodiaque*).
Pour chacun des protagonistes, additionner nom et prénom et diviser par 9 le chiffre obtenu. Le reste (et non le résultat de cette division) représente la personne. Comparer ces 2 restes sur le *Tableau des Victoires numérales*. Si le reste est 0, on le remplace par le chiffre 9.
Il peut y avoir des cas d'égalité, des statu quo, quand les 2 restes s'annulent : ainsi le 6 domine le 7, mais, toujours selon le *Tableau des victoires numérales*, le 7 domine le 6.
Idem pour le 1 et le 2…
Exemple : qui, de Gabriel Leche-vallier et de Pierre Norma, l'em-portera pour la signature d'un contrat ?

G = 7	L = 10	L = 10
A = 13	E = 22	L = 10
B = 3	C = 22	I = 20
R = 13	H = 6	E = 22
I = 20	E = 22	R = 13
E = 22	V = 0	
L = 10	A = 13	

Somme Gabriel Lechevallier = **258**. ⇨ 258 / 9 = 28, reste **6**.

Somme Pierre Norma

P = 16	N = 13
I = 20	O = 08
E = 22	R = 13
R = 13	M = 33
R = 13	A = 13
E = 22	

= **186**. ⇨ 186 / 9 = 20, reste **6**
Les deux rivaux sont à égalité. S'il faut un vainqueur, il l'empor-tera de justesse. À moins que les deux adversaires aient, comme le suggère la *Clef du Double Zodiaque*, la sagesse de s'asso-cier.
Lire au verso la *Table des corres-pondances numériques*.

Table des correspondances numériques

1. Passion, exaltation, combativité, créativité, ambition, violence.

2. Apathie, paralysie, malchance, échec.

3. Mysticisme, rêverie, amour lyrique, sentimentalité excessive.

4. Témérité, puissance, mais aussi mesure, sagesse, clairvoyance.

5. Bonheur, réussite, union heureuse, satisfaction, abondance.

6. Perfection, goût du travail bien fait, détermination.

7. Réflexion, sagesse, honnêteté sentimentale et intellectuelle.

8. Soif de justice, volonté d'équité, honnêteté.

9. Morosité, spleen, sentiment d'inachevé, douleurs et peines.

10. Réalisation proche, raison et sagesse, bonheur futur.

11. Nombreux défauts, réussite difficile, caractère instable.

12. Porte-bonheur, présage heureux, tempérament "chanceux " et sachant exploiter son capital sympathie.

13. Cynisme et insolence. Mais "ça marche " !

14. Dévouement, sens du devoir et du sacrifice.

15. Esthétisme, idéalisme, mais aussi opportunisme, ambition.

16. Félicité, volupté, sexualité épanouie.

17. Inconstance, infidélité latente, caractère versatile et hésitant.

18. Entêtement, opiniâtreté, aveuglement.

19. *Nombre nul* (décomposer en 10 & 9).

20. Austérité, tristesse, rigidité, morosité.

21. Violence, brutalité, force incontrôlée.

22. Goût des énigmes, dissimulation, esprit inventif et prudent.

23. Pour lui (elle) la vengeance est un plat qui se mange toujours, tiède ou froid. Esprit rancunier. Contrariétés, épreuves.

24. Indifférence, indolence, flegme, égoïsme.

25. Intelligence, fécondité dans tous les sens du terme.

26. Don de soi, altruisme, large ouverture d'esprit.

27. Courage, stabilité, solidité, rigueur.

28. Tendresse, amour, affection, sensibilité.

29. *Nombre nul* (décomposer en 20 & 9).

30. Union(s), reconnaissance, célébrité.

31. Ambition, gloire, réussite.

32. Caractère réservé, timidité, chasteté.

Table des correspondances numériques

33. Droiture, rigueur, exemplarité.

34. Mélancolie, difficulté à surmonter ses peines sentimentales.

35. Bonne santé physique et morale, dynamisme

36. Il (elle) voit grand. Goût du grandiose, ambition, originalité.

37. Vertus domestiques, attirance pour la fidélité et le bonheur.

38. Sens de l'économie jusqu'à l'avarice. Facilement tourmenté(e) par les démons de l'envie et de la convoitise.

39. *Nombre nul* (décomposer en 30 & 9).

40. Jovialité, goût de la fête. Attention aux excès. Sous le gastronome amateur de bonne chère et des voluptueux plaisirs de la chair, peut se cacher un vulgaire goinfre !

41. Aucun sens moral, et une certaine répugnance à l'effort physique, mais un grand opportunisme.

42. Voyages, d'agrément ou professionnels, volontaires ou non. Il y a des vies au long cours ; la sienne, sentimentale et sociale, est scandée d'escales, de haltes forcées et de nouveaux départs.

43. Attirance pour le sacerdoce, sens du religieux, de la rigueur. Conservatisme. Manque d'innovation.

44. Aime la gloire. Ambition jusqu'à la violence et la solitude.

45. Fécondité, familiale et professionnelle.

46. Goût du champêtre plutôt que du citadin, abondance, fertilité.

47. Sa vie est un long fleuve tranquille, à force d'une sagesse et d'une rigueur qui se cachent sous une fausse insouciance.

48. Indélicatesse qui peut conduire au procès. Honnêteté relative

49. *Nombre nul* (décomposer en 40 & 9).

50. Il (elle) ne vend pas la peau de l'ours avant de l'avoir tué. mais quand l'affaire est conclue, alors ce(tte) timide introverti(e) laisse éclater une jubilation qui renverse un entourage ébahi.

60. L'éternel(le) veuf(ve) ; toute la misère du monde sur ses épaules. Quand cesserez-vous de vous chagriner pour des riens ! Mais il y en a qui pour se stimuler ont besoin de se croire en situation d'échec.

70. Goût de la science et du savoir, bon sens pratique apprécié par l'entourage familial ou professionnel.

73. Nature et simplicité, mais pas naïveté. Sagesse "à l'ancienne".

Table des correspondances numériques

75. Âme charitable et généreuse, sensible à autrui. Mais il faut aussi savoir penser à soi.

77. Le retour de l'enfant prodigue : il fait des bêtises, mais le repentir est sincère. Il sait utiliser ses échecs pour bâtir son succès.

80. Après la maladie (du corps, du cœur ou de l'âme) la guérison, après les virages la ligne droite, et l'équilibre.

81. Goût de la Culture et de l'Art. Esthète sans ostentation.

90. Bascule facilement dans l'erreur par manque de clairvoyance. Amertume et angoisse en sont les conséquences.

100. Honneurs, gloire, succès.

120. Fidélité à ses idées, bonheur conjugal et estime sociale.

150. Tendance à la flatterie, à l'hypocrisie. Il (elle) ferait mieux d'utiliser autrement son intelligence (qui est vive) pour satisfaire ses ambitions (plus ou moins légitimes).

200. À force d'indécision et de faiblesse risque de rester sur le quai quand passe le grand amour ou la belle carrière. À besoin d'un entourage autoritaire pour ne pas se confiner dans l'échec.

215. Contrariétés perpétuelles. Certains attirent le bonheur d'autres les tracas. Mais l'on peut vivre avec, question d'habitude et d'humour.

300. Philosophie, rhétorique sont la base de son bon sens pratique. Un peu ennuyeux, parfois, ce constant manque d'improvisation !

313. Clairvoyance et lucidité : parfois c'est l'amertume, parfois l'optimisme chez cet(te) observateur(trice) critique.

350. À force de naïveté se retrouve victime, et sa révolte contre l'échec ressenti comme une injustice devient disproportionnée, et appelle alors d'autres insuccès.

360. "Animal social", aux talents appréciés par l'entourage. Besoin parfois de repli sur soi, pour se refaire : l'épuisement, c'est les autres !

365. Calculateur(trice) et arriviste : il(elle) a les moyens de ses ambitions, mais ne possède pas pour autant l'art de se faire des amis.

400. La passion — artistique, amoureuse — emporte tout, et de façon baroque. Sens de la démesure et du beau.

490. Mysticisme et introspection : pas besoin de cloître pour cet(te) austère qui trouve dans la méditation son équilibre et sa sérénité.

Table des correspondances numériques

500. Honneurs, reconnaissance : après de longues batailles, tout finit par lui arriver.

600. Son succès engendre l'envie, et nombreux sont ceux qui souhaitent — et travaillent à — sa chute.

666. Le chiffre de l'Apocalypse se retrouve là : personnalité équivoque, difficile à définir, qui provoque cabales et complots ; il faut rassurer l'entourage sur ses intentions, plutôt que de rester murer dans son mystère et ses secrets, ce qui provoque les supputations les plus folles, et les oppositions les plus farouches.

700. La grande forme, intellectuelle et physique ; moral de gagneur.

800. Empire, Gloire, exil : la chute succède toujours au triomphe. Autant s'y préparer.

900. Un tempérament guerrier, et du goût pour les médailles qui symbolisent les succès remportés. Immodeste, fort(e) en gueule, mais, finalement très attachant(e).

1000. Ambition couronnée. Équilibre et sagesse.

1095. Tempérament de martyr, d'éternel persécuté. À l'entourage de démontrer à ce(tte) désabusé(e) que la vie n'est pas qu'injustice, et que la chance, souvent, se provoque.

1260. Longues épreuves et lourds contentieux qui ne trouvent un aboutissement (heureux) que tardivement.

1390. L'énergie morale compense les défaillances physiques. Ce gagneur cache son jeu.

FAUCILLE

En forme de croissant de lune, elle symbolise la moisson et la mort. Pour couper le gui sacré, les druides utilisaient une faucille d'or.

Pour ne pas se blesser avec une faucille, il faut, la première fois que l'on s'en sert, se piquer le bout du doigt avec sa pointe. Pour ne pas se fouler le poignet en l'utilisant, tracer une croix avec sa pointe, sur la terre à moissonner ou sur tronc de l'arbre à émonder.

Sur le toit d'une ferme, une vieille faucille protégeait les récoltes des orages et de la grêle. Accrochée sur la face nord d'une cheminée, elle protégeait du mauvais sort.

Si l'on coupe un objet que l'on soupçonne d'être ensorcelé, celui qui l'a envoûté sera blessé.

Enfin, rêver de faucille, sauf si elle est d'or, comme celle des druides, est un mauvais présage : maladie, mort…

Dans les textes sacrés, c'est l'instrument de la punition, avec lequel on tranche les mauvaises herbes.

FAUX

Voir **Faucille**, ci-dessus.

C'est l'instrument de la mort. Pour se protéger des maléfices et de la maladie, verser l'eau de son bain sur la lame polie d'une faux.

FEMME

Au Moyen Âge la femme n'était pas l'égale de l'homme (saint Augustin, Père de l'Église, la qualifie "d'os surnuméraire"). Coupable d'avoir tendu à Adam la pomme dans laquelle il croqua, avant que d'être chassé, avec elle, du paradis terrestre, elle était souvent considérée comme sorcière, ou infidèle.

D'après la *Nomancie cabalistique*, "pour reconnaître les femmes libertines à l'église ou autre endroit, mettez sécher dans un pot au four des bourdons et les mettez en poudre, et en jetterez sur le seuil de la porte : elles ne passeront pas dessus ; ainsi vous les connaîtrez."

Le chevalier de Digby, dans son *Discours sur la poudre de sympathie* (1658), démontre comment une femme honnête peut passer pour sorcière sans avoir fait pacte avec les Esprits :

"S'il arrive qu'il y ait quelque fermier qui soit plus propre que les autres, et qui tienne plus nettement les avenues de sa maison que ses voisins ; les goujats sont bien aise d'y venir la nuit, ou quand il fait obscur, pour y lâcher leur ventre. Mais les bonnes ménagères, en ouvrant au matin la porte du logis, trouvent un présent dont l'odeur mal gracieuse les transporte de colère.

"Celles qui ont été instruites à ce jeu vont incontinent rougir une broche ou une pelle dans leur feu ; puis elles l'enfoncent bien chaude dans l'excrément, et quand le feu en est éteint, elles la réchauffent de nouveau et répètent souventes fois la même chose.

"Cependant, le fripon qui a fait cette saleté sent une douleur et colique aux boyaux, une inflammation au fondement, une envie continuelle d'aller à la selle, et à peine en est-il quitte qu'il ne souffre une fâcheuse fièvre durant tout ce jour-là, ce qui est cause qu'il n'a garde d'y retourner une autre fois.

"Et ces femmes, pour s'être garanties de semblables affronts, passent ignoramment pour sorcières et avoir fait pacte avec le diable, pour qu'il tourmente de la sorte les pauvres gens…"

FLEURS
(LANGAGE DES)

Pour deviner ou les sentiments de celui (ou de celle) que l'on veut séduire, ou qui veut vous séduire, il y a le traditionnel bouquet.
Les fleurs ont leur langage. pour qui sait le déchiffrer. En voici l'élémentaire alphabet (le langage des fleurs, depuis les Précieux, a fait l'objet de maints doctes ouvrages) :

Acacia : amour pénétrant (au Canada, le soupirant offre une branche d'acacia, symbole de pudeur et de vertu, à celle qu'il veut épouser).
Amandier : douceur.
Amaryllis : coquetterie. Celui qui l'offre n'est pas dupe des artifices de celle qui la reçoit.
Ancolie : doute.
Anémone : persévérance.
Angélique : estime et douceur.
Aubépine : prudence. Le rossignol, croyait-on, cachait ses amours dans ses branches.
Azalée : amour timide.
Bégonia : amitié durable.
Bleuet : timidité.
Bouton d'or : votre amour est ma richesse.
Buis : persévérance.

Camélia : quel bonheur de vous aimer (c'était la fleur préférée de l'impératrice Joséphine, avant que Dumas fils en décore le sein d'une belle poitrinaire).
Capucine : je brûle pour vous (Louis XIV en offrit un bouquet à Mme de Maintenon, quand cette plante, originaire du Pérou, fut introduite en France).
Chèvrefeuille : solides liens d'amour. C'est un chèvrefeuille qui perça la pierre tombale d'Abélard pour rejoindre celle d'Éloïse.
Chrysanthème : ce n'est pas uniquement la fleur des morts parce qu'elle fleurit à la Toussaint : amour constant.
Colchique : jalousie.
Coquelicot : amour fragile.
Cyclamen : sentiment durable.
Dahlia : amour partagé.
Édelweiss : bonheur parfait.
Églantier : parlez-moi d'amour.
Ellébore : mariage.
Fougère : sincérité.
Fuchsia : tendre ardeur. Dans l'attente d'un encouragement.
Gardénia : bonheur partagé.
Genêt : je vous préfère… En Bretagne, les fiancées des marins balayaient avec des genêts en fleurs les chapelles en chantant :
Goélands, goélands,
Ramenez-nous nos amants…

Géranium : affection.

Sauf le *géranium rouge*, symbole de sottise !

Giroflée : amour-toujours.

Glaïeul : pour donner rendez-vous. On laisse sur la tige le nombre de fleurs correspondant à l'heure de la rencontre.

Glycine : tendresse.

Gui : magie de l'amour, et porte-bonheur.

Hortensia : incertitude devant une attitude changeante.

Iris : amour tendre.

Jacinthe : fidélité.

Jasmin : amour naissant.

Lavande : répondez à mon amour. On croyait que la lavande avait le pouvoir de rendre la parole à ceux qui l'avaient perdue. On croyait aussi que ses touffes abritaient des nids de vipères !

Lierre : attachement durable.

Lilas : amour naissant.

Lis : pureté de l'âme (fleur de la Vierge, et des rois de France, dès lors qu'ils consacrèrent le royaume à celle-ci).

Magnolia : force de l'amour.

Marguerite : amour fidèle.

Muguet : beauté. Dans un bouquet de *roses*, il renforce l'expression du sentiment.

Myosotis : amour fidèle et attachement.

Signifie *ne m'oubliez pas* depuis que, selon une légende allemande, un jeune homme, s'étant penché au bord d'une rivière pour en cueillir un bouquet à sa belle, tomba dans l'eau et fut emporté par le courant. Il eut le temps de jeter les fleurs sur la rive en criant *Vergiss mein nicht* !

Narcisse : froideur.

Œillet : le baiser.

Oranger : virginité.

Orchidée : ferveur.

Pavot : le rêve.

Pensée : le souvenir.

Pervenche : mélancolie.

Pivoine : sincérité dont il n'y a pas à rougir.

Primevère : premier amour.

Renoncule : trahison.

Réséda : tendresse.

Rose : amour. Rose *rouge*, amour ardent, rose *rose*, amour fidèle…

Seringa : beauté.

Souci : inquiétude.

Tilleul : union conjugale.

Tubéreuse : volupté et sensualité.

Tulipe : magnificence. Idéale pour déclarer son amour.

Violette : modestie, ou amour caché.

Volubilis : caresses et baisers.

G

GAUCHE

Voir **Droite**.

GÉNOMANCIE

Divination désormais en désuétude depuis les progrès de la science médicale, pour connaître le sexe d'un enfant à naître.

On croyait que si la mère était gaie pendant sa grossesse, elle aurait un garçon, ou si elle était pesante du côté droit.

Si elle se sentait lourde du côté gauche, si elle était mélancolique et pâle, c'était une fille.

Selon le *Grand Albert*, manger du lièvre prédisposait aux garçons, manger de la fressure de porc prédisposait aux filles.

GÉOMANCIE

La géomancie serait née en Perse mais de nombreux peuples du bassin méditerranéen l'ont pratiquée. Les Arabes en furent les promoteurs, notamment lors des croisades. Ils l'appelaient "Zarb el raml", ce qui signifie "frapper sur le sable". L'Islam diffusa la géomancie en Afrique, notamment en Guinée et à Madagascar. On la retrouve aussi en Inde, au Brésil et en Extrême-Orient.

À l'origine on traçait des points ou des traits dans le sable ou dans la poussière. En Inde, on jetait des gains d'orge sur le sol, au Dahomey on posait des noix sur des planchettes de bois, au Brésil on coupait en deux des coquillages blancs.

De nos jours, les géomanciens utiliser un crayon et une feuille de papier, après avoir écrit au dos de cette feuille la question posée. Le principe consiste à tracer des traits de façon mécanique (13 au minimum, 21 au maximum par ligne), sur 16 lignes. Ensuite on compte les traits de chaque ligne ; selon la somme de ces traits, pair ou impair, que l'on marquera respectivement ● ● (pair) ou ● (impair).

On peut aussi utiliser un dé, que l'on jettera 16 fois de suite. On notera non pas le nombre obtenu, mais s'il est pair ou impair, résultat que l'on concrétisera par des points : respectivement ● ● (pour pair) ou ● (pour impair).

Par ces 16 jets de dé, ou ces 16 tracés, on obtiendra 4 figures de 4 lignes chacune.

Il faut commencer le décompte par le bas.

LES MÈRES

Les 16e, 15e, 14e, et 13e lignes donneront la *première mère*, et seront placées en *maison I*.
Les 12e, 11e, 10e, et 9e lignes donneront la *seconde mère*, et seront placées en *maison II*.
Les 8e, 7e, 6e, et 5e lignes donneront la *troisième mère*, et seront placées en *maison III*.
Les 4e, 3e, 2e, et 1re lignes donneront la *quatrième mère*, et seront placées en *maison IV*.

LES FILLES

Les mères donnent naissance à des filles.
La somme horizontale des 13e, 9e, 5e et 1re lignes donnera la *première fille*, et sera placée en *maison V*.
La somme horizontale des 14e, 10e, 6e et 2e lignes donnera la *seconde fille*, et sera placée en *maison VI*.
La somme horizontale des 15e, 11e, 7e et 3e lignes donnera la *troisième fille*, et sera placée en *maison VII*.

16e ligne 12e ligne 8e ligne 4e ligne	15e ligne 11e ligne 7e ligne 3e ligne	14e ligne 10e ligne 6e ligne 2e ligne	13e ligne 9e ligne 5e ligne 1e ligne	11e ligne 12e ligne 13e ligne 14e ligne	5e ligne 6e ligne 7e ligne 8e ligne	9e ligne 10e ligne 11e ligne 12e ligne	13e ligne 14e ligne 15e ligne 16e ligne
Maison VIII *4E FILLE*	**Maison VII** *3E FILLE*	**Maison VI** *2E FILLE*	**Maison V** *1RE FILLE*	**Maison IV** *4E MÈRE*	**Maison III** *3E MÈRE*	**Maison II** *2E MÈRE*	**Maison I** *1RE MÈRE*

La somme horizontale des 16ᵉ, 12ᵉ, 8ᵉ et 4ᵉ lignes donnera la *quatrième fille*, et sera placée en *maison VIII*.

LES NIÈCES

Les 4 mères et les 4 filles donnent naissance à 4 nièces.

◆ Pour obtenir la *première nièce*, qui sera placée en *maison IX*, on additionne :

— pour la première ligne les points de la première ligne des mères 1 et 2.

— pour la seconde ligne les points de la seconde ligne des mères 1 et 2.

— pour la troisième ligne les points de la troisième ligne des mères 1 et 2.

— pour la quatrième ligne les points de la quatrième ligne des mères 1 et 2.

Résultat que l'on concrétise par des points : respectivement ● ● (pour pair) ou ● (pour impair).

◆ Pour obtenir la *seconde nièce*, qui sera placée en *maison X*, on additionne sur un procédé identique les points des lignes des mères 3 et 4.

◆ Pour obtenir la *troisième nièce*, qui sera placée en *maison XI*, on additionne sur un procédé iden-

tique les points des lignes des filles 1 et 2.

◆ Pour obtenir la *quatrième nièce*, qui sera placée en *maison XII*, on additionne sur un procédé identique les points des lignes des filles 3 et 4.

Exemple :

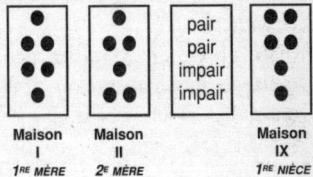

| Maison I
1ʳᵉ MÈRE | Maison II
2ᵉ MÈRE | pair
pair
impair
impair | Maison IX
1ʳᵉ NIÈCE |

LES TÉMOINS

À partir des deux premières nièces, on procède de façon identique pour obtenir le *premier témoin*, placé en *maison A*, le deuxième témoin étant obtenu par les additions des nièces 3 et 4, et placé en *maison B*.

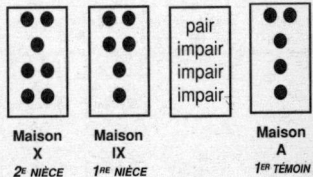

| Maison X
2ᵉ NIÈCE | Maison IX
1ʳᵉ NIÈCE | pair
impair
impair
impair | Maison A
1ᵉʳ TÉMOIN |

LE JUGE

Avec le même procédé, on obtient, par l'addition des témoins, le juge, à placer en *maison C*.

Pour une meilleure compréhension, se reporter au tableau ci-dessous et à l'exemple de tirage ci-contre.

Reste alors, en fonction des figures et des maisons où elles sont situées, à analyser le tableau géomantique.

LA VOIE DU POINT

Lorsque le thème est établi, il faut trouver la *voie du point*. C'est dans la Maison où elle sera située que résidera la solution des problèmes du consultant. La *voie du point* se trace à partir de la première ligne du *juge*.

On relie cette première ligne à la première ligne du ou des *témoins* qui comportent le même nombre de points qu'elle. On prolonge cette ligne aux premières lignes des *nièces* qui ont aussi le même nombre de points, puis on continue avec les *Mères* et les *Filles*.

Si les deux *Témoins* ont une première ligne de points différente de celle du *Juge*, on dit que cette voie ne *passe pas*. Si un seul *Témoin* présente le même nombre de points dans sa première ligne que le *Juge*, on dit que la voie du point passe par ce *Témoin* et on cherchera sa continuation dans la moitié droite ou gauche du thème.

Si les deux *Témoins* ont une première ligne de points semblable à celle du *Juge*, la voie passe des deux côtés du thème et on cherchera à la continuer chez les *Nièces* puis chez les *Filles* et les *Mères*.

Fille 4 Maison VIII	Fille 3 Maison VII	Fille 2 Maison VI	Fille 1 Maison V	Mère 4 Maison IV	Mère 3 Maison III	Mère 2 Maison II	Mère 1 Maison I
	Nièce 4 Maison XII	Nièce 3 Maison XI	Nièce 2 Maison X	Nièce 1 Maison IX			
		Témoin 2 Maison B	Témoin 1 Maison A				
		Juge Maison C					

La voie s'arrête lorsque ni l'une ni l'autre des deux cases qui se trouvent au-dessus de celle où elle est parvenue ne lui permet de passer. En revanche, cette voie peut se terminer en deux, trois ou plusieurs *Maisons*.

Lorsque cette opération est terminée, on calcule *la part de la fortune*.

LA PART DE LA FORTUNE

Pour cela on additionne le nombre total de points contenus dans les douze premières *Maisons* du thème.

On divise le chiffre obtenu par 12 et on garde le reste. Ce chiffre du reste correspond au nombre de la *Maison* où se trouve la part de la fortune.

La chance d'obtenir une réponse favorable à la question se trouve donc dans cette *Maison*.

Certaines figurés peuvent se retrouver plusieurs fois dans le même thème. On dit qu'elles sont en *passations*.

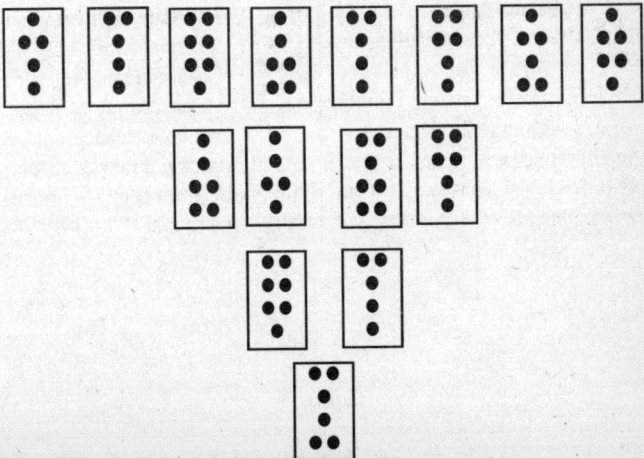

LES FIGURES

Chaque figure géomantique possède un nom et une signification particulière.

Le Gain
(Acquisitio)
Possessions matérielles, richesse.

Période de développement intellectuel, d'enrichissement. Projets en bonne voie, mais non aboutis. Ne rien précipiter, laisser mûrir.

Financièrement, placer son argent, sentimentalement, c'est l'attente.

La Perte
(Amissio)
Échec, faiblesse.

Ruine matérielle ou morale. La vigilance s'impose. Il faut réagir rapidement, pour limiter les dégâts.

Sentimentalement, virage en prévision, sauf si vous êtes sûr de vos sentiments.

La Voie
(Via)
Changement, aventure, voyages.

La vie paraît monotone, alors réagissez. L'imprévisible est là ; à vous de le percevoir. Attention aux projets collectifs.

Ne comptez que sur vous-même.

La Foule
(Populus)
Activité, confusion.

Un trop plein d'activités rend vos relations superficielles. Nécessité d'auto-discipline, de rigueur et de choix. Votre euphorie est trompeuse.

Appuyez-vous sur les autres, avec lucidité et réalisme.

La Petite Fortune
(Fortuna Minor)
Chance et réussite.

La chance est là, saisissez-la. L'audace paiera, qui n'ose rien n'a rien. Mais prenez garde toutefois à l'imprudence, et à l'excès.

La Grande Fortune
(Fortuna Major)
Bonheur parfait, abondance.

Tout vous réussit. Profitez-en sans arrière-pensées. Défiez-vous de trop d'autosatisfaction, et n'oubliez pas que votre réussite fait des envieux.

La Conjonction
(Conjunctio)
Union, communication, échanges.

Les relations sociales, amicales et amoureuses sont favorisées. Sachez partager, et prépare l'avenir.

La Prison
(Carcer)
Tristesse et incompréhension.
L'isolement est votre lot actuel. Sachez y trouver la sérénité, et secouez cette inertie qui vous gagne.

La joie
(Lætitia)
Gaieté, bien-être, paix.
Stabilité sociale et jouissance amoureuse. Modérez-vous, et, en cas d'insuccès, ne nous résignez pas. Attention aux excès.

La Tristesse
(Tristitia)
Découragement et solitude.

Les choses vont mal, reprenez confiance en vous. Ne vous enfermez pas dans votre rancœur, cherchez le positif, au lieu de vous complaire dans le négatif.

La Jeune Fille
(Puella)
Douceur, harmonie, beauté.

Séduction et joie de vivre sont au rendez-vous, mais ne vous abandonnez pas à la facilité.

Le Garçon
(Puer)
Instinct sexuel, désir, esprit d'aventure.
Audace et courage, mais attention à l'individualisme, à l'égoïsme et à la timidité.

Le Rouge
(Rubeus)
Énergie, guerres, passions.

Ne vous laissez pas dévorer par les passions et la violence. La précipitation peut entraîner des difficultés financières ou des déboires amoureux.

Le Blanc
(Albus)
Paix et méditation.
Calme et sérénité jusqu'à la monotonie qui va vous emporter, si vous ne réagissez pas. Ne confondez pas philosophie et froideur.

La Tête du Dragon
(Caput Draconis)
Progrès, amélioration.
Une période bénéfique s'annonce. Spéculez sur vos chances, soyez optimiste, en restant réaliste, et prenez garde au surmenage.

La Queue du Dragon
(Cauda Draconis)
Danger, conflit, illusions.
Vous êtes sur la mauvaise pente. Sachez renoncer, ne pas vous obstiner. Prenez le temps de rassembler vos forces et votre lucidité.

LES MAISONS

Les Maisons géomantiques sont au nombre de quinze. Dans chaque Maison, chaque figure prend une valeur différente, qui complète l'interprétation donnée ci-avant.

Maison I : elle représente le consultant, ses états d'âme, son caractère.

Maison II : biens matériels, profession.

Maison III : entourage familial, déplacements.

Maison IV : foyer, père, maison, patrimoine.

Maison V : enfants, rencontres amoureuses, fêtes.

Maison VI : quotidien et ses tracas, animaux familiers.

Maison VII : conjoint, associations, procès, l'Autre.

Maison VIII : mort, héritages, sexualité.

Maison IX : grands voyages, religion, philosophie.

Maison X : mère, honneurs, réussite, vie sociale.

Maison XI : amis, projets à plusieurs, associés, clients.

Maison XII : danger, maladies, prison, renoncement.

Maison A : influence du passé sur le consultant.

Maison B : avenir du consultant, et réponse à sa question.

Maison C : synthèse de la situation, conclusion de la question, évolution probable.

GRAINS DE BEAUTÉ

Voir aussi **Envie**, et **Verrues**.

Montre-moi tes grains de beauté, je te dirai qui tu es ! Devise de séducteur, mais aussi celle des mages qui, en examinant votre peau, pouvaient vous prédire votre avenir !

Arts divinatoires pratiqués dans la Grèce et la Perse antiques, oubliés jusqu'à ce que des érudits, déchiffrant des textes grecs, les redécouvrent sous la Renaissance, avant que d'être définitivement abandonnés, et de sombrer dans le patrimoine des superstitions des âges obscurs.

Le grain de beauté, ou nævus, est, médicalement, une tache de peau, une lésion, souvent congénitale, plus ou moins harmonieuse. On distingue des nævi pigmentaires, pileux, et vasculaires.

Mais les dermatologues ne sont plus des mages, sauf, éventuellement, dans leurs diagnostics.

Autrefois, le grain de beauté avait une valeur hautement divinatoire. Les coquettes du XVIIIe siècle, qui se rajoutaient, sur les joues, des "mouches" pour mettre en valeur le velouté et le rose de leur peau le savaient-elles ?

Il ne faut pas, toutefois, confondre le grain de beauté et les taches de rousseur : ces taches s'attrapaient, s'il faut en croire les superstitions médiévales, en prenant le clair de la pleine lune (celle des loups-garous) à travers un masque piqué de trous, ou le soleil !

Sur le firmament qui enveloppe l'univers, nous voyons de nombreuses figures formées par les étoiles et les planètes.

Elles révèlent des choses cachées et de profonds mystères. De même, sur notre peau, qui entoure l'être humain, il existe des formes et traits qui sont les étoiles de notre corps, est-il écrit dans le *Zohar*, le Livre de la Splendeur des Hébreux.

Les Anciens prenaient le grain de beauté au sérieux. Leur théoricien était **Mélampe** (voir ce nom). Ses travaux, à partir de la Renaissance, furent retrouvés et agrémentés.

Aux grains de beauté du visage, on ajouta une signification zodiacale. Ainsi procédèrent **Jérôme Cardan** (1501-1576, voir ce nom) et, un siècle plus tard, Richard Saunders.

Sans transformer chaque visage en carte du ciel, voici, toutes théories résumées, la signification de ces grains de beauté qui font le charme et la particularité de chaque individu. Car tout le monde en a...

Ceux qui, à la lecture de ces lignes, découvriront sur leur anatomie un présage négatif pourront toujours demander à leur dermatologue d'ôter d'un coup de bistouri le néfaste symbole, surtout s'il est disgracieux ou mal placé.

Mais sans inquiétude excessive : les grains de beauté ont des relations entre eux, notamment entre ceux de la tête et ceux du corps, et l'effet d'un "mauvais" grain de beauté peut se trouver annihilé par le "bon" emplacement d'un autre grain de beauté, qui le rendra doublement bénéfique ! (La science du grain de beauté s'étant perdue, on ne trouve plus, sauf

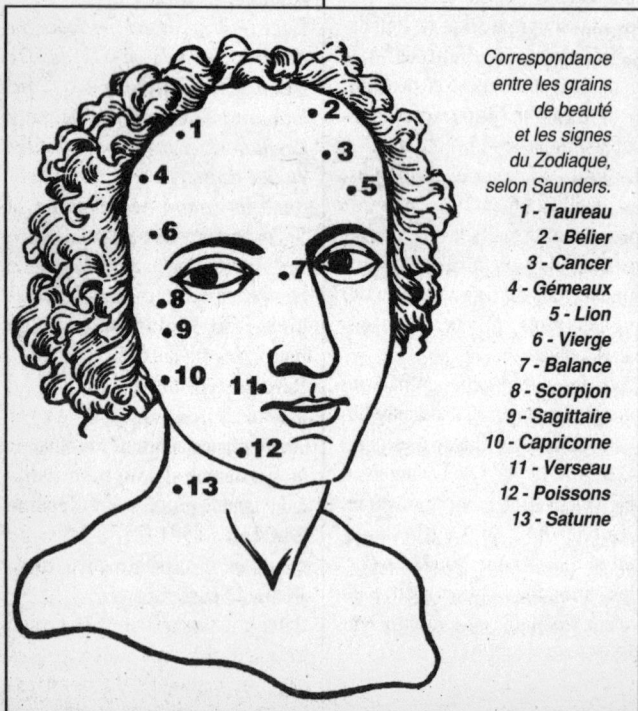

Correspondance entre les grains de beauté et les signes du Zodiaque, selon Saunders.

1 - Taureau
2 - Bélier
3 - Cancer
4 - Gémeaux
5 - Lion
6 - Vierge
7 - Balance
8 - Scorpion
9 - Sagittaire
10 - Capricorne
11 - Verseau
12 - Poissons
13 - Saturne

dans d'antiques grimoires peu lisibles, les cartes de ces correspondances.)

FRONT

Homme : signe de puissance, de fortune et de bonheur.

Femme : signe de puissance, de royauté.

Signes, selon leur position (voir dessin) du Bélier, du Taureau, des Gémeaux, du Cancer, de la Vierge ou du Lion.

L'homme et la femme, écrit Saunders, qui ont un grain de beauté sur le côté droit du front, et en ont un autre au côté droit de la poitrine ont un bon signe dans la construction, les semailles, et la culture en terre.

Ce grain de beauté, s'il brille d'une couleur miel ou rubis, leur donnera chance pour toute la vie ; s'il est noir, la condition de l'homme sera changeante ; s'il est comme une lentille, l'homme sera un chef.

Pour une femme, fortune et héritage…

SOURCIL

Mariage heureux, avec une femme aussi jolie que vertueuse, ou, si la femme est blonde, avec un homme riche et prévenant.

NEZ

Naissance du nez : Concupiscence et prodigalité pour les deux sexes.

Narine : Goût du voyage, instabilité. *Signe de la Balance.*

JOUES

Richesse assurée.

LÈVRES

Gourmandise, voire gloutonnerie. *Signe du Verseau*

MENTON

Richesses assurées. *Signe du Capricorne, et signe du Poisson.*

OREILLES ET COU

Fastes, richesses et renommée. *Signe de Saturne pour l'oreille gauche.*

ÉPAULES

Captivité, servitude, malheurs divers.

AISSELLES

Bonheur avec un conjoint riche, et beau !

ESTOMAC

Pour les hommes : voracité, intempérance. Pour les femmes : grande retenue, "appétit d'oiseau", modération.

REINS

Mendicité, pauvreté pour le porteur ou sa descendance.

NUQUE

Signe de malheur. Risque de décapitation, selon Mélampe !

Pour ses disciples la marque de la corde du bourreau.

Sur la partie gauche de la nuque, selon Saunders, présage d'emprisonnement.

"Si le grain est couleur miel, le sujet sera emprisonné pour des raisons frivoles ; il aura beaucoup d'ennemis et de désagréments. Si le grain est rouge, il sera rapidement acquitté. S'il est noir, il finira ses jours en prison."

Pour une femme, le chagrin, ou l'exil, ou... deux maris !

Signe de Saturne.

PARTIES GÉNITALES

Pour l'homme : des enfants mâles. Pour la femme : des filles.

MAINS ET PIEDS

Nombreux enfants.

CŒUR, FESSES, VENTRE

Voracité, avarice.

CUISSE

Homme : bonheur et richesse.

Femme : légèreté, infidélité. Épouse ou maîtresse dépensière et hypocrite.

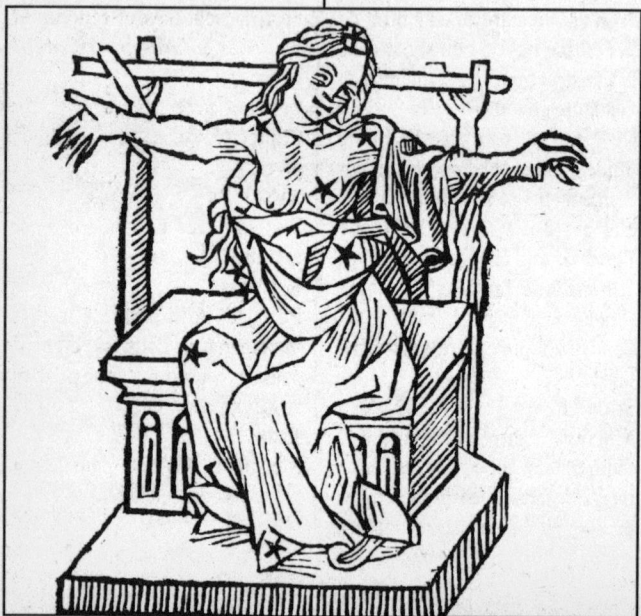

TALON

L'homme devra abdiquer de son autorité devant sa femme.

La femme sera dépouillée par son époux.

Enfin, selon Mélampe, si les grains de beauté sont situés **à droite** du corps, ils signifient richesse et probité, **à gauche** goût du morbide et inclinaison au sinistre. Toujours selon lui, les grains de beauté du visage ont leur contrepartie sur ceux du reste du corps.

Chacun, devant son miroir, interprétera avec ses convictions ! En se rappelant que des grains de beauté sur le **menton, l'oreille, le nez** sont en général **signes de chance**, sur **le coude** ou **le poing** sont **signes de prospérité**, sur **le torse** ou **l'estomac signes de force**.

Quant aux femmes qui ont un grain de beauté sur **le sein gauche**, même en ne le montrant pas, elles seront de grandes séductrices.

C'est en voyant les grains de beauté d'Henri III que Nostradamus (Catherine de Médicis en avait fait son médecin) prédit qu'il serait assassiné et qu'il laisserait son trône à son cousin Henri de Navarre !

GRENOUILLE

Comme le crapaud, la grenouille est un animal "diabolique", la compagne des sorciers, depuis que, lors des 7 plaies promises par Moïse, elle s'abattit en pluie sur l'Égypte et depuis que saint Jean la fit sortir, dans son Apocalypse, d'une gueule de dragon.

Chez les Grecs, ceux qui déplaisaient aux Dieux étaient transformés en grenouille, et dans les légendes, les princes charmants ensorcelés en batraciens attendent le baiser des bergères.

Mais la grenouille est aussi un porte-bonheur, quand elle entre dans une maison, et une amulette, quand on la porte morte et desséchée à même la poitrine.

Sa représentation en bijou est réputée pour éloigner la maladie et attirer la sympathie.

Ses pouvoirs magiques suppléent à ceux des médecins. Au XVIIe siècle, on attachait au cou d'un malade une rainette, afin qu'elle prenne son mal. Si elle mourait rapidement, le malade allait guérir. Si elle ne succombait pas, on s'attendait au pire...

Pour soigner verrues et panaris, il fallait les frotter avec une grenouille. En mourant, elle emportait le mal.

La grenouille était aussi supposée ronger les cancers et guérir des fluxions de poitrine. Il fallait les fricasser dans une poêle et les déguster chaudes.

Jean de Gaddesdur, chirurgien anglais du Moyen Âge, avait inventé une crème qui guérissait tout et qu'il revendait, fort cher, aux barbiers qui, eux-mêmes, en tiraient un gros bénéfice : cette panacée n'était qu'un mélange de grenouilles pilées dans un mortier. L'os de grenouille, réduit en poudre et mélangé à du vin, chez les Romains, était réputé aphrodisiaque. La même poudre d'os était utilisée pour les envoûtements d'amour : on la mélangeait à la farine d'une galette, et l'on faisait consommer le tout à la personne à séduire.

Selon le *Grand Albert,* "prenez une grenouille verte, coupez-lui la tête sur un drap mortuaire, trempez le drap dans de l'huile de sureau, faites-en une mèche que vous allumerez dans une lampe verte, et on verra un homme noir, qui tiendra une lampe à la main, avec plusieurs autres choses curieuses."

Au moment des semailles, si on enfermait dans une jarre une grenouille et que l'on enterrait le tout, les oiseaux ne venaient plus picorer les pousses.

La grenouille, enfin, mais ce n'est guère divinatoire, coasse pour annoncer la pluie. À tel point que les Chinois imitaient ses coassements lors des périodes de sécheresse, et que les Amérindiens les battaient pour obtenir l'eau du ciel.

GUI (DE CHÊNE)

Plante vénérée des Celtes, on attribuait au gui le pouvoir d'éviter les crises d'épilepsie, mais aussi, lors des combats, de rendre invulnérable, et permettre de blesser son ennemi.

GYROMANCIE

Il s'agit pour le devin de marcher, de plus en plus vite, sur un cercle tracé, jusqu'à l'étourdissement et la transe qui le met en état de voyance.

Méthode des derviches tourneurs. Variante : autour du cercle étaient tracées des lettres. Le devin, étourdi, tombait en direction d'une de ces lettres. il recommençait jusqu'à l'obtention d'un mot complet. Ou encore on analysait les lettres que son corps avait recouvert dans sa chute, et l'on en formait des mots.

Saint François d'Assise, afin de savoir dans quelle direction Dieu voulait l'envoyer, tournoyait à chaque carrefour et prenait la direction devant laquelle il avait trébuché.

HACHE

Voir aussi **Axinomancie**.
Si quelqu'un s'estime victime du mauvais œil, on donne un grand coup de hache entre ses jambes pour dénouer le sortilège, à la façon d'Alexandre le Grand coupant le nœud gordien. Une hache portée en bijou autour du cou protège des influences négatives.

HARUSPICINE

Art divinatoire des haruspices étrusques (et Incas), qui examinaient les entrailles d'animaux sacrifiés, foie, rate, estomac, reins, cœur et poumons. L'examen était complété par l'étude des fumées (**Capnomancie**, voir ce mot, et illustration au verso) des organes livrés aux flammes.

HÉLIOTROPE

(dioxyde de silicium vert piqueté de rouge)
Dite "pierre du Christ", ou "pierre sanguine" elle fait coaguler les hémorragies, aide à lutter contre les hémorroïdes, les douleurs gastriques et facilite l'accouchement. Elle avait le pouvoir de rendre invisible celui qui la portait
"Elle rend constant, glorieux et de bonne réputation", selon Corneille Agrippa (XVIe siècle). C'est aussi une fleur qui suit le cours du soleil. Cueillie au mois d'août, protège des commérages et, placée sous l'oreiller, permet de voir dans son sommeil le visage des voleurs.

HÉMATITE

*(sesquioxyde de fer
noir à rouge-brun)*
Les Égyptiens en faisaient des
miroirs. Elle lutte contre la
fatigue, atténue les crampes et
calme l'énervement. Les guerriers qui s'en frottaient avant la
bataille étaient invulnérables.

HÉMATOMANCIE

Divination par le sang, déclinai-
son de l'**Haruspicine**, ou l'art de
tirer des présages de la manière
dont le sang coule d'une blessure.

HÉMÉROLOGIE

Divination déterminant les jours
fastes et les jours néfastes.
Le vendredi 13 en est une survi-
vance.
Selon un calendrier hémérolo-
gique du XVIᵉ siècle, les jours
néfastes étaient les suivants :
Janvier : les 3, 4, 5, 9 et 13.
Février : les 13, 17 et 19.
Mars : les 13, 15, et 16.
Avril : les 5 et 14.
Mai : les 8 et 14.
Juin : le 6.
Juillet : les 16 et 19.
Août : les 8 et 16.
Septembre : les 1, 15, et 16.

Octobre : le 16.

Novembre : les 15 et 16.

Décembre : les 6 et 11.

À Rome, le quatrième jour avant et le lendemain des calendes (1er jour de chaque mois), des nones (9e jour avant les ides), des ides (15 mars, mai, juillet, octobre, 13 janvier, février, avril, juin, août, septembre, novembre, décembre) étaient défavorables : ni procès, ni mariages, ni batailles ces jours-là.

Le mardi est un bon jour pour assigner en justice alors que passer en justice un vendredi n'est pas favorable.

En parallèle aux jours fastes, il y avait au Moyen Âge des fêtes (de l'Âne, des Diacres, des Rois, de Fous et des Innocents), survivances des Saturnales et autres Lupercales de l'ancienne Rome. L'Église dut accepter ces restes de paganisme et les intégrer dans son calendrier.

Ainsi l'Épiphanie (fête des Rois) correspond-elle à la fin des Saturnales, au milieu desquelles il y avait déjà le 25 décembre une fête du solstice avant que les Pères de l'Église ne décrètent cette date jour de la naissance du Christ.

Les Lupercales ou fêtes de Pan, dieu des campagnes, célébrées en février, furent remplacées par les fêtes du carnaval.

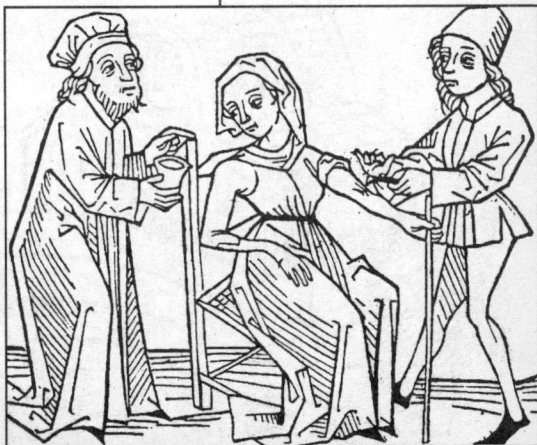

*La saignée, au cours de laquelle le médecin se livre à l'**hémato-mancie***

Selon le *Grand Albert*, calendrier des *30 JOURS DE LA LUNE* :

1er jour : Création d'Adam. Ceux qui tombent malades guériront lentement, mais sans danger de mort. Si l'on fait des songes, signe de joie. L'enfant qui naît ce jour vivra longtemps.

2e jour : Création d'Ève. Voyage à entreprendre. Jour faste pour concevoir, labourer, semer. Jour néfaste pour les voleurs. Guérison rapide si l'on est malade. Les songes sont sans effet. L'enfant qui naît aura croissance rapide.

3e jour : Création de Caïn. Ne rien entreprendre. Guérison difficile si l'on tombe malade. Les songes sont sans effet. L'enfant qui naît ne vivra pas longtemps. Jour néfaste.

4e jour : Création d'Abel. Entreprise à bâtir. Jour faste pour retrouver ce que l'on a perdu. Maladies dangereuses. Les songes se vérifieront. L'enfant qui naît sera traître.

5e jour : Création de Lamech (père de Noé). Les criminels seront punis, mais leurs victimes ne seront pas dédommagées. Les songes sont douteux. L'enfant vivra peu.

6e jour : Jour faste pour ceux qui étudient. Guérison rapide des malades. Les songes ne doivent pas être révélés. L'enfant qui naît aura longue vie.

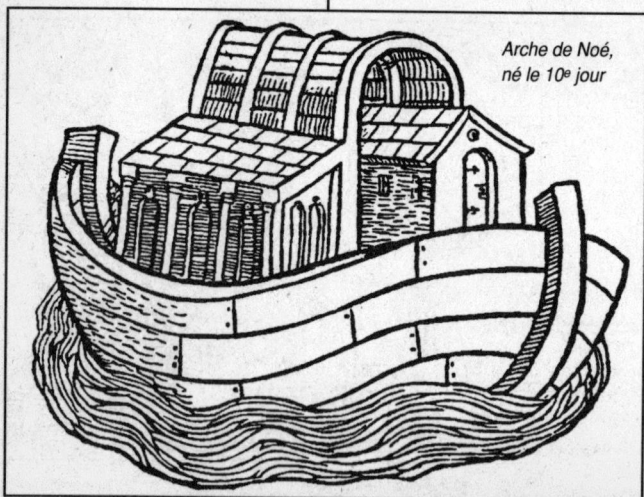

Arche de Noé, né le 10e jour

7e jour : Meurtre d'Abel par Caïn. Punition des criminels. Guérison rapide. L'enfant qui naît vivra longtemps.

8e jour : Naissance de Mathusalem, l'homme le plus vieux du monde. Jour faste pour les voyageurs, néfaste pour ceux qui tombent malades. Les songes se vérifieront. L'enfant qui naît n'aura pas une physionomie avenante.

9e jour : Naissance de Nabuchodonosor. Jour neutre. Maladie dangereuse. Les songes seront suivis d'effets rapides. L'enfant qui naît vivra vieux.

10e jour : Naissance de Noé. Jour faste pour les entreprises. Maladie grave si mal soignée au départ. Chagrins de courte durée. Les songes sont sans effet à cette date. L'enfant qui naît sera un grand voyageur.

11e jour : Naissance de Samuel. Jour faste pour les changements politiques. Guérison difficile pour les femmes malades. L'enfant qui naît sera intelligent, et vivra longtemps.

12e jour : Naissance de Cham, fils maudit de Noé. Jour néfaste : ne rien entreprendre. Maladies graves. Les songes s'accompliront. L'enfant qui naît vivra vieux.

13e jour : Idem le 12e jour.

14e jour : Jour faste. Guérison rapide des malades. Les songes sont sans effet. L'enfant qui naît sera intelligent et aura une croissance rapide.

15e jour : Jour neutre. L'enfant sera un séducteur.

16e jour : Naissance de Job. Jour faste pour les marchands et les voyageurs. Les songes se vérifieront. L'enfant qui naît aura une longue vie.

Fête des fous

17e jour : Fin de Sodome et Gomorrhe. Jour néfaste : ne rien entreprendre. Médecine inefficace si l'on tombe malade. Les songes seront vérifiés trois jours plus tard. L'enfant sera doué pour le bonheur.

18e jour : Naissance d'Isaac, fils d'Abraham. Maladies dangereuses. L'enfant qui naît sera travailleur, et riche.

19e jour : Naissance de pharaon, persécuteur des Hébreux. Éviter ce jour les ivrognes, choisir la solitude. Maladies inoffensives. Les songes se vérifieront. L'enfant qui naît aura de la bonté et de la droiture.

20e jour : Naissance de Jonas. Jour faste pour les entrepreneurs. Guérison lente si l'on tombe malade. Les songes se vérifieront. L'enfant sera un larron de mauvaise vie.

21e jour : Naissance de Saül. Jour de divertissement, et de soins domestiques. Néfaste pour les voleurs. Maladies dangereuses. Les songes sans effet. L'enfant qui naît sera travailleur.

22e jour : Naissance de Jacob. Ne rien entreprendre. Maladies dangereuses. Les songes se vérifieront. L'enfant qui naît sera honnête.

23e jour : Naissance de Benjamin. Jour faste pour les affaires d'honneur. Guérison lente si l'on tombe malade (mais maladie sans danger). Les songes sont faux. L'enfant qui naît risque d'être laid.

24e jour : Naissance de Japhet, fils de Noé. Jour neutre. Maladies aussi longues qu'inoffensives. Les songes sont sans effet à cette date. L'enfant qui naît sera bon, et amateur de bonne chair.

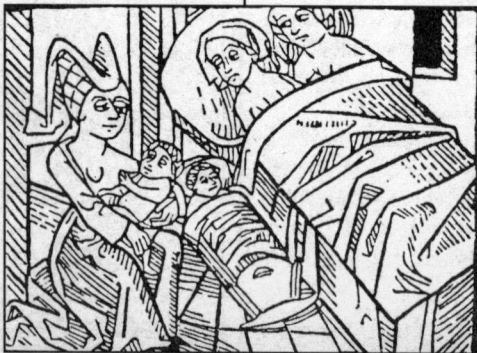

25ᵉ jour : Punition de l'Égypte. Jour néfaste pour les malades. L'enfant qui naît sera heureux.

26ᵉ jour : Passage de la mer Rouge par Moïse. Jour néfaste pour les entrepreneurs. Pas de guérison si l'on tombe malade. Les songes sont vérifiés. L'enfant qui naît sera laborieux et riche.

27ᵉ jour : Jour faste pour les travailleurs. Maladies inoffensives. Les songes sont creux. L'enfant qui naît sera bon et aimable.

28ᵉ jour : Jour faste. Maladies sans danger. L'enfant qui naît sera paresseux.

29ᵉ jour : Naissance d'Hérode, persécuteur des enfants. Jour néfaste pour les affaires. Les songes se vérifieront. L'enfant qui naît aura des débuts difficiles.

30ᵉ jour : Jour faste pour tous. Les malades doivent être promptement soignés. Les songes donneront des résultats heureux dans un futur immédiat. L'enfant qui naît n'aura pas l'esprit affûté.

HIBOU

Souvent confondu avec la chouette, il est l'oiseau de la sagesse parce qu'il voit dans le noir, mais aussi, à cause de sa vie nocturne, un messager de l'Enfer. Son ululement annonce un décès prochain ou qu'une vieille fille est en train de perdre sa vertu. Mais son ululement guérit aussi celui qui l'entend de sa fièvre.

Pour conjurer ce mauvais sort, il faut, quand on l'entend, jeter du sel dans le feu. On croyait combattre sa malédiction en le clouant sur les portes des granges, qu'il protégeait alors.

En amulette, au contraire, le hibou est bénéfique : il aide à la sagesse de celui qui la porte. Rêver d'un hibou (ou d'une chouette) annonce des rencontres prochaines avec des personnes adultères ou voleuses.

HORLOGE

Lorsque quelqu'un agonise, on arrête l'horloge en immobilisant son balancier, afin que le temps se suspende tandis que l'âme quitte le corps. La Mort, voyant l'horloge arrêtée, comprend que sa tâche est accomplie, et qu'elle doit se retirer.

HYACINTHE

(zircon brun-orangé à rouge).
"Les hommes d'autorité lui attribuent grandes et plusieurs
louanges. Elle protège du péril du
tonnerre ceux qui la portent. Par
semblable miracle, elle délivre
ceux qui habitent en l'air pesti-
féré. Tiercement, elle fait dormir." (Selon Jérôme Cardan)

HYDROMANCIE

Divination par l'eau. Les procédés étaient multiples. On analysait les ronds faits sur la surface
de l'eau par le jet de trois pierres.
On analysait la forme d'une
goutte d'huile versée sur de l'eau.
On étudiait le bruit des vagues.

Pendant les sacrifices, on considé-
rait la couleur et le goût de l'eau
bénite avec laquelle on avait lavé
— ou cuit — des victimes.

Tradition celte, on faisait flotter
dans l'eau d'une fontaine la chemise d'un enfant malade pour
savoir s'il survivrait; auquel cas,
la chemise restait à la surface.

Forme dérivée, la **Lécano-
mancie**. On traçait sur des pierres
précieuses, voire des lames d'or
ou d'argent, des signes en invo-
quant les dieux. Puis après avoir
posé sa question, on jetait l'objet
dans un bassin. Le sifflement et
le bruit produit par la chute
étaient alors interprétés.

Autre forme dérivée, la **Gastro-
mancie**, où, selon Pierre de
l'Ancre, auteur d'un traité, en
1622, sur l'*Incrédulité et mescréance du sortilège*, "on prenait
une fiole ventrue remplie
d'eau, dans laquelle une
femme enceinte ou un
enfant pur voyaient cer-
tains nuages et figures
au lieu de réponse".

On disposait, en géné-
ral des torches allu-
mées autour du vase
rempli d'eau claire, et
l'on invoquait le dieu en
lui posant la question à
résoudre.

ICHTOMANCIE

Divination par les poissons.
En usage dans la Grèce antique,
elle se rapproche des **auspices**
romains (voir ce mot).
Dans un bassin, on étudiait l'appétit des poissons sur les morceaux de viande qu'on leur jetait,
ou l'on inspectait leurs entrailles
et leurs secousses quand on les
sortait de l'eau.

IDOLÂTRIE

Pour l'Église du Moyen Âge, qui
s'appuyait sur le principe que "la
religion est le culte du vrai, la
superstition celui du faux", l'ido-
lâtrie était l'ensemble des superstitions.
Superstitions souvent issues de
l'Antiquité, d'avant l'existence

du christianisme, et que les
évêques avaient charge d'éradiquer dans des populations atta-
chées à leurs vieilles croyances.
Saint Éloi, évêque de Noyons et
ministre de Dagobert, au
VIIᵉ siècle, dans une adresse à ses
diocésains, résume, pour les
dénoncer, les superstitions de
l'époque (lesquelles, malgré sa
supplique, lui survivront) :
Je vous en supplie, n'observez
aucune des coutumes sacrilèges
des païens. Ne consultez pas les
graveurs de talismans, ni les
devins, ni les sorciers, ni les
enchanteurs, pour aucune cause
ou maladie que ce soit ; ne prenez
garde ni aux augures, ni aux éter-
nuements ; ne faites point attention au chant des oiseaux, que
vous entendez dans votre chemin…

"Qu'aucun chrétien ne remarque quel jour il sortira d'une maison et quel jour il y rentrera...

"Que nul à la fête de saint Jean ne célèbre les solstices par des danses et des chants diaboliques... Que nul ne pense à invoquer les démons comme Neptune, Pluton, Diane, Minerve ou le Génie... Que nul ne garde le repos, le jour de Jupiter (*jeudi*)...

"Que nul chrétien ne fasse des vœux dans les temples ou auprès des pierres et des fontaines, des arbres et des enclos... Que nul ne fasse des lustrations, ni des enchantements sur les herbes, ou ne fasse passer ses troupeaux par le creux d'un arbre ou à travers un trou creusé dans la terre... Que personne ne pousse de grands cris, quand la lune pâlit... Que personne ne nomme son maître la lune ou le soleil..."

INCUBE / SUCCUBE

Démons incubes et succubes ont été fréquemment évoqués dans les procès de sorcellerie, et ont durablement excité les fantasmes des juges et des théologiens.

Le démon incube (du latin *incubare*, coucher sur) abuse des femmes pendant leur sommeil

Le démon succube (du latin *subcubare*, coucher sous) est femelle, et s'unit aux hommes, notamment aux moines.

Le démon incube n'ayant pas de semence, il se transforme en démon succube pour voler celle de jouvenceaux naïfs.

Redevenu incube, il peut mettre des mortelles enceintes.

Les enfants nés de ces étreintes étaient maigres, malgré les nourrices qu'ils épuisaient, qui pleuraient quand on les cajolait, et riaient du malheur des autres.

Preuve de leur caractère démoniaque, ils ne survivaient pas au-delà de sept ans, l'âge de raison

Ichtomancie

au cours duquel on "fait sa première communion".

De doctes théologiens considéraient comme enfants d'incubes Caïn, l'Antéchrist, Alexandre le Grand, Merlin l'enchanteur, Luther et les Huns.

L'incube, de surcroît, pouvait faire un enfant à une vierge sans la déflorer, par le biais d'un sexe fin et double, qui lui permettait de s'introduire dans les deux "vases" de ses victimes (selon un traité de démonologie de 1575).

Selon ce traité, on pouvait identifier les succubes à leur vagin : il était glacial. Les succubes pouvaient se glisser dans le corps d'une femme décédée, et, sous ses traits, se livrer à une nuit d'orgie avant d'abandonner le cadavre aux côtés du (des) partenaire(s) endormi(s) d'épuisement.

Saint Augustin croyait aux succubes/incubes, et avec lui l'Église jusqu'au XVIIe siècle.

Depuis, la médecine a réussi à convaincre les théologiens qu'il s'agit davantage de psycho-pathologie que de démonologie, et qu'un succube souffre de **Nymphomanie** (voir ce mot) plus que de possession diabolique…

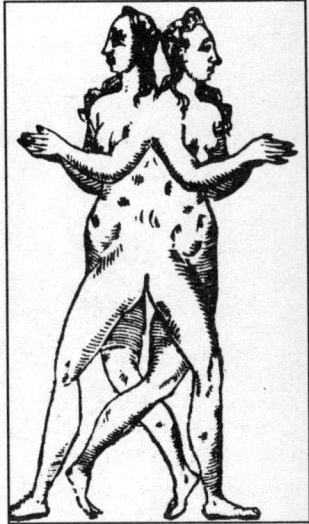

Créatures nées d'étreintes
entre mortelles et démons incubes

J

JADE

*(silicate d'aluminium
et de sodium blanc, vert jaune
ou violet)*
Parce que résistante, les hommes préhistoriques en faisaient des outils. Très populaire en Asie (les bouddhas de jade symbolisent puissance et équilibre), le jade aide à combattre l'inquiétude, les rhumatismes, renforce les reins, et est bénéfique à la femme enceinte. Porté en amulette, le jade protège de la morsure des animaux vénimeux.

JASPE

*(dioxyde de silicium
de toutes les couleurs)*
Quartz à gros grains dans lequel on taillait des coupes, il participe à la résolution des problèmes émotionnels, apaise les troubles gastriques, l'épilepsie, renforce la confiance en soi…
"Il a des vertus astringentes et arrête les saignements, principalement du nez." (Selon Jérôme Cardan)

JEU (GAGNER AU)

Pour gagner au jeu, il ne faut pas :

◆ croiser un homme qui louche, un prêtre, une femme enceinte, un boiteux, un animal de couleur noire.

En revanche, la chance s'accroît si l'on peut

◆ croiser une prostituée, un aveugle, marcher dans un excrément du pied gauche, trouver un clou, ou une paire de gants.

À la table de jeu, il faut :

◆ ne se servir que de sa main droite pour jouer les cartes, faire le signe de croix de la main gauche avant de commencer la partie, porter sur soi une plume de roitelet, ou un bracelet en peau d'anguille, ou avoir dans sa poche 7 grains d'avoine…

◆ Mais il ne faut pas murmurer ou chantonner pendant la donne, se mettre en colère, permettre à une femme de toucher l'épaule du joueur…

Pour faire revenir la chance, il faut faire un nœud à sa chemise à l'insu des autres joueurs, ou se lever, cracher sur sa chaise ou la déplacer légèrement. Pour porter chance à son partenaire, piquer une épingle sur son revers de veste.

JUGEMENTS DE DIEU

Ils faisaient souvent appel à divers arts divinatoires énumérés dans cet ouvrage. Voir aussi **Ordalie**.

Le Jugement dernier

JUGEMENT DERNIER

Annoncé par l'Apocalypse, il verra Dieu, le Christ à sa droite, accueillir les bons chrétiens au Paradis, et chasser les impies vers sa gauche, où se tient Satan, pour les précipiter en Enfer.

JUMBOLOGIE

Nouvelle méthode, proche de l'astrologie, mise au point par des "jumbologues" américains. Selon eux, les avions gros porteurs (jumbo-jets) ont, sur le nouveau-né, à l'instant de sa naissance, autant d'importance que les planètes qui traversent son signe.

D'où la nécessité d'intégrer, dans un programme informatique, toutes les données aéronautiques concernant les décollages et atterrissages des gros avions dans le monde, avant d'analyser leur influence sur le caractère du natif.

JUPITER

En astrologie, cette planète, dédiée au roi des Dieux, apporte chance et protection.

Le jupitérien est un animal social, un "patron" aimant séduire, généreux ou orgueilleux, compatissant ou égoïste. Il a tendance à l'excès, d'autant qu'il inspire confiance, et croit en sa chance.

Jupiter

K

KABALE

(S'écrit aussi **cabale**,
ou **kabbale**.)
Selon les légendes juives, la
kabale aurait été enseignée à
Adam par Raziel, sur ordre de
Dieu, quand il fut chassé du paradis terrestre. Révélée à nouveau à
Moïse sur le Sinaï, la kabale fut
transmise par tradition orale.
En fait, il semblerait que la
kabale, empruntant aux traditions
orientales, soit née chez les Juifs
deux siècles environ avant notre
ère, pour atteindre son développement définitif trois siècles plus
tard.
La kabale, qui s'interroge sur la
Genèse et la création du monde,
interprète des vérités cachées
dont les Écritures ne sont que le
symbole.

C'est un système complexe où
entrent en jeu trois opérations :
— changer la valeur d'un mot en
remplaçant sa première lettre par
sa dernière et réciproquement.
— Envisager chaque lettre séparément, le mot entier étant considéré comme une sentence, ou
prendre les première et dernière
lettres de chaque mot d'un verset
pour en former un autre.
— Chercher le sens d'un mot en
substituant aux lettres qui le com-
posent des nombres selon la
numération hébraïque.
De telles recherches ne pouvaient
que rendre kabale synonyme de
mystère. La kabale, qui est une
philosophie de genre "pythagoricienne" accorde aussi une grande
importance aux Anges et à leurs
légions, lesquels sont souvent
sollicités dans les opérations de

magie. D'où, au Moyen Âge, des apparentements non voulus par les kabbalistes.

D'autres kabbalistes, qui n'étaient ni de religion juive, ni experts du *Zohar* (le Livre de la Splendeur, base d'étude de la Kabale) mais plutôt mages, n'ont gardé de cette science religieuse que les aspects chimériques et mystérieux, attribuant une appartenance kabbaliste à Orphée, Homère, Moïse et autres prophètes.

La plupart des conjurations kabbalistiques commencent par le mot *Agla*, composé des lettres initiales des mots hébreux *Ahtab, Gaborn, Leolam, Adonaï* : "Vous êtes puissant et éternel, Seigneur".

KYBOMANCIE

Voir aussi **Astragalomancie** et **Dés**

Art divinatoire par jets de dés.

La kybomancie est très ancienne. Avant que le dé n'existe, on utilisait des vertèbres de mouton (les Romains en gardèrent l'usage — *alea*, en latin, veut dire coup de dés —, ce sont les ancêtres de nos "jeux d'osselets"), des coquillages, des pierres…

D'abord en os ou en ivoire, les dés furent aussi faits en terre cuite, ou dans des métaux précieux, afin de renforcer leur pouvoir oraculaire.

Les Grecs, notamment, utilisaient les dés comme oracle d'amour.

Le "coup d'Aphrodite", le meilleur, était une combinaison dans laquelle chaque dé devait présenter une face différente (une *suite*).

Il y avait des dés "classiques", à six faces, mais aussi des dés pouvant comporter jusqu'à vingt faces.

On y gravait des chiffres, mais aussi des lettres, afin, en les jetant à plusieurs reprises, d'obtenir un mot ou une phrase qu'il fallait ensuite interpréter.

CORRESPONDANCES KABBALISTIQUES

Lettre hébraïque	Lettre & nombre	Lames du Tarot	Organe du corps
ALEPH	A - 1	I Bateleur	Poitrine
BEITH	B -2	II Papesse	Bouche
GHIMEL	C -3	III Impératrice	Œil droit
DALETH	D - 4	IV Empereur	Œil gauche
HÉ	E - 5	V Pape	Foie
VAV	V - 6	VI Amoureux	Bile
ZAÏN	Z - 7	VII Chariot	Rate
HÉTH	H - 8	VIII Justice	Estomac
TETH	TH - 9	IX Ermite	Rein droit
YOD	I/J - 10	X Roue de F.	Rein gauche
KAPH	K - 20	XI Force	Narine droite
LAMED	L - 30	XII Pendu	Intestin
MEM	M - 40	XIII Mort	Ventre
NOUN	N - 50	XIV Tempérance	Intestin
SAMECK	X/SS - 60	XV Diable	Main droite
AÏN	O - 70	XVI Maison Dieu	Main gauche
PHÉ	P/NG - 80	XVII Étoile	Narine gauche
TSADÉ	TS/C - 90	XVIII Lune	Pied droit
QOF	Q -100	XIX Soleil	Pied gauche
RESCH	R - 200	XX Jugement	Oreille droite
SHIN	S - 300	XXI Monde	Tête
TAV	T - 400	XXII Mat	Oreille gauche

L

LAIT

Le lait, breuvage d'immortalité dans de nombreuses traditions (grecque, celte…), a aussi été un accessoire divinatoire. Il ne faut pas le confondre avec le "lait de la Vierge" des alchimistes, en fait l'élixir de longue vie, synonyme de pierre philosophale.

Le lait, parce qu'il est blanc et donné par la femelle, est associé à la Lune, symbole féminin. Chez les Romains, lorsque quelqu'un était à l'agonie dans une maison, on recouvrait tous les récipients contenant du lait : l'âme du moribond aurait pu vouloir s'y laver de ses péchés, et de s'y noyer.

Au Moyen Âge, on croit que les fées viennent boire le lait renversé. Renverser du lait porte malheur pendant sept jours, durant lesquels il faut s'abstenir de toute initiative.

On croit aussi que les sorciers ont le pouvoir de tarir le pis des vaches, ou de voler le lait en le faisant passer d'un pis à un autre, même si les vaches ne sont pas dans le même village.

Si on ne veut pas que ces mêmes sorciers ensorcellent les vaches et ne les rendent stériles, il faut, lorsqu'on donne du lait à une personne qui n'a pas votre entière confiance, mettre dans le pot une pincée de sel ou un grain de poivre. Les bêtes qui ont fourni le lait seront ainsi préservées, car c'est depuis leur lait que le sorcier peut tenter ses maléfices.

Le lait tiré le 1er mai portait bonheur, et celui qui en buvait beaucoup ce jour-là était assuré ne pas en manquer pendant l'année.

Superstition toujours d'actualité, notamment outre-Manche : mettre, dans une tasse de thé, le lait avant le sucre, contrarie les relations amoureuses.

LAMPADOMANCIE

Divination au moyen d'une lampe. On observait la forme, la couleur et les mouvements de la lumière issue de cette lampe, afin d'en tirer des présages.

Selon Pierre de l'Ancre, dans son *Incrédulité et mescréance du sortilège plainement convaincue* — 1622 —, lorsqu'on avait perdu un objet, "on faisait brûler, pour l'interroger sur l'objet, une lampe en l'honneur de saint Antoine [*ultime recours pour retrouver ce qu'on avait égaré*], ou de saint Daniel".

Les applications de la lampadomancie ont été nombreuses, selon les contrées. En Grèce, si la flamme brûlait claire, c'était de bon présage pour l'amoureux ; si au contraire le flambeau charbonnait, son amour allait s'en trouver contrarié.

En Allemagne, une étincelle jaillie d'une chandelle était signe qu'une nouvelle allait arriver…

La lumière a toujours fait l'objet d'un culte, et le culte a toujours été symbolisé par la lumière : raison pour laquelle, dans les églises, ont fait toujours brûler des cierges en l'honneur de la Vierge et des saints, notamment pour réaliser un vœu.

Au pied des autels, on trouvait plusieurs sortes d'huiles bénites à brûler, selon la maladie dont on voulait guérir en faisant briller une lampe devant celle du tabernacle.

Si la flamme était claire, on allait guérir. Il arrivait aussi que l'on frotte sa blessure avec la mèche imbibée de cette huile miracle.

La flamme était associée à la vie : ainsi n'éteignait-on pas une lampe qui avait servi à veiller un mort. On la laissait s'éteindre d'elle-même, après que l'âme du mort, à sa lueur, eut trouvé sa route dans les ténèbres…

Dans l'abbaye de Saint-Denis, où étaient enterrés les rois de France, il brûlait autant de bougies que le défunt roi avait régné d'années. Ces bougies restaient allumées jour et nuit. En 1779, Louis XVI, visitant le caveau royal, laissa un courant d'air éteindre une partie des bougies brûlant en l'honneur de son prédécesseur. Ceux qui y virent un mauvais présage ne furent pas démentis, le 21 janvier 1793, lorsque le roi fut guillotiné.

LANGUE

◆ Selon Jérôme Cardan, mage-mathématicien du XVIe siècle, "les pierres précieuses retenues sous la langue peuvent aider à la divination, principalement en augmentant le jugement et la prudence."

◆ Si l'on se mord la langue en mangeant, c'est que l'on est l'objet de calomnies et médisances ; il faut alors réciter les lettres de l'alphabet jusqu'à ce que la douleur cesse. La lettre sur laquelle on s'arrête est l'initiale du médisant.

◆ Une langue épaisse et râpeuse est celle d'un individu prudent, malin, mais peu scrupuleux.

◆ Une langue fine est celle d'un individu timide, astucieux mais candide.

◆ Dans des contrées "barbares", un morceau de langue humaine desséché, suspendu en amulette dans une petite bourse sur la gorge faisait office de porte-bonheur.

LAPIS-LAZULI

(silicate d'aluminium et de sodium bleu)

"Pierre du ciel" des anciens Égyptiens qui y taillaient des bijoux, le lapis-lazuli renforce la volonté, et protège contre les influences néfastes. Il arrête la chute des pellicules, combat l'insomnie, l'eczéma, et la manie de se ronger les ongles. Il favorise la méditation et protège des soucis financiers. C'est avec un lapis-lazuli que les prêtres grecs assommaient les victimes des sacrifices lors des traités de paix.

LÉCANOMANCIE

Voir **Hydromancie**.

LIBANOMANCIE

Divination par l'encens.

On fait des prières de ce qu'on désire, puis on jette de l'encens dans le feu, afin qu'il emporte les prières vers le dieu. Si les vœux sont exaucés, l'encens est aussitôt dévoré par les flammes.

Si les vœux sont nuls, au contraire, le feu ne prend point à l'encens. La flamme recule et le fuit. (selon P. de l'Ancre)

LITHOMANCIE

Divination par les pierres, à ne pas confondre avec la **Lithobolie**, au cours de laquelle on jette les pierres et l'on en observe le résultat (comme aux dés ou aux osselets), alors que dans la **Lithomancie**, on observe la forme et l'aspect des pierres.

◆ On lavait des pierres pendant la nuit, à la clarté des flambeaux, dans de l'eau de source. Ceux qui lavaient les pierres devaient s'être purifiés au préalable, et avoir le visage voilé.

Tandis qu'ils lavaient les pierres, ils en analysaient les mouvements et le bruit. Ainsi Hélénus put-il prédire la chute de Troie.

Lithomancie

◆ On interprétait la forme de certaines pierres. Des monuments mégalithiques, de forme phallique, étaient consultés par des femmes en mal d'enfant.

Elles touchaient la pierre et, si elles en ressentaient les vibrations, y voyaient une promesse de grossesse.

LIVRE

Le livre peut être un support aux arts divinatoires (voir aussi **Bibliomancie**).

Parmi les ouvrages les plus consultés dans l'Antiquité à des fins oraculaires, l'*Iliade* et l'*Odyssée* d'Homère, l'*Énéide* de Virgile (on parlait alors de sorts homériens ou virgiliens). Puis ce fut la *Bible*. On ouvrait le livre au hasard et l'on déterminait son attitude future à partir de la première phrase lue.

Offrir un livre à la personne que l'on doit épouser risque de compromettre le mariage. Aux États-Unis, offrir un livre avec une couverture rouge peut être offensant : la "marque écarlate" était celle que l'on appliquait au fer rouge sur l'épaule des femmes adultères. Un livre qui tombe seul de son étagère présage une visite prochaine.

LOUP

Le loup, dans les mythologies anciennes, était l'exécuteur des vengeances et châtiments divins. Il accompagnait Odin, et Apollon, il guidait la barque du Soleil, en Égypte. C'est une louve qui nourrit Romulus et Rémus, les fondateurs de Rome. Les Gaulois ornaient leurs casques d'une tête de loup.

La **lycomancie** était l'art de tirer des présages par les loups. Ainsi, selon Pline, on n'avait rien à redouter du loup si on le voyait en premier ; dans le cas contraire, celui qui avait croisé le regard du loup, fasciné, perdait la voix ou s'enrouait.

C'est au Moyen Âge que le loup de compagnon divin, devient animal diabolique. Traiter une femme de "louve" revient à la comparer à une débauchée. Les sorciers se déguisent en loup pour attaquer les brebis (lesquelles symbolisent les fidèles de l'Église, sous la houlette de Jésus-Christ le Bon Pasteur).

Contes et superstitions sur les loups sont nombreux. Pour aller au Sabbat, il fallait chevaucher un loup, à défaut d'un balai. La sorcière ne pouvait voler que si elle avait des jarretelles en peau de loup.

Porter une queue de loup préserve des soucis d'argent. La suspendre dans une ferme éloigne les animaux nuisibles (idem pour la tête de loup).

Si tuer un loup blanc portait malheur, les dépouilles du loup se révélaient fort utiles. La dent de loup, portée en amulette, préserve

des convulsions, de la colère et de la rage.

Une ceinture en peau de loup guérit de l'épilepsie.

Une femme qui porte sur elle de la moelle du pied gauche de loup sera satisfaite au lit par son mari. Lequel, pour s'assurer de la fidélité de celle-ci, lui fera prendre une mixture composée de poudre de verge de loup, mélangée aux poils de ses paupières et de sa barbe.

Les poils de queue de loup entrent souvent dans la composition des philtres d'amour.

Fumer dans la pipe d'un sorcier du foie de loup réduit en poudre provoque des orages.

L'excrément de loup réduit en poudre et mélangé à du vin guérissait de la colique.

LUNE

En astrologie, la lune symbolise l'enfance, la mémoire, le rêve, la fécondité. Pleines Lunes et nouvelles Lunes sont des moments essentiels. Sous son influence, on peut se révéler poète, ou vagabond…

M

MAGIE

On distingue deux sortes de magie : la *haute magie*, ou *magie blanche*, aussi nommée *théurgie* (qui fut pratiquée par les évêques des premiers siècles) et la *basse magie* ou *magie noire*, aussi nommée *goétie*.

La première s'adressait aux forces célestes, aux bons esprits ; la seconde aux génies terrestres, aux mauvais esprits. La magie noire se pratiquait la nuit autour des tombeaux, avec force incantations. Elle avait pour but de faire du mal, d'exciter des passions déréglées, de porter au crime. On invoquait des démons malfaisants pour nuire aux hommes.

La magie noire pouvait aller jusqu'à des sacrifices humains (Gilles de Rais, le tueur d'enfants, fut condamné pour magie noire), et au viol de sépultures : on cherchait sur les cadavres divers ingrédients qui entraient dans les compositions des charmes et maléfices.

Pour ces maléfices, on employait aussi des herbes vénéneuses.

On regroupa sous le nom générique de sorciers tous ceux qui prétendaient avoir le pouvoir de jeter des sorts sur les hommes et les animaux, de les frapper de maladie ou de mort, d'intervenir dans l'ordre de la nature, de commander aux éléments, de changer les saisons, de faire sécher, ou pourrir, les moissons sur pied, d'empêcher la maturité des fruits…

Dans la magie blanche, au contraire, on n'invoquait que les

dieux bienfaisants pour procurer du bien aux hommes.

Tous les magiciens s'attribuaient l'invocation des morts. Pour cela, ils dressaient un autel dans une caverne, ils offraient un sacrifice, traçaient un cercle autour de l'autel avec leur baguette (voir **Verge**), le parcouraient plusieurs fois, l'arrosaient de sang, et par certaines invocations forçaient les mânes à se montrer.

Selon l'*Art magique d'Artephius*, "si quelqu'un mêle la sueur des quatre passions contenues dans les quatre humeurs, avec de la terre, et qu'ensuite on écrive le nom d'une bête ou d'un homme sur cette terre en prononçant ce même nom, il verra l'image de celui dont il aura écrit le nom".

Les mages scandinaves vendaient les vents aux matelots, en leur donnant un cordon avec trois nœuds : s'ils dénouaient le premier nœud, ils auraient un vent doux et favorable, le second nœud un vent plus véhément, le troisième nœud un vent impétueux et dangereux.

Toujours en Scandinavie, le mage frappait sur une enclume à grands coups de marteau sur une grenouille ou un serpent d'airain et, épuisé par l'effort, s'évanouissait. Pendant cet évanouissement, il avait la vision de ce qui se passait en des lieux éloignés.

Le moine Gerber, pape de l'an 1000 sous le nom de Sylvestre II, passait pour avoir été initié à la magie. Satan étant venu en personne lui réclamer son dû le jour de sa mort (12 avril 1003), on entend depuis s'entrechoquer ses ossements dans sa tombe chaque fois qu'un pape va mourir…

En les accusant de magie, inquisiteurs et

princes (dont Philippe le Bel) se débarrassèrent de leurs adversaires.

La magie noire a perduré dans les campagnes. Mais celui qui l'exerce doit s'attendre au "choc en retour" : si ses sortilèges sont démasqués par un autre sorcier, c'est lui qui devient victime de ses propres maléfices.

MAIN DE FATIMA

Voir **Fatima (main de...)**

MALACHIE (PROPHÉTIES DE...)

Aux XIe et XIIe siècles, le christianisme de l'Europe du Nord était encore très proche du celtisme et les prêtres d'Irlande avaient des pratiques ressemblant parfois plus à celles des druides qu'à celles des prélats romains.

C'est pétri de cette culture qu'un religieux irlandais né en 1094 prit le nom de Malachie ; nom prémonitoire, puisque signifiant en hébreu messager, et aussi celui d'un des petits prophètes d'Israël (Ve siècle avant J.-C.).

Archevêque d'Armagh en 1132, il introduisit la règle cistercienne. Préférant la méditation à cette charge, il se rendit en pèlerinage à Rome, en faisant halte à Clairvaux où il vécut en compagnie de saint Bernard.

À la suite de sa rencontre avec le pape Innocent II, qui en fit son légat pour l'Irlande, il retourna siéger dans ce pays jusqu'en 1148, année où il revint précipitamment à Clairvaux, le 18 octobre, fatigué et miné par une forte fièvre. Il y mourut le 2 novembre, le *jour de tous les morts*, comme il l'avait lui-même prophétisé quelques mois auparavant.

Saint Bernard, enthousiasmé par ses qualités tant spirituelles qu'intellectuelles, écrivit sa biographie sous le titre de *Vita Malachiæ*.

Saint Malachie fut canonisé en 1190. Des ésotéristes, dont René Guénon, ont souligné qu'il mourut à 54 ans, sous l'influence du nombre neuf (5 + 4) le 2 novembre (11) 1148, soit une date marquée par ce même nombre neuf :

$(2 + 11 + 1148 = 18 = 1 + 8 = 9)$.

Ces deux nombres neuf forment ensemble le nombre 18, appartenant au symbolisme de la Lune, laquelle représente traditionnellement l'intuition et les visions, le mysticisme, le don de prophétie. Malachie composa 111 devises :

ce nombre est une illustration du nombre 3 (1+1+1), c'est-à-dire de la Trinité sous laquelle se place l'Église.

Ce sont les devises accolées à chacun des papes de ses *Prophéties* qui assurèrent sa notoriété posthume. Ces phrases sibyllines, écrites probablement pendant le séjour de Malachie dans l'abbaye de Clairvaux, furent publiées pour la première fois, semble-t-il, à la fin du XVIᵉ siècle.

La Prophétie des Papes est une longue suite de devises de quelques mots, concernant 111 pontifes, depuis l'avènement de

Célestin II en 1143, qui porte le numéro 1 de cette longue liste.

Le pape qui succédera à Jean-Paul II porte le numéro 111 et serait le dernier souverain de l'Église de Rome, dont l'ultime chef (non élu et certainement non pape), serait nommé *Pierre le Romain*, après avoir été précédé par un pape *Gloire de l'olivier*.

Comme le fit au XVIᵉ siècle Nostradamus, saint Malachie utilisa soit des images symboliques ou des métaphores, soit des particularités évoquant des événements historiques qui marquèrent la personne du pape ou les pays chrétiens pendant le temps de son règne.

Il est étonnant de constater que le voyant irlandais mentionne, plusieurs siècles à l'avance, des caractéristiques familiales, des détails figurant dans les armoiries ou le nom du pontife que seuls ses proches sont à même de connaître.

Les papes eux-mêmes ont été sensibles à ces prévisions et ils en ont tenu pour la plupart le plus grand compte. Comme le révèlent les différentes armoiries pontificales et les décors ornant les vêtements de cérémonie. Les médailles ou portraits officiels des papes sont souvent l'illustration exacte des descriptions symboliques ou prophétiques de Malachie.

Les prophéties peuvent être regroupées en plusieurs catégories. Les unes ont trait au pape lui-même et les autres à la marche de l'Église ou du monde. Pour les premiers papes, des critiques soutiennent que ces pontifes précédaient ou étaient contemporains de l'archevêque d'Irlande, et qu'il lui fut facile de composer des maximes soi-disant inspirées. On peut en dire de même pour les devises concernant les papes ayant régné avant la première édition publique des Prophéties, datée de 1595.

On affirma même que ce furent les cardinaux réunis en conclave en 1590 (pendant l'élection de Grégoire XIV) qui s'amusèrent pour passer le temps à composer cette série de petits textes.

La devise *Gloire de l'olivier* signifie-t-elle que le futur pape mourra de la même façon que le Christ, base de la religion chrétienne? À ce scénario dramatique on peut préférer la version plus sereine dans laquelle le pape rendra gloire au Christ pour fêter le 2000e anniversaire de la naissance de Jésus (en l'an 2000), avant l'avènement de l'ère du Verseau

(voir **Zodiaque**). Pendant la dernière persécution que souffrira la Sainte Église Romaine, siégera un *Pierre le Romain. Il paîtra les brebis au milieu de nombreuses tribulations; celles-ci terminées, la cité aux sept collines sera détruite; et un juge redoutable jugera son peuple.*

Cette dernière séquence conclut les Prophéties de Malachie.

MALACHITE

(carbonate de cuivre vert)
Elle combat les infections oculaires, les rhumatismes, les maux de tête. Elle est aussi diurétique.

Margari-
tomancie

MARGARITOMANCIE

Divination par la perle (de sainte Marguerite d'Antioche, avatar chrétien de Vénus/Aphrodite, dont la perle était le symbole).
On enferme une perle fine dans un pot. Quand on prononce le nom d'un voleur, la perle frappe les parois du pot.

MARGUERITE

La marguerite symbolise l'amour fidèle, que ce soit sous forme de primevère, vers Pâques, ou dans l'éclat de ses pétales blancs entourant un cœur d'or pâle, en juillet.
Lorsque les Croisés partaient en expédition, leurs Dames portaient une couronne de marguerites, parce qu'elles leur gardaient leur cœur, et les autorisaient à peindre une marguerite sur leur blason, ce qui était promesse de mariage, au retour.
La formule la plus classique de l'effeuillage est :
*Il (Elle) m'aime / un peu / beaucoup / passionnément /
à la folie / pas du tout.*
Variantes : *Je me marierai / cette année / l'année prochaine / je ne me marierai pas.*

Ou encore : *Serai je / femme / fille / veuve / religieuse / amoureuse...*
On peut compliquer le rituel, et rassembler tous les pétales arrachés, et les lancer en l'air, en essayant de les rattraper sur le dos de la main.
On sait ainsi, au nombre d'étamines recueillies, combien d'enfants l'on aura, ou combien il reste d'années à attendre le mariage !

MARS

En astrologie, Mars, comme son modèle mythologique, est l'astre du danger et de l'agressivité. Il symbolise le courage jusqu'à la témérité, l'action, l'ambition et la colère. Tout dépend comment il utilisera sa force : il peut être brutal, mais il peut se révéler chevaleresque.
Lorsque la volonté se confond au désir, les erreurs sont proches. Ce combattant-né doit apprendre à dominer ses énergies, et transformer ses frustrations de colérique impulsif en victoires.

MÉLAMPE

Mélampe était un magicien grec mythologique. Cousin de Jason et expert en médecine des plantes, d'après Hérodote. Il aurait introduit le culte de Bacchus en Grèce. Ayant tué des serpents, ses domestiques lui en apportèrent les petits, que Mélampe mit dans sa couche. Pendant son sommeil, les serpents lui nettoyèrent les oreilles avec un tel soin que, le lendemain, il put comprendre le langage des oiseaux.

Il épousa l'une des filles d'Argos après l'avoir guérie avec de l'ellébore : elle se prenait pour une vache ! Sa lignée, pendant dix générations, régna sur Argos. Mort, il devint un demi-dieu.

Il y eut un autre Mélampe, médecin grec du IIIe siècle av. J.-C., auquel on doit un *Traité de la divination par le pouls*, et un autre sur les taches du corps. Traités qui furent publiés sous la Renaissance, et qui inspirèrent d'autres praticiens de la divination, et de la superstition.

MERCURE

En astrologie, il symbolise l'adolescence, l'observation, la réflexion, l'adaptabilité aux événements. Mercure, messager des dieux, mais aussi dieu des voleurs, relie le corps à l'esprit. Le mercurien est doué pour l'échange et la communication. Il est intelligent et drôle.

Mars

MÉTOPOSCOPIE

Art de déterminer le caractère et le tempérament d'un individu par les traits de son visage.

La métoposcopie est la science des lignes du front, comme la chiromancie est celle des lignes de la main.

Le Grec antique **Mélampe** (voir ce nom) lui consacra un court traité de deux pages. Sous la Renaissance, **Jérôme Cardan** (voir ce nom) s'intéressa aux rides du front de ses concitoyens. De ce que les élégantes considèrent comme un outrage du temps, il tira plus de 800 gravures qu'il commenta avec le secours de l'astrologie.

Un siècle plus tard, le Vénitien Ciro Spontini poursuivit dans la même voie frontale, avec quelques variantes. Puis la métoposcopie retomba dans l'oubli.

Car la métoposcopie tient davantage du folklore que de la science exacte. Elle s'appuyait, pour les mages de la Renaissance qui croyaient que le cours des planètes régissait toute la vie d'ici-bas, sur la division du front humain.

*LIGNES DE FRONT
ET RIDES ASTROLOGIQUES*

Selon Jérôme Cardan, *le front est de toutes les parties du visage la plus importante et la plus caractéristique ; un physionomiste habile peut, d'après l'examen du front seul, deviner les moindres nuances du caractère.*

Voici un aperçu des observations de ce métopomancien.

Selon Cardan : Femme généreuse, Homme débauché, Femme prédisposée à l'adultère ou à la mendicité

Un front très élevé, avec un visage long et un menton pointu, est l'indice d'une intelligence nulle.

Un front très osseux annonce un caractère opiniâtre et querelleur.

Un front très charnu traduit un caractère grossier.

Un front carré, large, avec un œil franc, sans effronterie, prédit sagesse et courage.

Un front arrondi et saillant en haut, qui descend perpendiculairement sur l'œil prédit du jugement, de la mémoire, de la vivacité, mais un cœur sec.

Un front avec des rides obliques, et parallèles, annonce un esprit faible et soupçonneux.

Un front ridé en haut, lisse en bas est indice de stupidité.

Un front avec des rides parallèles, régulières, peu creusées, prédit un esprit qui a du jugement, de la sagesse, de la probité et de la droiture.

Pour Cardan, sept rides principales traversent le front d'une tempe à l'autre.

En commençant par le haut du sourcil, et en remontant à la racine des cheveux, on trouve le pli de la Lune, puis celui de Mercure, de Vénus, du Soleil, de Mars, de Jupiter, et enfin celui de Saturne.

Ligne de Saturne : si elle n'est point marquée, signe d'ennuis par imprudence. Si elle se brise au milieu du front, vie agitée. Si elle est fortement accusée, bonne mémoire, grande patience et, finalement, bonheur et réussite.

Ligne de Jupiter : mal imprimée, c'est médiocrité et inconséquence. Si elle est fortement mar-

De gauche à droite, un homme intelligent, un artiste et un aventurier selon Ciro Spontini

quée, son porteur aura les honneurs et la fortune !

Ligne de Mars : brisée, elle témoigne d'un caractère inégal. Presque invisible, elle est signe d'un caractère doux et modeste. Fortement marquée, audace, colère et emportement.

Ligne du Soleil : si elle n'est pas marquée, signe d'avarice.

Ligne de Vénus : marquée, signe d'un tempérament ardent et généreux, porté sur la bagatelle.

Ligne de Mercure : si elle est marquée, signe d'imagination, de poésie, et d'éloquence.

Ligne de la Lune : marquée, c'est l'annonce d'un tempérament mélancolique, d'un caractère froid.

C'était l'hypothèse de Jérôme Cardan. Certains de ses émules suggéraient un ordre différent, mais toujours planétaire.

Les physionomistes peuvent toujours vérifier ces théories sur des

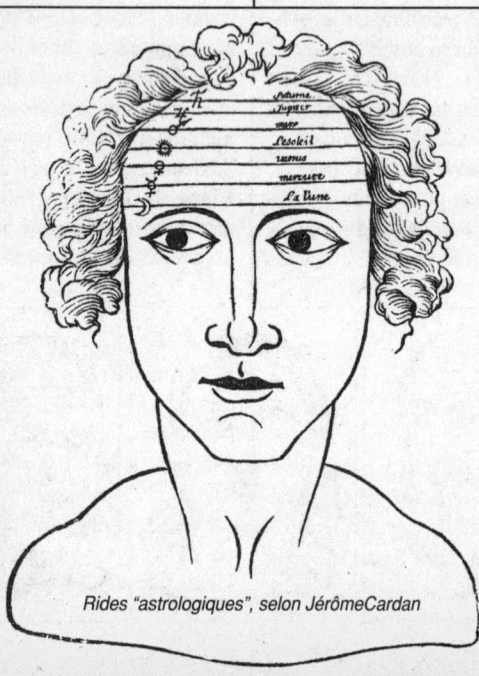

Rides "astrologiques", selon JérômeCardan

photographies de disparus célèbres, ou sur le front de proches.

Exercice pourtant moins gratuit qu'il n'y paraît : la divination est souvent affaire de psychologie et d'intuition, quand on ne possède pas le "fluide" de l'oracle.

L'inconvénient de la méthode est qu'il est difficile de lire sur un front d'enfant, ou sur une peau "tirée" par la chirurgie esthétique.

Pour avoir le front lisse, le maréchal de Richelieu, débauché notoire, déjà âgé, mais toujours avide de séduire, se faisait nouer la peau à l'arrière de son crâne et dissimulait le nœud sous une perruque !

Nos rides frontales changent aussi selon nos humeurs : comment deviner, derrière le front plissé d'un homme en colère, le poète badin ou le sage détaché des ambitions terrestres ?

Sans parler des modes capillaires qui suggèrent au gré des époques des mèches devant les yeux, ou des perruques à ras le sourcil.

On comprend mieux pourquoi la métoposcopie a rencontré peu d'écho chez les voyantes professionnelles : elles devraient, pour un examen, se transformer en shampouineuses, ou n'accepter comme clients que des chauves !

MILLÉNARISME

Voir aussi **Jugement dernier**.

Le millénarisme, c'est la peur de l'an 1000 (et aussi de l'an 2000). Paphias d'Hiéropolis, au commencement du second siècle de notre ère, est le premier à jeter le trouble dans la chrétienté naissante. Ce disciple de saint Jean l'Évangéliste, s'inspirant de sectaires juifs, est l'un des premiers chrétiens à rassembler la doctrine des millénaires (ou millénaristes). Il enseigna que Jésus-Christ doit venir régner sur terre mille ans (le *millénium*) avant le Jugement dernier, afin d'assembler les élus, après la Résurrection, dans Jérusalem.

C'est dans l'Ancien Testament qu'il faut chercher les bases de cette théorie. Selon les prophètes, Dieu, après avoir dispersé les Juifs entre les nations, les rassemblera, et après avoir puni leurs ennemis, leur accordera un parfait bonheur sur la terre.

Isaïe a annoncé qu'à la fin des temps Dieu créera une nouvelle terre et de nouveaux cieux, où le peuple élu perdra jusqu'au souvenir de toutes les misères passées. L'homme atteindra une longévité inconnue, le fruit de son travail sera d'une inépuisable abondance.

Le prophète Ezéchiel n'est pas en reste : il annonce aux Israélites la résurrection des Justes, qui viendront, dans la contrée que Dieu donna à Jacob, former un empire où régnera abondance et bonheur. Les juifs ralliés au christianisme adaptent les prédictions de leurs prophètes au second avènement de Jésus-Christ. Après le passage de l'Antéchrist, et la ruine de toutes les nations, les justes ressusciteront, choisissant, parmi les hommes encore vivants, les bons pour les servir, et les méchants pour servir les bons.

Jésus-Christ alors redescendra sur terre régner mille ans, avec, pour auxiliaires, les saints, les patriarches et les prophètes. L'une de ses premières tâches sera de faire rebâtir Jérusalem dans sa splendeur céleste…

Des millénaristes exaltés vont même jusqu'à prétendre que ces mille ans, mais pour les seuls saints ressuscités, et les ascètes, se passeront en festins joyeux et en volupté charnelle ; la terre d'Israël sera d'une extraordinaire fertilité… (Les avis peuvent toutefois être partagés : l'empereur

Chaque vigne aura 10 000 branches, chaque branche 10 000 pampres, chaque pampre 10 000 grappes, chaque grappe 10 000 raisins et chaque grain produira 25 pièces de vin…

Frédéric II d'Allemagne, à son retour de croisade en 1229, déclara que si Dieu avait connu la Sicile — où Frédéric avait été élevé —, il n'aurait pas choisi pour Terre promise les environs desséchés de Jérusalem !)

Au bout de ces mille années de félicité, le démon organisera un complot contre la Judée.

Mais le Christ, les saints et les justes réduiront cette rébellion des nations infidèles, grâce à une arme secrète.

Le Christ anéantira les méchants sous une pluie de feu, avant de les ressusciter pour le Jugement dernier, et les condamner à l'Enfer éternel.

Les premiers chrétiens vivaient dans des conditions misérables : est-ce pour conforter leur foi ?

Les millénaristes en rajoutent : Jérusalem sera éclatante de lumière et de magnificence, ses fondations seront de rubis et saphir, ses remparts de cristal…

Paphias explique que chaque vigne aura 10 000 branches, chaque branche 10 000 pampres, chaque pampre 10 000 grappes, chaque grappe 10 000 raisins et que chaque grain produira 25 pièces de vin… Des descriptions aussi idylliques ne peuvent que provoquer, chez ceux qui les écoutent, l'envie de voir le vieux monde s'écrouler, en l'occurrence l'Empire romain, ce qui provoque leur persécution.

Des chrétiens, au IIIe siècle, s'inquiètent de l'expansion de ces thèses : les paroles bibliques doivent être interprétées allégoriquement, et elles ne se rapportent qu'à des biens spirituels !

Cela n'empêche pas la croyance de se répandre dans l'Occident. Les chrétiens fixent à l'an mil le début de ce règne céleste, même si les thèses millénaristes n'ont plus cours depuis la fin du IIIe siècle, lorsque les persécutions contre les chrétiens ont cessé.

L'an mil se passe sans fin du monde. Pourtant la tentation millénariste ressurgit chez les anabaptistes du XVIe siècle

Le millénarisme, souvent récupéré par des sectes, continue à prédire la fin du monde, mais pas forcément apocalyptique. Selon des millénaristes, l'axe de la Terre se redressera perpendiculairement au plan de l'écliptique, ce qui fera du printemps l'unique saison dans un monde où le langage serait unique, les hommes d'une même famille et les animaux tous domestiqués…

MIROIR

Voir **Boule de cristal**.

MOLOCH

Adoré par les Ammonites, les Phéniciens, les Carthaginois et les Hébreux idolâtres, Moloch était représenté sous la forme d'une statue humaine à tête de taureau.

Statue en bronze, creuse à l'intérieur, avec les deux bras levés vers le ciel. Sur ces bras, on plaçait des victimes vivantes qui roulaient jusqu'à l'intérieur du corps, rougi au feu. Afin de couvrir les cris des suppliciés, les prêtres tapaient sur des tambours.

Selon d'autres descriptions, le ventre et l'estomac du monstre de bronze étaient divisés en 7 compartiments, où l'on introduisait des victimes vivantes : une brebis, un bélier, une génisse, un bœuf… et, dans le septième, un homme.

Pour consacrer son enfant à Moloch, on lui faisait traverser les flammes d'un bûcher disposé devant la statue.

Le grand Salomon lui-même fit élever un temple à Moloch dans la vallée d'Ennon, à Tophet (de *toph*, tambour, sans doute parce qu'on le battait lors des cérémo-nies). Deux rois de Juda, Achaz et Manassès, consacrèrent ainsi leurs fils.

Selon Diodore de Sicile, les Carthaginois étaient assiégés par Agathocle, tyran de Syracuse (environ 300 av. J.-C.) ; pour que Moloch leur donne la victoire, ils immolèrent 200 enfants choisis parmi les plus grandes familles de la ville ; 300 citoyens s'estimant coupables de sacrilèges les rejoignirent volontairement dans l'holocauste : les Carthaginois croyaient avoir irrité la divinité en ne lui offrant, lors de sacrifices antérieurs, que des enfants d'esclaves ou d'étrangers !

Le culte aurait été implanté en Sardaigne, d'où l'expression *rire sardonien*, ou *sardonique* : en fait le rictus des victimes, sous l'atroce supplice du feu.

MOLYBDOMANCIE

Divination par le plomb fondu. On tirait des augures d'après le nombre pair ou impair des gouttelettes surnageant au-dessus du plomb fondu, leur forme, leur mouvement… On analysait les figures formées par du plomb fondu versé sur une table mouillée, ou des gouttelettes de plomb jetées dans un vase d'eau.

N

NÉCROMANCIE

Divination par l'âme des morts. Cette science divinatoire remonte à la plus haute Antiquité. Dans des sépultures néolithiques, on a retrouvé des crânes mis à l'écart des autres ossements, avec un trou dans l'occipital, sans doute pour en retirer le cerveau, afin de le manger, et de s'approprier ainsi l'esprit du mort.

Hérodote cite des peuples de Libye qui, pour consulter leurs dieux, se rendaient sur la tombe de leurs ancêtres et s'y endorment. Les songes qu'ils y faisaient dictaient leur conduite.

Dans la Bible, le roi Saül demande à la pythonisse d'Endor d'évoquer l'ombre du grand prêtre Samuel.

La nécromancie connut un regain au Moyen Âge, et ne tarda pas à se confondre avec les pratiques de sorcellerie. Pour évoquer les morts, dans certains cas, on se contentait de paroles sacramentelles, la nuit, dans un cimetière ou dans une cave, à la lumière d'un cierge de cire noire.

En d'autres cas, l'évocation s'entourait de mystères plus horribles. Le nécromancien avait recours à de macabres œuvres.

On plaçait la tête découpée sur un cadavre récent (éventuellement sacrifié) sur un plateau, au milieu de cierges, et au cœur de la nuit, la mâchoire s'ouvrait, et devait émettre un faible son censé être un message d'outre-tombe.

Légendes ? Sans doute, car en ces temps de crédulité, on colportait n'importe quels racontars, et lorsqu'un nécromancien avouait ses crimes, c'était sous la torture imposée par ses juges.

L'évocateur pouvait aussi faire apparaître un fantôme muet qui, d'un geste, répondait à la question posée. Ainsi un mage aurait-il fait apparaître à l'empereur Frédéric Barberousse l'âme de sa femme, reconnaissable à ses ornements impériaux !

NEPTUNE

En astrologie, dieu des mers, il a les pieds dans l'eau et la tête dans les étoiles. Le neptunien est artiste et mystique, rêveur et escroc. Il subit l'influence du monde environnant.

NOMBRES

Pour la divination par les nombres, voir **Numérologie**.

Jean de Poix, en 1652, dans son traité *Explication de l'utilité des anciens chiffres romains*, "récupère" les théories des Pythagoriciens de la Grèce antique et païenne pour en faire un acte de foi très chrétien, et écrit :

1 — Le nombre 1 est un nombre parfait, comme le nombre 6, parce qu'il est linéal, carré ou solide. Et d'autant qu'il est de si grande qualité et excellence, le Créateur l'a élu pour son essence, car il n'est qu'un seul Dieu de tout le monde ; une seule loi, à savoir la chrétienne ; une foi, la catholique romaine avec plusieurs autres dignités...

2 — *Le nombre* binaire, *c'est-à-dire 2, est un nombre de si grande utilité et prééminence, que Dieu l'a observé en plusieurs de ses œuvres, parce que premièrement il créa la lumière et les ténèbres.*

Ensuite de ce, il créa deux grands luminaires, à savoir le soleil et la lune...

En second lieu, il créa tous les animaux en double sexe, à savoir masculins et féminins ; après cela, il crée l'homme et la femme, auxquels il a fait plusieurs membres doubles, qui sont les deux yeux, deux oreilles, deux narines, deux bras, deux mains, deux jambes, deux pieds...

Ensuite il y a les passions que le corps humain souffre, comme joie et tristesse, espoir et peur, faim et soif, chaud et froid, boire et manger, dormir et veiller, santé et maladie, vivre et mourir, comme aussi tout relatif constitué en duplicité, comme le Créateur et la créature, père et fils.

Il y a aussi les opposites suivants, à savoir bonté et malice, vertu et vice, science et ignorance, sagesse et folie, vérité et mensonge, *de sorte qu'après l'unité, il se trouve plus de chose constituée par le nombre binaire qui est 2, que par aucun autre nombre qui soit au-dessus d'icelui...*

3 — *Le nombre* ternaire, *c'est-à-dire 3, est le nombre le plus parfait après l'unité entre tous les nombres, par les grands et hauts mystères qui se trouvent en lui. En premier lieu Dieu est trinité, c'est-à-dire Père, Fils et Saint-Esprit.*

Il a créé trois hiérarchies et en chacune hiérarchie trois sortes d'anges. En Jésus-Christ, il y a trois choses, à savoir la déité, l'âme et l'humanité.

En la sainte messe, le prêtre fait trois parties du corps de Notre Seigneur.

Trois ordres sacrés chantent la messe, à savoir le prêtre, diacre et sous-diacre. L'on chante à la messe trois fois sanctus, sanctus, sanctus. *En icelle on chante trois fois* Agnus Dei.

En la croix Notre Seigneur fut attaché par trois clous.

Il y a trois degrés de pénitence, à savoir contrition, confession et satisfaction.

Il y a 3 parties de satisfaction, 3 vertus théologales, 3 ennemis de l'âme : le monde, la chair et le diable... Anciennement, le monde n'était divisé qu'en trois parties, Europe, Asie et Afrique.

Selon Agrippa, dans sa *Philosophie occulte*, de 1727 :

5 — On voit dans l'herbe penta-philon, appelée quintefeuille, les vertus qu'ont les nombres, car par la vertu de ses cinq feuilles, elle résiste aux poisons, chasse les démons, contribue à l'expiation, et, en prenant une de ses feuilles deux fois par jour dans du vin, guérit les fièvres.

7 — Le nombre 7 a beaucoup d'efficace et de vertu, tant dans les choses saintes que dans les naturelles.

Il faut rapporter ici les 7 jours, 7 planètes, 7 pléiades, 7 âges du monde, 7 changements d'homme, 7 arts libéraux, 7 couleurs, 7 métaux, 7 trous à la tête de l'homme, 7 montagnes de Rome, 7 rois romains, 7 sages du temps du prophète Jérémie, 7 sages dans la Grèce.

Rome brûla 7 jours du temps de Néron; sous 7 rois on fit mourir dix mille martyrs. Il y a 7 actes solennels pour le couronnement de l'Empereur.

Il faut 7 témoins pour un testament. Le prêtre salue 7 fois à la messe; il y a 7 sacrements et 7 ordres de clercs. À 7 ans on peut recevoir l'ordre mineur et posséder un bénéfice sans charge. Adam et Eve ont été 7 heures dans le Paradis.

Enfin ce nombre a une très grande vertu, tant dans les bons que les mauvais augures.

12 — Dans les *Œuvres* du curé Belot (XVIIᵉ siècle), on trouve, pour le nombre 12 : *notre corps est composé de 12 principaux membres* (mais l'abbé n'en cite que onze), *qui sont la tête, le col, les bras, la poitrine, le cœur, le ventre, les reins, les génitoires, les genoux, les jambes, les pieds.*

NOSTRADAMUS

Michel de Notredame est né le 14 décembre 1503 à 12 heures de Jaume de Notredame, notaire et clavaire (trésorier) à Saint-Rémy de Provence, et de Reynière, fille d'un médecin juif de Saint-Rémy. Michel de Notredame passe son enfance à Saint-Rémy, en grande partie auprès de son grand-père (ou arrière-grand-père) Jean de Saint-Rémy qui lui aurait donné la curiosité et le goût des sciences : il l'aurait initié aux mathématiques (science uniquement pratiquée à l'époque par les astrologues) et à l'astrologie.

Selon son disciple Jean-Aimé de Chavigny, Michel de Notredame serait allé, adolescent, poursuivre ses études en Avignon, et se serait intéressé à tous *les phéno-mènes mystérieux* d'alors, étoiles filantes, météores, astres, brouillards... Il y aurait aussi appris la grammaire, la rhéto-rique, la philosophie.

Il passe son baccalauréat ès arts, désirant être astrologue, mais son père l'oriente vers la médecine, métier jugé moins dangereux et dans le cadre duquel il peut exer-cer, conformément aux pratiques de l'époque, l'astrologie.

Vers 1520, la peste, apportée du Languedoc en Avignon, se répand dans tout le Comtat Venaissin. La Faculté doit sus-pendre ses cours et Michel de Notredame, à peine âgé de vingt-ans, apprend à combattre la ter-rible maladie.

Le 23 octobre 1529, Michel de Notredame est admis à la célèbre faculté de médecine de Montpel-lier, l'une des grandes universités médicales de l'époque.

Michel de Notredame s'installe comme médecin à Agen. La femme qu'il épouse (et dont on ignore le nom) lui aurait donné deux enfants, morts avec leur mère, lors d'une épidémie de peste.

En 1543, Michel de Notredame atteint la quarantaine, et se rap-proche de la Provence : Vienne puis Valence. En 1546, il réussit l'exploit d'enrayer l'épidémie de peste à Aix-en-Provence, en appliquant une double méthode.

D'une part il exige une hygiène rigoureuse, les cadavres étant ensevelis dans la chaux vive, et tout ce qu'ils ont touché étant jeté au feu, d'autre part il prescrit aux bien portants une sorte de vacci-nation découverte par Paracelse dont il connaissait le secret, avec ordre de se réfugier dans le mas-sif de la Sainte-Baume.

Le 11 novembre 1547, il se marie avec Anne Ponsard, de Salon, veuve de Jean Beaulieu. Il voyage ensuite en Italie, pour, en 1550, définitivement se fixer dans le pays de sa femme, Salon-de-Provence, et se consacre à sa famille, à ses concitoyens et à la publication de son œuvre.

Michel de Notredame utilise, pour soigner les malades, l'astro-logie médicale, les préceptes de Galien, des médicaments par les plantes qu'il fait fabriquer par un apothicaire de Marseille. En 1553, il finance le canal qui amène l'eau de la Durance à

Salon, construit par son ami Adam de Craponne. En 1555, il publie à Lyon ses sept premières *Centuries*. Il est invité à la cour de France par Catherine de Médicis pour tirer l'horoscope des enfants royaux.

En 1559 a lieu le funeste tournoi entre le roi Henri II et son capitaine des gardes, Montgomery. Le roi, qui a reçu un éclat de lance dans l'œil, meurt, malgré les soins d'Ambroise Paré. Épisode qui va contribuer indirectement à la renommée de Nostradamus. Dans la *Centurie* I, 35, n'a-t-il pas écrit, quatre ans auparavant :

Le Lyon jeune le vieux surmontera
En champ bellique par singulier duelle,
Dans cage d'or les yeux lui creuera,
Deux classes vne ; puis mourir de mort
cruelle.

Sur la recommandation de Catherine de Médicis, il est nommé médecin et conseiller du roi de France. À Salon, des fanatiques catholiques le soupçonnent d'être luthérien.

Il envisage de s'installer dans les États pontificaux, en Avignon, mais la menace s'estompe. En 1564, la cour de France vient lui rendre visite à Salon. Il est confirmé officiellement dans ses titres de médecin et conseiller du Roi. C'est au cours de cette visite que Michel de Notredame aurait prédit la royauté à Henri de Navarre, futur Henri IV, alors âgé de dix ans.

Michel de Notredame souffre de la goutte, et pressent, à presque soixante-trois ans, sa mort prochaine. Il rédige son testament le 17 juin 1566, et meurt dans la nuit du 2 juillet.

La première édition des *Centuries* parut à Lyon en 1555, la seconde à Avignon en 1558, la troisième à Paris en 1568, complétée par son fils César de Notredame.

César de Notredame, né à Salon en 1555, mort à Saint-Rémy en 1629, s'adonne, après des études de droit, aux lettres et aux arts. Louis XIII lui confère le titre de gentilhomme ordinaire de la chambre.

Michel de Nostradamus, le second fils du devin, dit *Nostradamus le Jeune*, et cadet de César, tente, avec moins de succès, de prédire l'avenir comme son père, et composera même un *Traité d'astrologie* (1563).

Mais sa funeste gloire lui vient de la bourgade du Vivarais, Le Pouzin : ayant prédit que la ville, assiégée par les troupes royales, serait détruite par les flammes, et pour ne pas se donner tort, il mettra lui-même le feu à plusieurs maisons.

LES CENTURIES

Qu'est-ce que les *Centuries* ?

Nostradamus, sans doute sympathisant des Réformes, devant les dangers dus à la guerre civile entre Catholiques et Protestants (il a failli par deux fois périr de la main de fanatiques) aurait occulté ce qu'il avait découvert sur l'avenir de l'humanité.

Les *Centuries* sont un long poème de mille quatrains (quatre vers chacun), censé raconter les événements à venir du XVIe siècle jusqu'à une époque indéterminée.

Depuis quatre cents ans, de nombreux commentateurs ont essayé de prédire l'avenir à partir de ce texte obscur en vieux français sans repères chronologiques.

La véracité de ses prédictions dépend de l'habileté de ses traducteurs… On lui a tout fait dire, ou presque : la mort du dauphin Louis XVII, Hitler, la seconde Guerre mondiale, la guerre froide, la chute du communisme.

Même des informaticiens ont tenté de le décrypter. Jusqu'à présent, ses exégètes ont surtout démontré la véracité de ses écrits à partir d'événements passés ; les clefs de l'avenir selon Nostradamus sont encore à trouver.

NUMÉROLOGIE

Voir **Nombres**.

Art divinatoire qui utilise les chiffres (qui sont la représentation des nombres). Hébreux, Égyptiens, Chinois, Grecs... ont utilisé les chiffres avant même que d'utiliser les lettres.

Le savant, qui était aussi magicien, était celui capable de maîtriser les chiffres, de s'en servir pour compter, mais aussi pour élever des temples.

Les mathématiciens, à l'instar de Pythagore, étaient aussi des philosophes. On doit à Pythagore cet adage : *Tout est arrangé d'après le nombre* (voir **Carré magique**). Pour l'homme qui raisonne par les nombres, le hasard n'existe pas. La **Kabale** (voir ce mot) des Hébreux étudie aussi le mystère des chiffres, pour déchiffrer les messages codés de la Bible.

Au cours des siècles, les mathématiciens l'emportent sur les devins. Au début du XXe siècle, la numérologie, adaptation moderne des théories pythagoriciennes prend son essor.

C'est une méthode divinatoire simplifiée, accessible à tous, sans rituel.

La numérologie se base sur la symbolique des chiffres de 1 à 9, plus le 11 et le 22. Le 0, symbole de vide, est exclu.

Les lettres ont elles aussi une correspondance chiffrée (Valeur des lettres de l'alphabet latin sur tableau ci-dessous).

À partir de l'équivalence entre les lettres de l'alphabet et les nombres, on détermine divers indices divinatoires qui aideront à définir sa personnalité et à faire des choix d'avenir. Quand un nombre est supérieur à 9, on le réduit jusqu'à obtenir un nombre compris entre 1 et 9 : ainsi 32, se décompose en 3 + 2.

1	2	3	4	5	6	7	8	9
A	B	C	D	E	F	G	H	I
J	K	L	M	N	O	P	Q	R
S	T	U	V	W	X	Y	Z	

LE NOMBRE DE VIE
(CHEMIN DE VIE)

Il s'obtient en additionnant les chiffres des jour, mois et année de naissance. Une personne née le 27 mars 1961 aura pour nombre de vie : 27 + 3 + 1961 = 1991, soit 1 + 9 +9 + 1 = 20, soit 2 (le 0 ne compte pas).

Le *nombre de vie* est le reflet de l'existence, de la destinée de chacun.

Nombre de vie 1

Indépendance, goût de l'action, énergie. Peut-être avez-vous un peu trop de confiance en vous. Les défis ne vous font pas peur, les échecs vous stimulent.

Nombre de vie 2

Vous êtes un "animal social", vous vous épanouissez avec les autres, vous accordez une grande importance au couple et à la vie familiale.

Veillez toutefois à ce qu'on n'abuse pas de votre gentillesse, et de votre timidité, dans laquelle certains voient de la naïveté.

Nombre de vie 3

Optimisme et sociabilité, créativité et ambition : beaucoup de moyens, mais une tendance à céder à la facilité. À vouloir être trop brillant, on se disperse…

Nombre de vie 4

Le travail ne vous fait pas peur. Rigueur et courage sont vos caractéristiques. Une tendance au pessimisme et à l'entêtement.

Nombre de vie 5

Goût des voyages, de l'aventure, de la liberté. Une certaine témérité aussi, et de l'inconstance. Mais il vous faut de l'imprévu.

Nombre de vie 6

Vous aimez l'harmonie, recherchez la sincérité. Votre générosité peut vous amener à l'erreur. Domptez votre sensibilité, soyez conciliant, car on vous admire.

Nombre de vie 7

Votre goût de l'indépendance va jusqu'à celui de la solitude. Vous avez de grandes capacités de réflexion et d'introspection, certes, mais vous devez apprendre à écouter les autres, et la vie vous sera plus facile.

Nombre de vie 8

Audace et goût du pouvoir, de la lutte, avidité de réussite. Cet appétit ne serait-il pas un complexe d'infériorité déguisé ?

Nombre de vie 9

Intuition et curiosité, mais aussi une tendance au rêve et à l'indolence. L'idéalisme, c'est bien, mais il est des réalités terrestres qu'il faut savoir assumer !

NOMBRE PERSONNEL

C'est la somme de vos prénom (nombre actif) et nom de famille (nombre héréditaire) transformés en nombres. Se reporter à la grille en début d'article. Ainsi Pierre = 7 + 9 + 5 + 9 + 9 + 5 = 44 = 4+4 = 8
Marie = 4 + 1 + 9 + 9 + 5 = 28 = 2 + 8 = 10 = 1
Ajouté au *nombre de vie*, le *nombre personnel* donne le *nombre cosmique*. On peut aussi y ajouter la date du jour où l'on pratique l'oracle ; les possibilités sont nombreuses, les interprétations aussi.

Chaque numérologue professionnel a sa propre grille. D'une manière générale, sachez, à des fins oraculaires que la magie (ou philosophie) des nombres, notamment d'après les Pythagoriciens, est la suivante :

1 est le principe — masculin — de création, le début de tout, le père des nombres. Symbolise énergie, concentration, ambition, autonomie et enthousiasme.

2 est le principe - féminin - de la dualité, de l'opposition qui peut être constructive ou négative : blanc et noir, masculin et féminin, bien et mal… Le 2 est la mère des nombres. Il symbolise l'association, la réciprocité, l'équilibre, la souplesse, la sensibilité, mais aussi la faiblesse.

3 est le principe de la vie, de l'expansion, la somme de 1 le père + 2 la mère, le principe céleste des pythagoriciens (et aussi dans plusieurs religions : trinité divine des chrétiens), le résumé du destin (naissance, croissance, mort). Symbole de souplesse, d'intelligence, de créativité, d'adaptation et de réussite.

4 est le principe de la stabilité, des phases de la vie (enfance, jeunesse, maturité, vieillesse), le symbole de la Terre, avec ses 4 points cardinaux… Le chiffre parfait pour les pythagoriciens (voir **Carrés magiques**). Il symbolise le travail, la solidité, la persévérance, l'honnêteté et le sens du devoir.

5 est le principe de l'Homme (cinq sens, cinq extrémités…), le *nombre nuptial* des pythagoriciens, car il est la somme du 2 (principe féminin) et du 3 (principe divin), le chiffre avec lequel on dessine des pentacles, pentagones magiques (voir **Talisman**). Il symbolise l'union, l'harmonie, l'équilibre, le génie et la décontraction, le goût de l'aventure et le changement.

6est le principe de l'harmonie et de la création : l'Homme créé le sixième jour d'après la Bible. Nombre consacré à Vénus déesse de l'amour physique chez les Grecs... Il symbolise l'équilibre sentimental, le réalisme et l'amitié, le sens des responsabilités.

7est le principe de la spiritualité, de la vie éternelle chez les Égyptiens, du cycle complet de l'univers (3 chiffre céleste + 4 symbole de la Terre), le chiffre magique par excellence. Il symbolise la chance et le mystère, la grandeur et la spiritualité, la méditation et la recherche, la sagesse et... la chance.

8est le principe de l'équilibre cosmique (pour Pythagore) de la régénération, puisque le 8e jour est celui de la résurrection, pour les chrétiens). Le Vishnou des hindous a 8 bras, 8 sentiers mènent au nirvana... Il symbolise le courage, la persévérance, l'ambition et le pouvoir, l'autorité. Étant le double de 4, il reprend sa symbolique et ses caractéristiques.

9est le principe de l'achèvement d'un cycle, donc le début d'un autre. Sa particularité numérologique est que, multiplié par lui-même, il donne toujours... 9 (9 x 9 =81 = 8 + 1 = 9; 81 x 9 = 729 = 7 + 2 + 9 = 18 = 1 + 8 = 9... — principe de la preuve par 9).

L'Homme naît après 9 mois de gestation. Il symbolise la richesse sentimentale, l'intelligence, l'altruisme, mais aussi l'autorité morale et l'égocentrisme.

NYMPHOMANIE

De nymphes, ces naïades qui vivaient près des sources et des fontaines, à l'ombre des arbres, et qui rendaient fous d'amour les hommes qu'elles séduisaient. "Ces esprits des eaux étaient des démons femelles", écrit l'abbé Migne dans son *Dictionnaire des sciences occultes*, en 1848.

À l'inverse, pour rendre folle d'amour une dame qui n'était pas née nymphe, il y avait des philtres d'amour (voir ce mot).

Mais il existait aussi des recettes pour calmer l'ardeur des dames, notamment celles dont les époux étaient soupçonneux.

Pour modérer, selon les *Secrets merveilleux du Petit Albert,* de 1772, le trop grand désir de l'action de Vénus dans la femme, il faut réduire en poudre le membre génital d'un taureau roux, et donner le poids d'un écu de cette poudre dans un bouillon composé de veau, de pourpier et de laitue à la femme trop convoiteuse, et l'on n'en sera plus importuné. Au contraire, elle aura aversion de l'action vénérienne.

O

OBSIDIENNE

*(roche volcanique
noire, brune ou verte)*
Les Amérindiens faisaient des
outils tranchants en la retaillant.
L'obsidienne aide à affirmer sa
volonté, développe l'énergie.

ŒIL

Avoir le mauvais œil, c'est être
porteur de malédiction.
L'œil, "miroir de l'âme", a toujours suscité des interprétations
divinatoires. Les Égyptiens
ornaient d'yeux les sarcophages
pour que les morts continuent à
surveiller le monde qu'ils
venaient de quitter. L'oujdat
égyptien, un œil de profil orné
d'une larme, était une amulette
réputée pour son efficacité protectrice. La proue des bateaux
était ornée d'un œil pour s'attirer
les grâces de Neptune (on la
trouve encore sur les barques de
pêcheurs maltais).
L'interprétation de la couleur des
yeux et de la profondeur du
regard a fait l'objet de nombreuses théories.
On chantonne encore dans les
cours de récréation :
Yeux verts, yeux de vipère,
Yeux bleus, yeux d'amoureux,
Yeux marrons, yeux de cochons.
Autre dicton,
Yeux bleus vont aux cieux,
Yeux verts en enfer
Yeux gris en paradis,
Yeux noirs au purgatoire.
D'après Bartolommeo Cocles
(1467-1504), un métoposcopiste
célèbre, les *yeux grands et ronds*
sont ceux d'un paresseux, d'un

inconstant. Les *yeux petits et enfoncés* sont des gens de mauvais caractère, soupçonneux et impudiques. Les *yeux petits et ronds* sont ceux d'un timide et d'un crédule. Les *yeux obliques* sont ceux d'une personne habile et malicieuse, voire malhonnête.

Qui voit les yeux voit les cils : retroussés, ils sont ceux d'un individu hautain, vindicatif ; recourbés vers le bas, ils sont ceux d'un individu rusé, paresseux et secret.

ŒNOMANCIE

Divination par le vin. On analyse sa couleur et ses reflets, ou ce qui se passe autour de soi, tandis qu'on le boit.

ŒUF

Voir **Oomancie**.

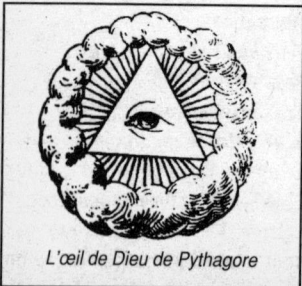

L'œil de Dieu de Pythagore

OMPHALOMANCIE

Divination propre aux sages-femmes, qui déterminaient combien la mère aurait d'enfants en comptant les nœuds adhérant au nombril du nouveau-né

ONIROMANCIE

Voir aussi **Rêves (interprétation)**.

Depuis que l'homme dort, sous le regard des étoiles, il rêve. Et il n'a eu de cesse, par l'intermédiaire d'un chaman, d'une Sibylle, d'un prêtre ou de lui-même, d'interpréter ses visions nocturnes, ses rêves comme ses cauchemars, ses fantaisies comme ses hallucinations.

Le songe est l'une des plus archaïques méthodes de divination, qui continue à faire… rêver.

Les Anciens étaient persuadés que pendant la somnolence, les dieux, les fantômes et les esprits profitaient de la léthargie des dormeurs pour les visiter et leur transmettre des messages.

Les Grecs malades allaient dormir dans les temples d'Asklépios (dieu de la médecine) et le matin, ils confiaient leurs visions aux prêtres-médecins attachés au temple. Ils plaçaient aussi une branche de laurier près de leur tête, avant de s'endormir, afin d'éviter des rêves fâcheux. Selon Homère et Virgile, les rêves ne pouvaient sortir que par deux portes. La **porte d'ivoire** ne laissait passer que des rêves sans valeur divinatoire, **la porte de corne**, au contraire, s'ouvrait sur des visions prémonitoires.

Pour Aristote, les rêves n'étaient pas des communications divines en langage symbolique, mais des impressions du dormeur grossies pendant l'état de veille par son imagination.

Saint Thomas d'Aquin en a fait une synthèse : il existe des rêves "naturels", et des rêves inspirés par Dieu. Homme d'Église, il suggéra une troisième voie, celle des rêves suscités par le Diable.

Car la religion chrétienne, qui pourtant se défia des superstitions, fit la part belle au rêve, au point d'imposer le silence aux scolastiques qui prétendirent, en citant Aristote, que les rêves étaient des chimères.

La Bible ne manque pas de patriarches (Joseph, fils de Jacob, et le Pharaon) ou de prophètes (Jacob et son échelle, Moïse…) dévoilant l'avenir en interprétant des songes.

Joseph, époux de Marie, est averti de sa paternité et est invité à fuir en Égypte par des songes. L'épouse de Pilate intervient en faveur de Jésus à la suite d'un

cauchemar… Il se trouva toute-fois des théologiens pour avertir les bons chrétiens que bien des songes pouvaient venir du démon, surtout quand il s'agissait de phantasmes nocturnes d'où la chair n'était pas absente…

Rêves "historiques", ceux de Marie de Médicis, qui la veille de l'événement, vit son mari Henri IV assassiné, et celui d'Henri III qui, trois jours avant d'être poignardé par le moine Clément, entrevit *tous les ormemens royaulx, comme camisolles, sandales, tuniques, dalmatiques, manteau de satin azuré, le sceptre et la main de justice, tout ensanglantez et foulez aux pieds par des moynes.*

En 1530, l'astrologue lyonnais Jean Tibault, s'inspirant peut-être de l'ouvrage du Grec du 1er siècle Artémidore, première méthode d'interprétation écrite, édita *La Physionomie des Songes et Visions fantastiques des personnes*, qui devint la bible des oniromanciens.

Nombre de ses sentences, inspi-rées par la vie rurale, sont deve-nues dictons, et ont servis de références à ceux qui cherchaient à interpréter des rêves trop sulfu-reux pour être confiés à des devins, ou curés bien-pensants.

◆ Arbres abattus par terre signi-fie dommage.

◆ Songer être un arbre signifie maladie.

◆ Voir un arbre sec signifie déception.

◆ Voir un arbre avec ses fruits signifie gain et profit.

◆ Se voir argent manger signifie grand profit.

◆ Porter un arc signifie désir et tourment.

◆ Aller à la messe signifie hon-neur et joie.

◆ Avoir un bâton en sa main signifie maladie.

◆ Avoir barbe rasée signifie errances.

◆ Adorer Dieu signifie joie.

◆ Avoir la barbe longue signifie force ou gain.

◆ Avoir petite barbe signifie pro-cès ou noise.

◆ Avoir les bras faibles signifie tourment.

◆ Avoir beaux bras signifie tristesse.

◆ Avoir bras secs est mauvais signe.

◆ Avoir deux têtes signifie com-pagnie.

◆ Avoir des cheveux longs signi-fie honneur.

◆ Avoir la tête tondue signifie dommages.

◆ Arracher ses dents signifie mort de quelqu'un.

◆ Avoir audience de l'empereur signifie gain.

◆ Avoir robe rouge signifie sang, ou saignement.

◆ Avoir les dents sanguinolentes signifie maladie et mort.

◆ Boire eau claire signifie plaisir.

◆ Boire eau croupie signifie maladies.

◆ Brûler une maison ou la voir brûler signifie scandale.

◆ Broyer du poivre signifie mélancolie.

◆ Embrasser quelqu'un signifie dommage (*baiser de Judas*).

◆ Chaussure neuve signifie consolation.

◆ Chaussure vieille signifie tristesse.

◆ Boire du vin trouble signifie bien.

◆ Boire du vin blanc signifie santé.

◆ Boire du lait est bon signe.

◆ Voir chandelle allumée signifie colère ou querelles.

◆ Tomber à l'eau et ne pouvoir se lever signifie mort ou danger.

◆ Entendre cloches sonner signifie diffamie (à rapprocher de l'expression *se faire sonner les cloches*, à la suite d'une bévue).

◆ Couper du lard signifie mort de quelqu'un.

◆ Couper du pain d'orge signifie être molesté.

◆ Cueillir du raisin signifie dommage.

◆ Voir des charbons ardents signifie calomnies d'ami.

◆ Cheminer avec bête à quatre pieds signifie maladie.

◆ Coucher avec une paillarde (ou avec sa mère !) signifie bonnes affaires financières.

◆ Coucher avec sa sœur signifie péril.

◆ Voir ses frères et sœurs morts signifie longue vie.

◆ Faire œuvre de chair avec sa femme signifie péril et danger pour elle.

◆ Voir corbeau emporter sa maison signifie destruction de son bien.

◆ Donner un anneau signifie dommage.

◆ Donner un couteau signifie iniquité.

◆ Voir dragon signifie pain.

◆ Voir la lune tomber du ciel signifie maladie.

◆ Manger du fromage signifie gain.

◆ Manger des racines signifie accord.

◆ Manger de la charogne signifie tristesse.

◆ Manger de la chair humaine signifie labour et travail.

◆ Entendre corbeau signifie tristesse.

◆ Entendre des chiens aboyer, et en être fâché, signifie vaincre ses ennemis.

◆ Entendre un coq chanter signifie bon temps.

◆ Voir un âne assis sur son cul signifie labour.

◆ Voir un âne signifie malice.

◆ Voir un cheval blanc signifie joie. S'il est noir, tristesse.

◆ Voir un moine signifie malheur.

◆ Chanter des psaumes signifie empêchement dans les affaires et gêne financière.

◆ Voir une poule pondre signifie gain.

◆ Voir des mamelles pleines de lait signifie gain.

Pour provoquer le "bon" songe, on n'hésitait pas à tricher : Cardan mentionne un onguent fait du suc des feuilles et branches du peuplier, qui produit abondance de songes heureux.

Autre recette magique, à l'usage d'un jeune homme impatient qui veut voir en songe celle qu'il épousera :

Délayer du corail pulvérisé et de la fine poudre blanche d'aiman (limaille de fer ?) avec le sang d'un pigeon blanc. En faire une pâte que l'on enfermera dans une grosse figue après l'avoir enveloppée de taffetas bleu. Pendre cette amulette à son cou et se coucher, non sans avoir glissé sous l'oreiller le pentacule du samedi, en récitant une oraison...

Oraison et pentacule qui, hélas, ne nous sont pas parvenus...

Les philosophes, au XVIIIe siècle, balayèrent devins et "songes creux". Le culte de la Raison ne pouvait s'accommoder de telles superstitions.

Mais au siècle suivant, l'on recommença à se passionner pour les songes. Au XXe siècle, Jung, Bachelard et les "psys" justifièrent la symbolomancie (divination par les symboles), en expli-

Voir un moine signifie malheur...

quant que le rêve, refuge de l'inconscient, plonge ses racines psychiques dans le fond commun de l'espèce humaine.

Les symboles ont évolué, et leurs interprétations diffèrent, selon le dormeur, et selon le voyant.

QUADRUPÈDES

Agneau : tranquillité. *S'il broute* : grosse frayeur. *Si vous l'avez tué* : gros soucis.

Âne : sexualité, adultère. *S'il court* : tristesse à venir. *Immobile* : médisances à votre endroit. *S'il brait* : grosse fatigue.

Belette : femme méchante, procès. *Si vous l'avez tuée* : bénéfice important.

Bélier : tyrannie. Évolution d'une situation bloquée.

Bœuf : *gras* ; abondance. *Maigre* : perte d'argent.

Brebis : Vie calme, apaisement.

Cerf : triomphe sur l'ennemi.

Chat : trahison de vos amis.

Cheval : *blanc* ; réussite. *Noir* : chagrin. *Roux* : guerre. *Gris* : vie troublée. *Sellé, attelé* : succès. *Galopant* : ennuis.

Chèvre : destin capricieux. *Blanche* : entreprise heureuse. *Noire* : malheur proche.

Chien : porte-bonheur, surtout *s'il aboie*. *Blanc* : joie. *Gris* : malheur. *Noir* : situation bouleversée. *Jaune* : ruine.

Éléphant : excellent présage. Victoire sur les ennemis.

Gibier : *mort ;* gain. *Faisandé* : argent perdu. *Vivant* : fortune à venir.

Hérisson : difficultés.

Hyène : mauvais présage.

Jaguar : mauvais présage.

Lapin : *Blanc* : succès. *Noir* : difficultés. *Si vous le mangez* : guérison, bonne santé. *Si vous l'avez tué* : trahison.

Licorne : échecs ; réussite *si vous l'avez capturée.*

Lièvre : chance.

Lion : triomphe.

Loup : amour fidèle.

Louve : infidélité, adultère.

Ours : Ennemis sournois.

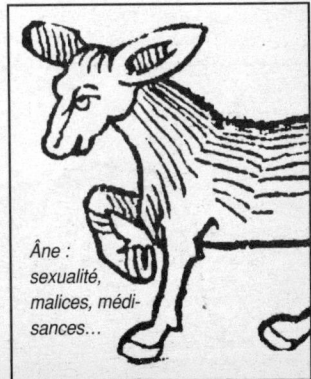

Âne : sexualité, malices, médisances...

Panthère : mauvais présage.
Rat : ruine, ennemis cachés.
Sanglier : ennemis acharnés.
Singe : moquerie.
Souris : gaîté. Perte d'argent.
Taupe : trahison. Réussite pénible.
Taureau : réalisation certaine.
Tigre : mauvais présage.
Vache : bon présage.

ANIMAUX DIVERS

Abeille : profit pour les pauvres, rien pour les riches. *Si elle pique* : échec.
Anguille : retard dans ses entreprises. *Morte* : réussite.
Araignée : procès, intrigues, trahisons. *Si on la tue* : gain important.
Chauve-souris : porte-bonheur selon certains, chagrins et trahisons selon d'autres. Péril nocturne si son vol est insistant.

Chenille : trahison.
Coquillages : intrigues.
Crapaud : empoisonnement, ou belle amitié.
Dragon : danger. *Si on le tue* : présage heureux.
Grenouille : commérages.
Guêpe : méchanceté.
Hanneton : importunités.
Huîtres : gain *si on les mange.*
Lézard : persécution.
Limace ou **limaçon** : succès, honneurs.
Mouche : mesquineries.
Papillon : instabilité.
Poissons : grandes espérances, voyages. *Gros* : réussite. *Petit* : difficultés.
Scorpion : diffamation.
Serpent : guérison, avancement, débauche amoureuse.
Vampire : danger pour le dormeur ou l'un de ses proches.
Ver de terre : travail obstiné.
Vermine : gains fructueux.

Lion : triomphe !

OISEAUX

Aigle : incendie, catastrophe. *S'il vole haut* : Événement heureux. *S'il pique sur le dormeur* : présage funeste.
S'il est blessé : perte d'argent.
S'il est mort : ruine.
Alouette : fortune rapide, *si elle vole haut. Si elle chante* : gain appréciable.
Caille : difficultés.
Chouette : mauvais présage.
Colombe : succès, bonheur.
Coq : *s'il chante* ; succès. *S'il ne chante pas* : querelles de voisinage. *S'il cache sa tête sous son aile* : orages à venir.
Corbeau : défaite, chagrin.
Corneille : bon présage.
Cygne : *blanc* ; bonheur. *Noir* : tracas, procès.
Dindon : folie d'un proche, ou erreur de jugement.
Faisan : bonne santé, mariage.
Héron : *s'il vole à gauche* ; insuccès. *S'il vole à droite ou est posé sur une patte* : bonheur.
Hibou : mauvais présage.
Hirondelle : bonheur conjugal. *Si elle quitte la maison* : le malheur va y entrer.
Mouette : voyages heureux.
Oie : honneurs.

Crapaud : empoisonnement, ou belle amitié. Grenouille : commérages...

Paon : promesse d'un beau parti pour un mariage, de beaux enfants. Avancement de situation.
Perroquet : médisances.
Plumes : amours agitées.
Poule : médisances, fâcheries. *Si elle picore* : ruine.
Tourterelle : paix au foyer, amour réciproque.
Vautour : mauvais présage. Réussite sans scrupule.

VÉGÉTAUX

Arbre : il symbolise celui qui fait le rêve. *Renversé* : ennuis. *Planté en allée* : bonheur durable. *Vert ou fleuri* : joie inattendue. *Sec* : perte d'argent. *En forêt* : réussite pour les pauvres, perte pour les riches. *Foudroyé* : mauvais présage.

Acacia : malheur.

Blé : grossesse, naissance, entreprises nouvelles, richesse.

Bouquet : visite heureuse.

Cerise : *aigre* ; pleurs. *Sucrée* : bonne nouvelle.

Champignons : longue vie.

Chardon : déloyauté.

Chêne : longue vie, réussite.

Cyprès : mort, fin d'une entreprise, mais sans douleur.

Épines : obstacles, difficultés.

Feuilles : *en tourbillon* : ruine ou maladie. *Bruissantes* : joie.

Figuier : succès en amour, sensualité jusqu'à la débauche.

Fleurs : signe de joie, *si on les voit en saison. Blanches* : maladie, mort. *Rouges* : guérison.

Foin : profit. *Non coupé* : espérances justifiées. *Dans le grenier* : bonne affaire en cours.

Forêt : chagrins d'amour.

Genêt : abondance.

Grain : espérance.

Gui : chance, victoire, fidélité, joies familiales.

Haie : triomphe final.

Houx : bonheur caché.

Laurier : réussite, triomphe.

Marron : travail récompensé.

Navet : vaines espérances.

Noyer : danger.

Paille : *en litière* : misère. *En bottes* : aisance.

Pensée : mauvais présage. *En bouquet* : une promesse faite ne se réalisera pas.

Peuplier : amitié fidèle.

Pomme : danger pour les femmes.

Raisins mûrs : jouissance.

Rose : *épanouie* ; réussite totale. *En bouton* : espérance.

Sapin : réconfort, obstination et réussite finale.

Saule : tristesse.

Aigle : bonheur ou catastrophe, selon son vol...
Ci-contre, Forêt : chagrins d'amour.

OBJETS ET ÉDIFICES

Aiguille : méchanceté dans l'entourage.

Allumettes : empoisonnement.

Anneau, Bague : engagement, mariage ou divorce, prison. *Porter plusieurs bagues* : réussite financière.

Arc : succès, *si la flèche tirée atteint son but.*

Argent : *trouvé* ; chagrin. *Perdu* : réussite en affaires. *Ramassé* : prospérité.

Autel : sacrifice, souffrances, consolation.

Automobile, Avion : entreprise importante.

Baguette, Bâton : ascension sociale et financière.

Balai : ennemi démasqué.

Ballon : succès éphémère.

Barbe coupée : maladie.

Barque : petit voyage.

Bassin : voyages.

Bijou : affaire avantageuse.

Boucle : prison, confusion.

Bouclier : protection.

Boule : entreprise risquée.

Cabane : petit gain.

Cailloux : plus ils sont nombreux, meilleur est le présage.

Caisse : richesse, voyages.

Canon : *si on l'entend* : contrariété, fin d'une espérance.

Cartes : jeu dangereux.

Caverne : angoisse, *si l'on ne peut en sortir.*

Cendres : renouveau.

Cercle : *ouvert* ; heureux présage. *Fermé* : ennuis, tribulations.

Cercueil : grande fatigue, deuil familial.

Chaîne : fatigue, querelles.

Chandelle : triomphe.

Chapeau : soucis, *si on le perd.*

Charrette : travail pénible, mais réussite.

Charrue : réussite.

Château : événement heureux.

Cheveux : *arrachés* ; perte d'argent ou d'amis. *Coiffés* : maladie.

Cierge : maladie.

Ciseaux : mort d'un ami.

Clef : confidences. Progrès, réussite, *si elle ouvre une porte. Cas contraire* : échec d'une entreprise.

Cloche : alarme justifiée, *si on l'entend sonner.*
Clocher : aides imprévues.
Coffre : *plein* ; soucis, tracas. *Vide* : réussite.
Corbillard : réussite, triomphe.
Couronne : victoire difficile. *D'or* : honneurs. *D'argent* : santé. *De verdure* : plaisir.
Crâne : découverte, invention.
Croix : richesse, après avoir surmonté des obstacles. *Une seule croix* : mort éloignée. *Deux croix* : péril évité. *Trois croix* : honneurs. *Nombreuses croix* : prospérité.
Échelle : réussite après efforts.
Église : consolation, *si on y entre.*
Épée : réussite en affaires et en amour, *si elle est entière. Si elle est brisée* : deuil et maladie.
Escalier : *si on le monte* ; réussite. *Si on le descend*, perte d'emploi. *Si on en tombe* : maladie.
Fauteuil : fin des ennuis.
Flambeau : *allumé* ; bonheur. *Éteint* : ruine et querelle.
Flèche : souffrances.
Gare : voyage, départ pénible.
Gâteau : réussite en affaires, besogne agréable.
Gibet : réussite.
Grange, Grenier : *plein* ; richesse. *Vide* : ruine. L'inverse selon d'autres devins.
Grotte : danger, contraintes.
Hache : problèmes passagers, travaux pénibles.
Journal : ennuis financiers. *Si on le lit* : nouvelle agréable.
Lampe : attente, puis réussite.
Lance : victoire, avancement.
Lettre : absence de nouvelles.
Linge : *blanc* ; mariage proche. *Usé* : ruine. *Sale* : décès. *Le laver* : difficultés surmontées.
Lit : maladie.
Livre : succès long à venir.
Maison : tranquillité. *En ruine* : dangers familiaux.
Médaille : succès.
Miroir : calme. Ou trahison.
Navire : voyage heureux.

Château : événement heureux.
Tour : succès, ascension.

Œil : naissance, angoisse.

Or : réussite totale.

Os : heureuse rencontre.

Osselets : *côté concave* ; argent perdu. *Côté convexe* : argent gagné. *Sur le côté* : obstacle vaincu.

Pain : *blanc* ; joie proche. *Bis*, luttes et difficultés. *Frais* : bonheur futur. *Rassis*, ennui.

Perle : déception.

Phare : fidélité en amitié, protection.

Pied : réussite amoureuse.

Pierre : danger.

Porte : *ouverte* ; réussite. *Fermée* : déconvenues, et réussite finale, *si on finit par l'ouvrir*.

Prison : *y entrer* : fatigue. *En sortir* : labeur à venir.

Rocher : danger, prisons.

Sceptre : réussite provisoire.

Sel : Bons présages. Amertume, douleurs, *si on le renverse*.

Sillons : rapports sexuels.

Souterrain : angoisse, mort.

Table : calme, solidité morale, sérénité.

Tombe : danger de mort.

Tonneau : *vide* ; ennuis d'argent. *Plein* : prospérité.

Tour : succès, ascension.

Trésor : victoire finale après difficultés.

Tunnel : long travail à venir.

Vase : amour platonique.

Vêtements : *neufs* ; transforma-

tions à venir. *Usé :* insuccès, tristesse. *Blancs* : joie. *Noirs* : deuil.

Violon : entente conjugale.

Vin : obstacles à surmonter. *Vin répandu* : bonheur.

ONYMANCIE

Voir **Envie**.

Divination par l'ongle. On frotte l'ongle de la main droite d'un jeune homme ou d'une jeune fille vierge avec de l'huile d'olive ou, mieux, de l'huile de noix mélangée à de la suie, tandis que l'oracle récite l'Oraison dominicale, et en appelle aux Anges.

Si l'on veut savoir où se trouve de l'argent caché, il faut que l'oracle tourne son visage cers l'Orient et invoque l'ange Uriel, si l'on veut reconnaître des personnes, il faut qu'il se tourne vers le Midi et invoque l'ange Ariel. Quand il s'agit d'un larcin, il faut qu'il se tourne vers l'Occident et invoque l'ange Asyriel…

ONYX

(dioxyde de silicium noir, brun ou blanc)
Variété noire de l'agate, l'onyx aide à se concentrer, aide à lutter contre la surdité.

OOMANCIE

Art divinatoire avec un œuf. On étudie l'œuf soit dans son entier, soit une fois qu'il a été cassé, en interprétant les dessins filandreux du blanc, versé, par exemple, dans une assiette remplie d'eau, au bout de quelques heures (pour l'interprétation, voir **Cafédomancie**).

On peut aussi coaguler le blanc et le jaune de l'œuf avec de l'eau bouillante. Les Grecs tiraient des oracles en faisant éclater un œuf sur le feu.

Si, la nuit de la Saint Jean, on laisse dehors un verre d'eau contenant un blanc d'œuf, on lira le lendemain dans le dessin formé l'outil du métier du futur époux.

L'œuf, symbole de gestation, est utilisé en magie. Pour nuire à un ennemi, se procurer la coquille d'un œuf qu'il aura mangé à la coque (la coquille ne doit pas être entièrement brisée). Uriner dedans. Au fur et à mesure que l'urine s'évapore, la personne tombera malade.

Dans un œuf vidé de son blanc, le sorcier introduit des parties de corps de sa victime (cheveux, morceaux d'ongle, de peau), bouche l'œuf et l'enterre en souhaitant que l'envoûté souffre et meure.

C'est la raison pour laquelle il faut toujours briser la coquille de l'œuf que l'on a consommé.

L'œuf peut aussi être bénéfique : il protège la maison si, lors de sa construction, on en enterre un dans ses fondations. Le jour du mariage, on casse un œuf sur le parvis de l'église pour attirer la prospérité sur le couple et assurer à l'épousée des accouchèments faciles.

Enfin, le jaune d'œuf aurait des propriétés aphrodisiaques. Et si l'on ouvre un œuf qui a deux jaunes, il faut immédiatement faire un vœu.

OPHIOMANCIE

(Ou **Ophéomancie**.)
Chez les Grecs, on observait un
groupe de serpents et, de leurs
reptations, ou de leur appétit, on
tirait des présages. Les dieux
(Zeus, Esculape, qui en a un sur
son caducée) pouvaient prendre
l'aspect d'un serpent, animal à la
fois respecté et redouté.
Ce sont les chrétiens, avec le
mythe du démon tentateur d'Ève
déguisé en serpent qui en ont fait
un monstre, une créature d'autant
plus vile qu'elle rampe…

OR POTABLE

L'or est l'aboutissement des travaux de l'alchimiste. Pas pour
s'enrichir, mais pour guérir, et
confiner à l'immortalité, grâce à
l'or potable.
Or potable que Philalèthe (pseu-
donyme de l'Anglais Thomas
Vaugan, un chercheur du
XVIIIe siècle), dans sa *Moelle de
l'Alchimie*, décrit ainsi : sa
consistance est comme du miel,
sa couleur est rouge, son goût est
doux et agréable, et son odeur et
très bonne.
Il est notre arcane pour donner en
médecine aux animaux et végétaux. Pour Raymond Lulle, alchimiste du XIVe siècle, l'or potable,
mêlé à d'autres remèdes, enlève
les pustules de la tête et les
ordures des cheveux, la teigne et
les poux, les douleurs de tête et la
migraine.
Il retarde la corruption, le sommeil naturel et l'assoupissement.
Il guérit la mélancolie, la frénésie,
l'épilepsie, l'apoplexie, la paralysie, les spasmes, la surdité, la
puanteur des narines, le rhume,
l'enrouement, le crachement de
sang, la phtisie, la syncope, la
perte d'appétit, la faiblesse d'estomac, les vomissements, la colique,
les passions de l'anus (hémorroïdes), l'hydropisie, les passions
des reins (calculs), le bouchement
des conduits, la rétention des
menstrues, la goutte, les bubons,
les maux de dents…

ORACLES (JEUX D')

Dans l'Antiquité, les oracles étaient des réponses obtenues des dieux par l'intermédiaire des prêtres ou des sibylles.

À l'imitation des oracles anciens, plusieurs jeux de hasard, au cours des siècles, ont été imaginés.

À une question donnée, on faisait intervenir le sort pour obtenir une réponse préparée à l'avance, donc générique, donc forcément vague (à l'instar, par exemple, des horoscopes proposés par les journaux).

Ainsi le *dodéchedron*, au XVIᵉ siècle, jeu de société divinatoire, qui se jouait avec un dodécaèdre (dé à 12 faces). On le lançait sur un tableau divisé en compartiments, dont chacun représentait un symbole (fleur, animal…). On tenait alors compte, pour rendre l'oracle, de la case, et de la face exposée du dodécaèdre. Voici, par exemple, les réponses que l'on pouvait sortir de la case *Perroquet*, selon le chiffre du dé lancé :

I — Il peut à la dame tenir
Qui ne sait au point venir.
II — Celui-ci aura vie ferme
Jusqu'à son naturel terme.
III — Celui-ci est loyal et fidèle
Et son amour est de bon zèle.

IV — Tu auras un jour grande richesse
Par ton esprit et ta finesse.
V — Il aimera philosophie :
Son naturel le dit.
VI — On portera au captif telle envie,
Qu'il y sera toute sa vie.
VII — L'amant a le cœur plus volage,
La dame a bien meilleur courage.
VIII — On l'aimera et craindra,
Lorsque justice entretiendra.
IX — De ce présage je m'étonne,
Il te prédit honte et vergogne.
X v On lui a fait certainement,
Un cas qui lui luit grandement.
XI — L'un et l'autre sont fort joyeux
Mais la chasse j'aimerais mieux.
XII — Je ne crois pas qu'il advienne
Que jamais en grâce revienne.

Tout l'oracle du *dodéchedron*, est dans la rime et la formule sibylline !

Les jeux de société oraculaires, sous forme de roue de la fortune ou d'ouvrages divisés en questions/réponses, présentaient des devises sybillines, plus ou moins galantes et spirituelles.

On les consultait davantage dans des buts récréatifs que pour déterminer son avenir.

Ainsi, dans le *Panthéon ou temple des oracles divertissants*, de 1654, à la question de savoir si une religieuse sera abbesse, on trouvait les réponses suivantes, en forme de quatrain, selon la case désignée par le sort (jet de dés ou roue de la fortune) :

◆ *Votre vouloir n'est pas d'être mauvaise fille,*
Ni de faire jamais votre mari cornu;
Mais ce mal à beaucoup souvent est advenu,
Comme il vous adviendra, pour avoir été malhabile.

◆ *Vous serez amoureuse éperdu-ment d'un homme,*
Qui en vous aimera que si vous l'y contraignez.
Mais ne lui montrez pas, ainsi le dédaignez;
C'est ainsi que pourrez le rendre

épris en somme.
◆ *Passe joyeusement ce temps en allégresse,*
Tu jouiras un jour des biens que tu prétends.
Et cela n'adviendra dedans bien peu de temps,
Car il est destiné que tu seras abbesse.

On notera l'imprécision des réponses, au regard de la netteté de la question.

ORDALIE

L'ordalie, c'était le jugement de Dieu réalisé par des moyens "naturels", feu, eau ou autres... On retrouve le procédé chez les Germains, chez les Scandinaves mais aussi en Inde : *Que le juge fasse prendre du feu à celui qu'il veut éprouver ou qu'il ordonne de le plonger dans l'eau. Celui que la flamme ne brûle pas, que l'eau ne fait point surnager doit être reconnu comme véridique,* dit un vieux code indien.

L'ORDALIE PAR LE FEU

Ce jugement de Dieu était surtout réservé aux nobles et aux ecclé-siastiques dispensés de combat.
Une barre de fer — bénite et conservée dans une église — était

chauffée et plus ou moins rougie, selon la gravité du crime et la décision des juges.

L'accusé, qui, au préalable, avait jeûné trois jours au pain et à l'eau et entendu la messe, devait la prendre plusieurs fois à pleines mains, ou la transporter sur quelques mètres. Ses mains étaient enfermées dans des sacs scellés. Trois jours après, les sacs étaient ôtés : si les mains ne portaient aucune trace de brûlure, l'accusé était déclaré innocent.

Il y avait des variantes : on pouvait mettre la main de l'accusé dans un gantelet rougi au feu, ou ses pieds dans des brodequins de fer rouge (L'Inquisition réutilisera ces brodequins, pour arracher des aveux à ses victimes).

Il devait aussi marcher sur des socs de charrues rougis (9 socs chez les Germains), où passer en travers d'un bûcher (chez les Grecs, il devait traverser pieds nus une tranchée emplie de braises ardentes).

L'ORDALIE
PAR L'EAU BOUILLANTE

L'accusé devait prendre, au fond d'un baquet rempli d'eau bouillante, et à une profondeur proportionnelle à la faute reprochée, un anneau bénit. Le bras était ensuite enfermé dans un sac scellé et, au bout de trois jours, s'il n'y avait aucune trace de brûlure, l'accusé était innocenté.

L'ORDALIE PAR L'EAU FROIDE

Le jugement par l'eau froide, qui méconnaissait le principe d'Archimède, consistait à jeter dans une cuve pleine d'eau l'accusé dont on avait lié la main droite au pied gauche, et la main gauche au pied droit.

Si le corps s'enfonçait, c'est que l'accusé était innocent ; si le corps flottait, c'est qu'il était coupable. C'était certes contraire aux lois de la physique, mais la

foi religieuse en justifiait l'irrationnel. Si un corps pouvait flotter à la surface de l'eau, c'est que l'eau était bénite, habitée par l'Esprit Saint, lequel estimait indigne d'elle d'absorber le corps d'un coupable ! Elle le rejetait !

Mais il y avait des provinces où celui qui flottait était déclaré innocent, celui qui s'enfonçait était coupable.

Lorsque des guerriers francs croyaient ne pas être le père d'un enfant, ils plaçaient le nouveau-né sur un bouclier renversé et l'abandonnaient au fil de l'eau d'une rivière.

Si le bouclier ne chavirait pas, ils acceptaient leur paternité.

L'ORDALIE PAR L'ALIMENT

L'accusé de vol devait ingurgiter un morceau de pain d'orge et un morceau de fromage de brebis sur lesquels on avait dit la messe. S'il était incapable d'avaler cet encas, où s'il le rejetait en vomissant, il était réputé coupable !

Variante, le jeûne. D'après le règlement d'un monastère, si *quelqu'un a été pris pour vol et qu'il le nie, il se rendra le mardi soir à l'église, en habit de laine et nu-pieds, et il y demeurera jusqu'au samedi.*

Il observera un jeûne de trois jours pleins, ne se nourrissant que de pain azyme fait d'orge pur, d'eau, de sel et de cresson d'eau.

La mesure d'orge, pour chaque jour, sera telle qu'on puisse la prendre en joignant les deux mains. Du cresson, il en aura une poignée, et du sel autant qu'il en faudra pour ces aliments.

S'il supportait jusqu'au bout cette grève volontaire de la faim, il était déclaré innocent.

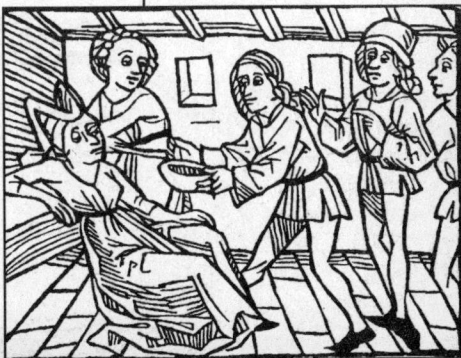

L'ORDALIE PAR LA CROIX

Les deux parties, l'accusateur et l'accusé, étaient placées, pendant la messe, devant une croix, et devaient garder les bras à l'horizontale.

Le premier qui montrait des signes de fatigue en laissant retomber un bras était déclaré coupable.

Lothaire 1er, empereur d'Occident (795-855) interdit cette pratique *car personne n'oserait faire une épreuve par la croix, de peur de faire mépriser la passion du Christ.*

Pourtant son grand-père Charlemagne avait demandé, dans son testament, qu'on eut recours à cette épreuve pour régler les différends provoqués par le partage de son empire entre ses fils.

Au début du IXe siècle, Agobard, évêque de Lyon, s'insurge contre *la détestable opinion de ceux qui prétendent que Dieu fait connaître sa volonté et son jugement par les épreuves de l'eau et du feu...*

OREILLES

D'après les traités de **métoposcopie** (voir ce mot), les grandes oreilles, dites "asinales" (oreilles d'âne) sont signe d'ignorance et de stupidité. Les petites oreilles, dites "simiesques" (oreilles de singe) trahissent l'instabilité et la déloyauté.

Quand quelqu'un a "l'oreille qui siffle", dans l'oreille droite c'est qu'un jaloux dit du mal de lui, dans l'oreille gauche qu'on complote contre lui.

OUROBOROS

Serpent des alchimistes et des occultistes : il illustre le principe de la vie, de son cycle, en se mordant la queue, formant ainsi un cercle parfait.

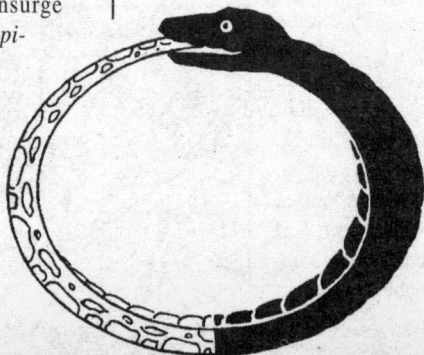

P-Q

PANTACLE

(S'écrit aussi **Pentacle**.)

Le pantacle est une figure symbolique, souvent le résumé de plusieurs éléments symboliques (alchimistes, astrologiques...), écrit sur parchemin ou simple papier. Il s'inscrit généralement dans un double cercle (le macrocosme et le microcosme) que l'on utilise comme talisman. On peut le confectionner soi-même.

Selon Raymond Lulle, alchimiste catalan du XIVᵉ siècle, le pantacle doit se faire au jour et heure de Mercure, sous le signe du Bélier. Il faut former le pantacle dans le croissant de la lune, le 23 mars, à la quatrième heure du jour, c'est-à-dire après quatre heures du soleil levé.

Il faut le faire dessus une plaque de cuivre ou, au moins, dessus du parchemin vierge de bouc. Il faut le finir dans l'heure, parce qu'après l'on entre dans l'heure de Jupiter.

Une fois fait, il faut dire dessus une messe du Saint-Esprit et l'arroser avec de l'eau baptismale.

De même, il faut bénir du charbon, pour former le cercle de la ficelle pour se guider, et tous les ustensiles qui servent à l'opération...

D'après un kabbaliste de la Renaissance, *les pantacles sont chargés d'un double rond, des mystérieux noms de Dieu tirés d'un passage de la sainte Écriture qui a du rapport avec ce que vous désirez obtenir par le moyen de ce pantacle.*

Ainsi, si votre intention dans une entreprise mystérieuse porte sur les richesses et les honneurs, vous mettrez dans un double cercle du pantacle *Gloria et divitiæ in domo ejus* et dans le centre ou vide du rond, vous graverez avec ordre et symétrie les caractères des planètes sous les auspices desquelles vous formerez ce pantacle.

Pour **Paracelse** (voir ce nom), il y a deux pantacles principaux, qui l'emportent sur tous autres caractères, sceaux et hiéroglyphes.

Imaginez deux triangles entrecroisés, si bien que l'espace intérieur est partagé en 7 fractions, et que les 6 angles font saillie au dehors. Dans ces 6 angles, on inscrit en ordre convenable les 6 lettres du nom divin ADONAI. Voilà pour le premier pantacle.

Le second pantacle le dépasse de beaucoup. Ses vertus et son étonnante capacité lui valent un rang plus sublime. Il se compose ainsi : 3 angles ou crochets s'y entrecroisent et s'y compliquent; l'espace intérieur se trouve divisé de la sorte en 6 parties, et 5 angles font saillie au-dehors.

Dans ces 5 angles, on trace et l'on répartit dans l'ordre voulu les 5 syllabes du très illustre et très éminent nom divin TE-TRA-GRAM-MA-TON.

Les kabbalistes et les nigromans juifs ont accompli bien des choses par la vertu de ces deux caractères. Aussi plus d'un en fait aujourd'hui grand cas et les conserve soigneusement en secret.

Les pantacles de Paracelse

PARACELSE

Le nom de Paracelse est resté attaché à la kabbale, la magie, la nécromancie, les pratiques sulfureuses des Arts interdits… Il fut aussi un grand médecin de la Renaissance, et un génial précurseur. Théophraste Bombast von Hohenheim est né à Etzel, non loin de Zurich. Son père, qui exerce la médecine, lui fait donner une éducation religieuse, et l'initie à la connaissance des herbes médicinales.

Il entre à dix-sept ans à l'Université de Bâle, où il choisit son nom d'humaniste : Paracelse, *Celui qui monte vers les hauteurs.*

Paracelse rejette résolument la médecine de Galien. Il veut expérimenter par lui-même. Homme fluet, de petite taille, qui fuit les femmes, d'un caractère violent, il soigne Érasme, qui souffre de goutte et de gravelle.

Le prestige de cette guérison vaut à Paracelse d'être nommé professeur à l'université de Bâle. Il suscite la réprobation de ses confrères, en dénonçant leur enseignement rétrograde.

Paracelse, dans sa cave, combine divers métaux pour former des talismans protecteurs. Passant de l'alchimie à la chimie, il ouvre la voie à la chimie organique et physiologique, dont il entrevoit l'importance. Il soigne gratuitement les pauvres.

Si vous désirez comprendre une maladie, regardez-la bien en face, veillez aux symptômes, étudiez-en les phases, classifiez les causes, découvrez les soulagements, et composez vous-mêmes les remèdes.

Mis hors la loi, et décrété d'exil en 1528, il se rend en Alsace, où il installe ses cornues et ses alambics, puis voyage en Europe, glanant dans chaque pays des bribes de connaissance.

Il étudie les eaux minérales, auxquelles il consacre un *Traité*. Il scrute aussi le ciel, car il voit

dans l'astrologie une science véritable, capable d'influencer la santé des hommes.

Ses recettes à base de métaux opèrent des guérisons spectaculaires (Plus tard, on fera prendre à Louis XV, malade, quelques gouttes de sa teinture de métaux). L'étrange petit homme porte toujours avec lui une grande épée appelée *Azoth*, dont le pommeau est une boule de métal. Épée magique, affirment ses ennemis. La boule semble plutôt avoir contenu une réserve d'opium dont Paracelse se sert à préparer son laudanum, un de ses remèdes. Âgé dequarante-huit ans, il meurt en 1541 à l'hospice de Salzbourg, des suites d'une rixe entre ivrognes.

Ambroise Paré s'inspirera de son Traité *La grande Chirurgie* pour soigner les plaies d'armes à feu. La médecine reconnaîtra lui devoir l'emploi judicieux de l'opium et des minéraux.

PARAPSYCHOLOGIE

Étude des phénomènes métapsychiques et, par extension, terme sous lequel on regroupe les activités de voyance, d'astrologie, de médiumnité, de radiesthésie, de magnétisme et de télépathie.

Le terme parapsychologie, néologisme datant du milieu du xxᵉ siècle, plus moderne, est devenu synonyme de voyance. Le parapsychologue, lui, prédit des événements, analyse des situations, ou des caractères, et prédit l'avenir, comme autrefois les mages et les devins.

PARTHÉNOMANCIE

Voir aussi **Virginité**.

Ensemble des méthodes pour deviner si une jeune fille est vierge. Cette recherche de la virginité, outre les traditions méditerranéennes selon lesquelles une jeune fille devait arriver vierge au mariage, sous peine de répudiation, se justifiait car on attribuait aux vierges un pouvoir de médium, et de guérison.

La chasteté permettait d'accéder à l'état de grâce et de pouvoir correspondre avec les dieux. Pour entretenir le feu sacré, à Rome, les Vestales devaient rester vierges. Si elles ne l'étaient plus, elles étaient mises à mort.

PENDU

Le pendu, selon la croyance populaire, n'allait ni au paradis, ni en enfer. Parce qu'il était chargé de pouvoirs magiques, les bourreaux faisaient commerce de son corps.

◆ Un morceau de corde de pendu (à condition qu'elle soit faite de chanvre), en amulette, portait chance.

◆ La graisse de pendu servait à faire des cierges maléfiques ou à soigner l'épilepsie et les rhumatismes.

◆ La main droite du pendu servait à confectionner une "main de gloire". Cette main, desséchée, tenait une chandelle (faite de graisse de pendu) et protégeait les voleurs lors de leurs effractions en pétrifiant ceux qui les surprenaient.

◆ La main de pendu, appliquait sur la gorge, soignait les goitres, et, posée sur le ventre des femmes, éliminait la stérilité.

◆ Les cheveux du pendu, entraient dans la confection d'une perruque qui rendait invisible.

◆ La dent de pendu, portée en sautoir, protégeait des maux de dents.

◆ Enfin sous le gibet poussait la mandragore, plante utile aux sorciers pour jeter des sorts (la racine de la mandragore a une lointaine apparence humaine). On croyait que la mandragore naissait de la germination dans la terre du sperme du pendu. Dans certaines traditions, si le pendu avait été injustement condamné, l'herbe refusait de pousser sous son cadavre.

PHILTRE D'AMOUR

Voir aussi **Amour**.

Breuvage supposé provoquer l'amour.

Les recettes en sont nombreuses, et pas toujours ragoûtantes : il faut broyer dans la drogue divers aphrodisiaques, qui vont de la poudre de cantharide (dite aussi mouche d'Espagne) à l'os de grenouille, du sperme au sang menstruel, de la rognure d'ongle à la peau de crapaud, ou de reptile, du jus de fourmis à la coquille d'huître…

Les impies y ajoutaient même des morceaux de reliques dérobés dans les églises ou des ossements de cimetière payés au fossoyeur…

Très couru au Moyen Âge, l'hippomane (recette du *Grand Albert*, mais utilisée dans l'Antiquité, Virgile en a fait un poème !) : c'est un morceau de chair noire et ronde, de la grosseur d'une figue sèche, que le poulain a sur le front en naissant, et que la jument arrache, si on ne la précède pas.

Mis en poudre, après avoir été séché au four dans un pot de terre neuf, il faisait naître l'amour, s'il était mélangé avec du sang de celui qui voulait se faire aimer.

À condition d'avoir tiré ce sang

un vendredi de printemps, l'avoir fait sécher et réduit en poudre ! Mais on pouvait aussi pimenter le breuvage aphrodisiaque avec des poils du bout de la queue d'un loup (dit le *Grand Albert*).

Une femme trop froide ne résistait pas à du ventre de lièvre épicé et des testicules d'oie, ainsi qu'à des salades abondantes en roquette, satyrion et céleri mouillées de vinaigre rosat.

Et une fille facile voyait ses ardeurs éteintes par un bouillon de veau, de pourpier et de laitue dans lequel avait été mis le poids d'un écu de membre génital de taureau réduit en poudre !

Si l'homme qui sent décroître ses forces génésiques se compose un baume fait de cendre de stellion (lézard) d'huile de millepertuis et de civette (ciboulette), et qu'il s'en oigne le gros doigt de pied gauche et les reins une heure avant de commencer le combat d'amour, il aura une victoire éblouissante qui enchantera sa compagne (recette de l'inépuisable *Grand Albert*) !

Autre secret d'amour du *Grand Albert* (lui aussi destiné aux hommes) :

Ayez deux couteaux neufs et allez un vendredi matin dans un lieu où vous savez trouver des lom-brics. Prenez-en deux, joignez ensemble les deux couteaux et coupez à la fois les deux têtes et les deux queues de ces vers de terre ; gardez les corps, revenez chez vous, enduisez-les de sperme, faites sécher, réduisez en poudre et donnez-en un à la désirée qui ne vous résistera pas !

Quant à ceux qui voulaient se défaire des effets de ces philtres d'amour, jugés par eux néfastes, il leur suffisait de prendre leur chemise à deux mains, puis de pisser par la têtière et par la manche droite. On était, le temps que la chemise sèche, débarrassé du maléfice !

PHYLACTÈRES

Petits morceaux de parchemin portant un passage de l'Écriture, et enfermés souvent dans deus cassettes, l'une fixée sur la tête, l'autre sur le bras gauche. Voir **Talisman**.

C'est une tradition d'origine hébraïque, reprise au Moyen Âge. Ainsi, au XVe siècle, trouve-t-on *la manière de faire des amulettes avec les psaumes de David, correspondant à différents Génies ou Intelligences, et à différents caractères magiques... :*

Psaume 16. David composa ce psaume alors qu'il était poursuivi par Saul. Il est bon pour les tourments du corps et de l'esprit, et a les mêmes vertus que le précédent (pour les maladies); il sert aux voyageurs pour voyager heureusement.

Si on le porte écrit, avec son Intelligence, sous l'aisselle gauche et si on le dit neuf fois, on ne fait aucune mauvaise rencontre et on sera agréable à tout le monde.

Nom de l'Intelligence : SCEMA.

Psaume 18. David, en celui-ci, exprime la grandeur de Dieu et sa loi. Il est bon pour acquérir la grâce de Dieu.

Si un prédicateur le dit trois fois avec son Intelligence il ne manque point à son sermon. Il facilite les accouchements des femmes.

Pour cela, prendre un peu de terre de chemin, puis l'écrire jusqu'au verset : *Es tu quem spiritus*, avec son Intelligence. Mettre le tout sur le corps de la femme, puis le dire trois fois. Elle enfantera aussitôt, et dès qu'elle aura accouché, ôtez-le.

Nom de l'intelligence : MECHEL.

Il est bon pour donner de l'esprit. Pour cela, prenez un verre de vin et de miel, et dites dessus sept fois le psaume, et à chaque fois *Méchel, je te conjure de me donner bon esprit et entendement, Amen.* En tout art, étude et science, le dire le mercredi ou vendredi, au soleil levant, et le donner à boire à qui l'on veut.

Psaume 32. Il acquiert la grâce de Dieu, il chasse les tentations, empêche la stérilité des femmes.

Il est propre pour faire lever le siège d'une place : pour cela prendre un vase de terre rempli d'huile d'olive, et dire le psaume trois fois le jour dessus, le matin, à midi et au soir, avec son Intelligence, contre toutes les portes de la ville, place ou maison ; faire sept fois la même chose, et après les sept fois on sera délivré et le siège sera levé au bout de sept jours.

Nom de l'intelligence : IOLA.

Psaume 43. Si on le dit tous les matins, il fait obtenir de Dieu des grâces qu'on lui demande.

Il est bon pour la femme, afin qu'elle soit aimée du mari. Celui qui le dira dévotement sera délivré de mort violente et honteuse, le disant devant un crucifix à genoux.

Il est bon pour l'amour, le disant le vendredi matin, au soleil levant, au croissant de la Lune, avec l'Intelligence écrite au milieu de la main gauche en disant *Je te prie, Se fava, qu'un tel ou une telle m'aime sincèrement et fasse toute ma volonté.* Tâcher de toucher ce jour-là cette personne avec la main gauche.

Nom de l'Intelligence : SE FAVA.

Psaume 70. Il redonne la vigueur à un vieillard, si on l'écrit, avec l'Intelligence, sur une peau d'ours.

L'envelopper dans un morceau de toile neuve, puis le porter pendu au col dans une petite boite d'or, et le dire tous les dimanches et jeudis matin ; il semblera que l'on renaît, si on le dit favorablement avec beaucoup de confiance en Dieu, admirant sa bonté et clémence infinie ; il sera aidé et obtiendra sa bénédiction sur lui et sur toute sa famille et en tous leurs biens.

Nom de l'Intelligence : FEVEL.

PHYLLOMANCIE

Divination par les feuilles d'arbres et de plantes, elle est aussi vieille que la forêt, et la savane. À Dodone, en Épire, les prêtres livraient leurs oracles après avoir écouté le bruissement du vent dans les bosquets.

PIERRE PHILOSOPHALE

Voir **Alchimie**.

La pierre philosophale, but de la recherche alchimiste, a les vertus suivantes selon Nicolas Valois, alchimiste du XVIᵉ siècle :

"Sachez que notre dite Pierre est de vertu incomparable, car elle guérit les maux, et réconforte Nature en modifiant le sang, et humidifie les artères et plus fort, restaure jeunesse.

"Et si un peu d'elle était mis dedans l'entour d'une vigne, elle porterait raisins dès le mois de mai.

"Et si fait moult autres merveilles, car elle rectifie les pierres précieuses, et du cristal fait escarboucle, et fait aussi la terre malléable. Et sachez que notre Pierre n'est autre chose que chaleur naturelle infixée dedans son humidité radicale…

"Aristote, Galien, Hypocrate et Platon l'ont possédée, et nous l'ont délaissée sous grande couverture…"

"J'ai vu et j'ai touché plus d'une fois la Pierre philosophale, écrit Van Hermont, un alchimiste du XVIIᵉ siècle ; la couleur en était comme du safran en poudre, mais pesante et luisante comme du verre pulvérisé. On m'en donna une fois la quatrième partie d'un grain.

"Je fis la projection de cette quatrième partie de grain, que j'enveloppai dans du papier, sur 8 onces d'argent-vif, échauffé dans un creuset.

"Et d'abord tout l'argent-vif, ayant fait un peu de bruit, s'arrêta et se fit plus coulant ; et s'étant congelé, il se rassit en une masse jaune.

"L'ayant fait fondre à fort feu, je trouvai 8 onces d'or très pur, moins 11 grains. De manière qu'un grain de cette poudre aurait changé en très bon or 19 126 grains d'argent-vif…"

De la Martinière, médecin de Louis XIV a tenté d'obtenir la Pierre philosophale :

"Ayant lu dans plusieurs auteurs que la matière dont se fait la Pierre des philosophes se trouve partout dans les fumiers, cela me fit croire qu'il fallait que ce fût de matière fécale, ou de l'urine, ou de la morve, ou du crachat, ou toutes ces quatre choses-là ensemble ; ce qui m'obligea de faire ramasser de la matière fécale dans un alambic, pour en tirer l'esprit, que je mis dans un autre vaisseau de verre, que je bouchais hermétiquement, et en fis un blanc, que j'essayais en la transmutation des métaux, qui ne réussit pas.

"Je fais cracher plusieurs personnes dans des pots, à jeun, pendant 8 jours ; je mets tous ces crachats dans un athanor ; je fais dessous un feu de proportion, tant que tous ces crachats deviennent en une pierre de vilaine couleur blanchâtre...

"Ayant fait l'essai de mercures de minéraux en particulier et en général, et des sels pareillement, sans avoir pu réussir en la transmutation des métaux, je fis l'essai des mercures de toutes pierres, demi-minéraux, de toutes herbes, bois, fruits, feuilles et racines, de tous animaux, autant en particulier qu'amalgamés ensemble, sans réussir à la transmutation."

Après de nombreux essais infructueux, notamment avec "de la semence humaine", de "la cervelle d'homme prise dans la tête d'un sorcier condamné pour ses maléfices", et des "menstrues de vierge", la Martinière en déduit qu'Albert le Grand, Raymond Lulle, saint Thomas d'Aquin ou saint Bernard, "lorsqu'ils parlent de la Pierre philosophale, n'entendent parler d'autre chose que de Dieu".

PIERRE DE LUNE

(silicate d'aluminium et de potassium incolore ou jaune) Appréciée en Inde, c'est la pierre de l'amour. Elle renforce l'émotivité et adoucit le caractère. On l'utilisait contre la stérilité. Elle protège contre l'empoisonnement.

PIERRES (POUVOIR DES...)

Voir **Agate, Aigue-Marine, Ambre, Améthyste, Calcédoine, Chrysolithe, Citrine, Cornaline, Cristal de roche, Diamant, Émeraude, Escarboucle, Héliotrope, Hématite, Hyacinthe, Jade, Jaspe, Lapis-lazuli, Malachite, Obsidienne, Onyx, Pierre de lune, Rubis, Saphir, Topaze, Turquoise.**

CORRESPONDANCE DES PIERRES PRÉCIEUSES AVEC LES SIGNES DU ZODIAQUE

Bélier : Calcédoine, cornaline, émeraude, jaspe rouge, rubis.
Taureau : Émeraude, grenat, lapis-lazuli, quartz rose, saphir.

Gémeaux : Aigue-marine, calcédoine, citrine, topaze, opale, œil-
de-tigre.
Cancer : Améthyste, émeraude,
pierre de lune, turquoise, topaze,
rubis.
Lion : Diamant, rubis, aigue-
marine, cristal de roche.
Vierge : Béryl, agate, cornaline,
émeraude, saphir.
Balance : Jade, quartz, saphir,
topaze.
Scorpion : Agate, cornaline,
onyx, topaze, grenat.
Sagittaire : Jade, améthyste,
lapis-lazuli, saphir, opale.
Capricorne : Onyx, émeraude,
calcédoine, rubis.
Verseau : Jaspe, tur-
quoise, aigue-marine.
Poissons : Turquoise,
améthyste, saphir.

PLUTON

En astrologie, Dieu
des enfers, des pro-
fondeurs, il est le
maître de l'alchimie
et du monde des
esprits. Le plutonien
aime la puissance et
le secret. Il vit inten-
sément, volontiers
cynique, afin de
cacher ses angoisses.

POMME

Fruit de la discorde sur l'Olympe,
fruit défendu du Paradis terrestre,
la pomme (fruit de la Connaissance pour les Celtes, venu du
lointain Occident de l'île d'Ava-
lon) est aussi une messagère
d'amour.
Lors des Saturnales, les jeunes
Romaines de l'Antiquité
envoyaient à l'élu de leur cœur la
couronne de fleurs qu'elles
avaient portée la veille accompa-
gnée d'une pomme (ou d'une
figue) dans laquelle elles avaient
mordu.

Leur destinataire, en finissant la pomme entamée, confirmait qu'il était prêt à en croquer d'autres avec l'expéditrice.

Avant de manger une pomme, jetez-la vers celui ou celle dont vous voulez être aimé(e). S'il (si elle) l'attrape et vous la renvoie, c'est qu'il y a du répondant à vos sentiments.

Exercice d'adresse qui vous attirera plus aisément les faveurs d'un(e) adepte des handball et basket-ball que celles d'un(e) fanatique de football qui risquera, par réflexe, de shooter dans le fruit !

Et si la pomme n'est pas meurtrie par l'échange, savourez-la. Entre deux mastications, choisissez un pépin, encore humide du suc du fruit, prenez-le entre pouce et index.

Tentez de le faire jaillir en pressant les doigts. Si vous y parvenez, c'est qu'un être vous aime d'amour ! Sa passion sera proportionnelle à la violence du jaillissement du pépin.

Plutôt que de la croquer en solitaire, on peut aussi offrir la pomme, à l'instar d'Ève perdant Adam, après avoir récité cette infaillible formule d'envoûtement :

Démons qui avaient la puissance de bouleverser l'homme et la femme, influencez ce fruit sans retard pour que celui (ou celle) qui le mangera, dès cette nuit, se rende à mon amour.

PORTE

◆ Quand un moribond est dans une maison, il faut laisser la porte ouverte afin de permettre à son âme de rejoindre le paradis.

◆ Les visiteurs doivent, pour entrer et sortir, emprunter la même porte, sinon ils risquent de ne plus revenir. Cela peut aussi porter malheur au propriétaire.

◆ Deux personnes qui ouvrent une porte en même temps se querelleront bientôt.

◆ Passer un seuil à reculons ou y faire demi-tour porte malchance.

◆ C'est sur la porte que l'on accroche les porte-bonheur de la maison : branche de gui, fer à cheval, que l'on y plante des clous en forme de croix.

PRÉSAGES

Le présage est l'interprétation d'un signe par lequel on tente de deviner l'avenir. Synonyme : **augure, auspice.**

Il y a de bons et de mauvais présages. En voici quelques-uns, empruntés à la tradition populaire, et repris dans de vieux traités de superstitions, mélangeant proverbes et situations pour le moins exceptionnelles, fariboles et antiques croyances.

◆ Si l'on va à la chasse et que l'on rencontre une femme débauchée, l'on sera heureux. Le contraire si, toujours à la chasse, on croise un moine...

MAUVAIS PRÉSAGES

◆ Il nous arrivera malheur si, le matin, nous croisons sur notre chemin un prêtre, un moine, une fille (de mauvaise vie), un lièvre, un serpent, un lézard, un cerf, un chevreuil ou un sanglier.

◆ Il nous arrivera malheur si, étant à table, on renverse la salière, on fait tomber du sel devant nous ou l'on répand du vin sur nos chausses...

◆ Il nous arrivera malheur si un butor (héron) vole la nuit par-dessus notre tête, si en marchant il y a des pies sur notre gauche...

◆ Il nous arrivera malheur si nous saignons de la narine gauche, si nous croisons une femme enceinte avant de dîner, si en sortant de notre logis nous tré-buchons, si nous chaussons le pied droit le premier en nous levant...

◆ C'est mauvais présage quand, dans une maison, la poule chante avant le coq, et la femme parle avant son mari, ou plus haut que lui.

PRÉSAGES DIVERS

◆ Afin de savoir en quel grain l'année sera stérile, il faut, le soir, avant de se coucher, nettoyer son four, et le lendemain matin on trouvera ce grain : de blé, d'orge…

◆ Présages bons ou mauvais, selon celui qui les interprète : quand un chien noir entre dans une maison étrangère ; quand un serpent tombe par la cheminée, quand on dit une nouvelle ou parole affligeante lors d'un festin (se comporter en *oiseau de mauvais augure*) ; quand on marche sur le pied de quelqu'un ; quand en sortant de la maison, le premier pas est fait est du pied droit ou du pied gauche ; quand on marche dans un excrément, du pied droit ou du pied gauche ; quand on entend le tonnerre à droite ou à gauche…

◆ Si dans la nuit du 28 au 29 septembre, jour de la saint-Michel, on trouve un petit ver dans les noix de galles qui se tiennent contre les chênes, l'année à venir sera douce.

Si on voit une araignée, l'année sera stérile, avec des disettes ; si c'est une mouche, c'est signe de saison modérée ; si on ne trouve rien, c'est signe de très grandes maladies toute l'année.

PRÉSAGES ANATOMIQUES

Si l'œil droit ou l'œil gauche sautillent, si les muscles se tétanisent, ou tressaillent, si les épaules ou les cuisses tremblent, si les pieds commencent à démanger, si la peau frissonne, si les dents claquent, si la langue fourche ou que l'on bégaie en parlant… Autant de signes qui prêtent à interprétation. Ménalopides en fit un livre dédié à Ptolémée Philadelphe, roi d'Égypte (309-246), preuve que cet art divinatoire remonte loin.

PRÉSAGES PALPITANTS

D'autres signes, relatifs au corps, ne trompent guère :

◆ Lorsqu'une personne a l'emboîture du bout de la cuisse droite qui palpite, c'est signe qu'elle fera de grands progrès dans ses entreprises. Quand c'est l'emboîture gauche, c'est présage de délivrance d'un mal, ou d'une injustice.

◆ Lorsque la fesse droite palpite, c'est un signe de bien et d'abondance. Idem pour la fesse gauche…

◆ Lorsque l'aine droite palpite, c'est signe de querelle future, et de violences exercées à votre encontre.

Lorsque c'est l'aine gauche, mauvais présage…

◆ Lorsque le côté extérieur de la plante du pied droit palpite, c'est signe de maladie, et du pied gauche signe de réjouissance.

◆ Le petit orteil du pied droit, lorsqu'il palpite, annonce une aide extérieure ; le second orteil, du travail ; le troisième, celui du milieu, du bien (à un valet, un voyage, mais à une fille, un affront).

ÉTERNUEMENTS

Selon que l'on éternue le matin, à midi ou au soir, peu ou souvent, en nombre pair ou impair, on y trouvera bon ou mauvais présage.

◆ Éternuer une fois dans la nuit signifie gain à venir, deux fois signifie dommage…

◆ Si chaque nuit, pendant 3 nuits, une personne éternue 2 fois, c'est signe qu'un habitant de la maison mourra, ou, au contraire promesse de gros gains et grands profits !

PRÉSAGES D'OISEAUX

◆ Quand une corneille vole devant vous à gauche, cela signifie mauvais temps ; si elle vole au-dessus de vous, c'est pronostic de mort prochaine, surtout si elle croasse. Si elle se pose devant vous, c'est que vos ennemis se réconcilieront avec vous ; si elle pique sur vous, vous serez vainqueur de vos ennemis, mais si elle plane, vos ennemis vaincront.

◆ Si un corbeau en croassant se pose devant la chambre d'un malade, c'est que ce dernier est proche de la mort ! Idem avec une chouette ou un chat-huant.

LES PRÉSAGES DE JOSEPH

L'un des plus célèbres présages de la Bible : Joseph, en prison, reçoit la visite de l'échanson du Pharaon, et de son maître des panetiers. Ils ont eu un songe et veulent en savoir la signification. Au premier, Joseph prédit qu'il sera rétabli dans sa charge, et au second qu'il sera mis à mort. L'avenir lui donne raison.

Deux ans plus tard Pharaon voit, dans son sommeil, 7 vaches grasses qui paissent le long du Nil, et 7 vaches maigres qui surgissent et les dévorent, puis 7 épis de blé mûrs dévorés par 7 épis desséchés. Ce que tous les mages consultés sont incapables de traduire. Sur les conseils de l'échanson, Pharaon convoque Joseph, toujours en prison.

Joseph rend son verdict : les 7 vaches grasses et les 7 épis mûrs annoncent 7 années de prospérité, et les 7 vaches maigres et les 7 épis desséchés 7 années de famine. Il conseille à Pharaon d'amasser le maximum de provisions pendant les 7 années fastes pour les 7 années de vaches maigres qui suivront…

PYROSCOPIE

Divination par le feu ou par la manière dont brûlent certains objets jetés dans le feu.

Pierre de l'Ancre, dans son *Traité de l'incrédulité et mescréance du sortilège*, écrit en 1622 :

Aujourd'hui, ceux de Lithuanie pratiquent la pyroscopie. Ils opposent leurs malades au feu ; si l'ombre vient à tomber et paraître devant le corps d'iceux, ils en reçoivent un certain espoir qu'ils recouvreront la santé.

Mais si elle apparaît derrière, ils s'écrient et tiennent lesdits malades pour désespérés et les abandonnent entièrement.

R

RADIESTHÉSIE

La radiesthésie est un procédé de détection des ondes magnétiques. Mesurée scientifiquement, elle peut aussi être utilisée à des fins divinatoires.

Au Moyen Âge, déjà, on pratiquait la **rhabdomancie**, divination par la baguette, généralement de coudrier. Plusieurs chroniques, notamment dauphinoises, rapportent comment des radiesthésistes aidèrent à retrouver des criminels ou des trésors.

À noter que la radiesthésie n'était pas considérée comme diabolique, et que plusieurs moines s'y illustrèrent.

Selon un jésuite du XVIIᵉ siècle, la baguette divinatoire n'indique pas seulement les métaux, "mais peut servir à deviner beaucoup d'autres choses : une baguette toute droite, à qui personne ne touchait, se pliait en rond comme pour faire cercle, lorsqu'on prononçait le nom de ce qu'on voulait savoir…"

Le pendule a, souvent, depuis, remplacé la baguette. Si les radiesthésistes travaillent généralement avec un pendule, les sourciers "à l'ancienne" continuent de privilégier la branche de coudrier. Beaucoup travaillent désormais sur des cartes pour retrouver des personnes disparues, des terrains miniers, des nappes d'eau…

De façon inconsciente, l'esprit réceptif aux ondes magnétiques communique au pendule des oscillations.

LE PENDULE

Chacun peut tester ses capacités magnétiques.

On peut utiliser une chaîne en or lestée d'une médaille. On peut aussi se munir d'un fil de 50 cm dans lequel on enfile une perle assez lourde.

Prendre le fil ou la chaîne entre le pouce et l'index de la main droite pour un droitier (l'inverse pour les gauchers).

Maintenir le fil souple sans se crisper, le coude légèrement soulevé.

Établir une *convention*. Placer son pendule au-dessus d'une carte à jouer (roi de cœur), fixer la carte et répéter à haute voix que cette carte est un roi de cœur. Le pendule oscille :

— horizontalement de gauche à droite ou de droite à gauche,

— en cercle dans le sens des aiguilles d'une montre ou dans le sens inverse.

Il faut enregistrer mentalement son type d'oscillation : c'est le "oui" du pendule.

Recommencer l'opération, toujours avec la même carte, mais en répétant que cette carte n'est pas le roi de cœur.

L'oscillation obtenue est le "non" du pendule.

Ces deux réponses doivent être différentes. Si ce n'est pas le cas, il faut recommencer. La radiesthésie est un apprentissage.

Le résultat atteint, il faut poursuivre l'entraînement. Par exemple faire cacher dans une enveloppe une carte à jouer et essayer de devenir sa couleur avec le pendule. Puis passer à trois cartes…

RÉUSSITES

Elles sont multiples et constituent un complément ludique dans la cartomancie, ou art de tirer les cartes. Elles permettent de répondre par oui ou par non à la question que l'on aura posée en battant les cartes.

RÉUSSITE PAR COUPLES

On retourne les cartes 2 par 2. On met de côté les couples d'As, de Rois, de Dames... Le jeu épuisé, on brasse les cartes non retenues et l'on recommence. Toutes les cartes doivent être sorties en 6 brassages.
Variante : on associe les couples de même couleur (au lieu de même valeur). Il ne doit pas y avoir plus de 4 brassages pour que la réussite se réalise.

RÉUSSITE DES AS

On retourne les 13 premières cartes d'un jeu de 32. Si l'As de Trèfle est dans ces 13 cartes, la réponse est positive.
On retourne 13 cartes et l'on met de côté les As.
On rebrasse et on recoupe, on retourne 13 nouvelles cartes, et on met de côté les As. On recommence l'opération jusqu'à ce que tous les As soient sortis. S'ils l'ont été au cours des trois premiers tirages, c'est un succès. La réussite a "réussi".

RÊVES (INTERPRÉTATION)

Voir aussi **Oniromancie**
Il ne suffit pas de rêver. Encore faut-il analyser ses songes. Selon Madame de Thèbes, spécialiste, au début du XXᵉ siècle, du mystère, le langage des songes est fort compliqué... *Les imaginatifs et les nerveux chez qui les moindres impressions s'exaspèrent rêvent beaucoup plus que les individus d'esprit posé et de sang calme.*
Elle distingue plusieurs règles pour affiner l'interprétation du songe.

— Plus l'émotion du rêveur est forte, plus l'événement pressenti le touchera.

— L'échéance du fait annoncé : il faut tenir compte de "l'objet" vu en songe. Qui rêve de chouette devra attendre 22 jours pour voir l'événement se produire (temps d'incubation d'un œuf de chouette !), qui a rêvé d'arbre a beaucoup de temps devant lui, autant qu'il en faut à l'arbre pour pousser…

— Le rêve, souvent, doit être interprété de façon contraire. Il faut en prendre le contre-pied. Qui rêve de mort doit s'attendre à un mariage, qui rêve de miroir subira une trahison…

Ne pas oublier que songe égale mensonge.

— Tout ce qui n'est pas naturel (monstruosités, difformités…) doit être considéré comme néfaste.

— Selon les Anciens, le nombre impair était aimé des Dieux. S'en souvenir pour interpréter : la droite est bonne, la gauche est mauvaise, les nombres impairs ont une excellente signification.

— Le blanc, le bleu et les couleurs douces sont a priori favorables, ainsi que les bruits légers ou harmonieux.

— Enfin, il ne faut jamais mésestimer "l'immense complication de la grammaire des songes". La mémoire n'enregistre qu'un sou-

venir déformé des rêves, lesquels sont généralement incohérents, désordonnés… L'imagination tente de leur donner une logique, un raisonnement qui peut les déformer davantage.

Il faut, conclut Mme de Thèbes, interpréter ses rêves selon sa nature propre. Il y a autant de genre de rêves que de genre d'individus, et pour démêler la signification d'un songe, il est indispensable de posséder des renseignements psychologiques et physiologiques sur le sujet… En d'autres termes, pour comprendre tes rêves, connais-toi toi-même.

Jérome Cardan (voir ce nom) avait, lui, des recettes pour avoir

des songes joyeux ou tristes.

◆ Le cerveau de la poule aide l'entendement et la mémoire.

◆ La mélisse donne une qualité d'esprit et rend l'homme joyeux, en chassant le chagrin. Mangée après le repas, elle fait les songes joyeux comme les choux les rendent tristes.

◆ Les aulx et les oignons font les songes terribles.

◆ l'onguent de branches de peuplier, appliqué aux artères des pieds et des mains (sur le foie et les tempes selon certains) provoque le dormir et montre songes joyeux…

ROUE DE FORTUNE

(Appelée aussi **Roue de Pythagore**.)

Art divinatoire arithmomantique, la roue de fortune concilie hasard et divination des nombres. Comme les réussites, ce peut être un aimable passe-temps. Elle ne permet de répondre que par oui ou par non, ce qui limite son efficacité oraculaire.

La roue ci-dessous est inspirée d'une Roue de Fortune du XVIᵉ siècle.

Pour une meilleure lisibilité, nous avons reproduit dans un tableau la valeur des lettres inscrite sur la

Roue, sur laquelle les U, V et W sont confondus dans un même U. J équivaut à I.

Le consultant pose une question claire à la Roue, qui ne pourra lui répondre que par OUI ou par NON.

◆ Il choisit (par tirage au sort ou intuition) un nombre au hasard. Chiffre A.

◆ Il cherche sur la Roue (ou sur le tableau) le nombre correspondant à la première lettre de son prénom. Chiffre B.

◆ Il cherche, sur la table des jours de la semaine, le nombre correspondant au jour de la consultation. Chiffre C.

◆ Il additionne les chiffres A, B et C. Il divise cette somme par 30 et ne garde que le *reste* de cette division.

◆ Il cherche à l'intérieur de la Roue où est situé le nombre correspondant à ce reste : s'il est situé dans la partie supérieure de la Roue, la réponse est favorable.

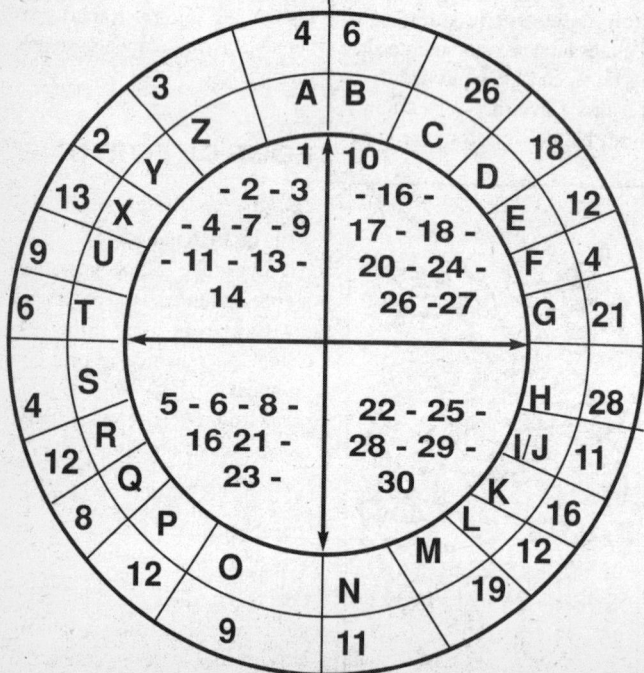

**VALEUR DES
JOURS DE LA SEMAINE**
Lundi : 52
Mardi : 52
Mercredi : 102
Jeudi : 31
Vendredi : 68
Samedi : 45
Dimanche : 106

VALEUR DES LETTRES

A : 4	I : 11	R : 12
B : 6	K : 16	S : 4
C : 26	L : 12	T : 6
D : 18	M : 19	U : 9
E : 12	N : 11	V : 9
F : 4	O : 9	W : 9
G : 21	P : 12	Y : 2
H : 28	Q : 8	Z : 3

RESTES FAVORABLES :
1 - 2 - 3 - 4 - 7 - 9 - 10 - 11 -
13 - 14 - 16 - 17 - 18 - 20 -
24 - 26 - 27
DÉFAVORABLES :
5 - 6 - 8 - 16 - 21 - 22 - 23 -
25 - 28 - 29 - 30

Si le reste de la division se situe dans la partie inférieure, la réponse est négative.
Exemple : Pierre (P = 12, chiffre B), qui a choisi 29 (Chiffre A) pose sa question un dimanche 106, (Chiffre C).
A+B+C = 12 + 29 + 106 = 147.
147 : 30 = 4, reste **27**.
27 est situé dans la partie supérieure droite de la Roue. Réponse favorable !

RUBIS

(oxyde d'aluminium rouge)
Le rubis donne de la persévérance aux indécis, chasse la mélancolie.

RUNES

On ignore à quand remontent les runes, dans lesquelles des chercheurs ont vu une écriture alphabétique dérivée d'un système hiéroglyphique analogue à celui des anciens Égyptiens — mais simplifié —. D'autres les perçoivent comme le dessin, stylisé, des constellations du ciel.
Les traditions scandinaves attribuent à Odin, le dieu suprême, l'invention de l'écriture runique. Pour cela, selon la légende, il se

pendit la tête en bas durant neuf jours à l'arbre cosmique.

Incertitudes aussi sur l'étymologie du mot. Rune dérive-t-il de l'arabe *rouna*, signifiant son et magie, et qui indiquerait que rune voudrait littéralement dire écriture phonétique ? Dans le vieil allemand *runa* faut-il retrouver le verbe *runen*, faire des entailles, graver, selon les uns, ou *rûnen*, chuchoter, selon les autres ? Il y a aussi l'irlandais *rûn*, mystère, l'islandais *rûnar*, secrets…

Pour Fabre d'Olivet, le mot *rune* dérive simplement d'une racine germanique que l'on retrouve dans *rennen*, *courir* en allemand, d'où le français *renne*, et l'anglais *to run*…

Les runes étaient gravées sur des rochers ou taillées sur des planches de bois de hêtre. Mais lors de l'introduction du christianisme dans les pays nordiques, l'alphabet runique fut assimilé à une marque de paganisme ou, pis, à des symboles sataniques.

On brisa les pierres runiques, on fit brûler les planchettes de frêne… Les actes officiels furent rédigés dans le latin des missels et des évangiles… Quelques signes runiques se mélangèrent aux lettres romaines avant de disparaître à partir du IVe siècle.

Les runes, toutefois, survécurent sur des monnaies : on en trouve sur celles d'un roi du Danemark, au XIIe siècle. Mais si l'alphabet runique fut absorbé par la culture latine, les runes, de l'Islande à l'Irlande, gardèrent leur pouvoir divinatoire.

La magie des runes est aussi ancienne que leur invention. Le latin Tacite, dans son *Histoire de la Germanie* (Ier siècle après J.-C.) raconte que les mages germains, au moyen de bâtons runiques (origine de la baguette magique ?), qu'ils agitaient d'une certaine manière, interrogeaient l'avenir.

Les runes servaient aussi de talismans : ainsi la rune *Nyd*, dessinée sur le revers de la main gauche, évitait aux guerriers la trahison de leurs épouses, en leur absence… D'autres runes assuraient la victoire, préservaient des naufrages, ou des maladies, facilitaient les accouchements.

On gravait les runes sur les armes, ustensiles domestiques, murs des maisons et bois des bateaux afin qu'elles apportent leur protection.

Mais gare à l'erreur de manipulation ! Le sortilège pouvait s'avérer dangereux, et la protection inefficace !

Selon une vieille légende scandinave, Elga, une jeune fille, était si malade que son père, inquiet, fit venir un mage. Lequel chercha dans le lit et y trouva des runes tracées sur des ouïes de poisson. Il s'approcha du feu pour mieux les lire, puis les brisa et les jeta dans les flammes. Il donna ensuite l'ordre de changer les habits de la jeune fille, toujours inerte de fièvre, et d'aérer la literie ; il fit convoquer le voisinage : "Que personne ne prenne sur lui, tonna-t-il, de tracer des runes s'il ne sait pas bien les disposer, car il arrive à plusieurs de se tromper dans la forme d'une lettre difficile. J'ai vu, sur ces ouïes, dix lettres occultes qui ont attiré sur cette fille une longue maladie".

Puis il traça d'autres runes, les disposa sous l'oreiller d'Elga qui, presque aussitôt, s'éveilla sans se souvenir du mal qui l'avait ter-

rassée. Le coupable, qui avait tracé les premières runes maléfiques sur les ouïes de poisson fut vite identifié : c'était un jeune paysan des environs.

Il rêvait de faire d'Elga sa femme mais, devant son refus, il avait voulu tracer les runes qui donnent l'amour aux filles, mais s'était trompé dans le dessin, provoquant, involontairement, la maladie de celle qu'il aimait.

FABRIQUER SES RUNES

On trouve difficilement des runes dans le commerce. Autant les fabriquer soi-même.

En pierre : Vous pouvez dessiner, au marqueur indélébile, sur de petits galets ou des cailloux plats d'un volume égal, les signes runiques présentés ci-après. Il est important que les cailloux aient un volume identique, afin que, lors des tirages, vous ne puissiez pas les reconnaître au toucher.

En bois : Taillez 25 morceaux de bois au format maximum d'un domino (2 x 4 cm environ), polissez-en les angles et les arêtes (ou découpez des rondelles de 3 cm de diamètre) — mais, quand il n'est pas coupé dans le sens des fibres, le bois est fragile — et dessinez dessus les signes runiques sur 24 d'entre eux.

Attention au choix de votre peinture : le bois "boit" ; pour un résultat plus esthétique, pyrogravez, avec un appareil ou un clou rougi à la flamme, les symboles.

En carton : Reproduisez les signes runiques présentés ci-après sur du carton fort. Avant de vous livrer à l'exercice divinatoire, vous battrez vos runes comme des cartes, en les coupant de la main gauche tout en pensant fortement à votre question.

Quel que soit le support choisi, n'oubliez pas de placer, sur votre rune, un signe (point, étoile, flèche…) qui vous permettra de distinguer le haut du bas, et de savoir, lors des tirages, si votre rune est droite ou inversée.

LECTURE DES RUNES

L'alphabet runique, ou *Futhark*, comporte vingt-quatre lettres, plus une rune blanche, sans aucun signe.

Chaque rune porte un nom et une figuration symbolique empruntée à la vie des anciens Germains ou Scandinaves.

Les runes peuvent se lire droites ou renversées. Autrefois, le devin — qui avait découpé les runes dans du bois tendre et avait peint sur une face de chaque rectangle les signes runiques — les jetait sur une toile blanche et rendait son oracle après analyse.

Aujourd'hui, on met les 25 runes dans une bourse de toile, on les mélange à l'aveugle, tout en se concentrant sur la question que l'on veut poser aux runes. Puis on sort du sac 3 runes que l'on dispose droites ou inversées, selon la pioche, côte à côte, et de gauche à droite.

◆ **La première rune** (à gauche) représente le **passé**, et résume votre question ;

◆ **La seconde rune** (au centre) représente le **présent** et suggère une action relative à votre question ;

◆ **La troisième rune** (à droite) représente le **futur** et précise l'issue de la situation relative à votre question.

Il existe d'autres méthodes de tirages des runes, plus sophistiquées, notamment une méthode avec 9 runes, sur le même principe que la précédente :

◆ les trois premières runes représentent le passé,

◆ les trois suivantes le présent,

◆ les trois dernières l'avenir.

Citons aussi la Croix de Thor (dieu du tonnerre, fils d'Odin), qui se "joue" avec 5 runes disposées ainsi :

3
2 5 4
1

◆ La rune **1** définit l'environnement de la question, ◆ la rune **2** les obstacles à surmonter, ◆ la rune **3** les influences favorables, ◆ la rune **4** l'évolution à court terme, ◆ la rune **5** l'évolution à long terme.

SIGNIFICATION DES RUNES

1 - FEOH, ou FREY.
(é q u i v a l e n t phonétique **f**)
Frey est le dieu de la fécondité, père nourricier du bétail, symbole d'abondance et de richesse.

DROITE. *Amour & santé* : succès, réussite, pleine forme, enthousiasme. Naissance. Générosité. Bonheur.
Affaires : argent, abondance matérielle, richesse. Avancement, création d'entreprise.

RENVERSÉE. *Amour & santé* : difficultés conjugales. Discorde. Dépression.
Affaires : ennuis passagers. Échecs (pour savoir s'ils seront surmontés, consulter la rune suivante), routines, retards dans les règlements. Avarice. Matérialisme outrancier.

2 - UR.
(é q u i v a l e n t phonétique. **u**)
Ur, urus, c'est l'aurochs, le buffle sauvage symbole du pouvoir, de la virilité, de la force nécessaire aux transformations vers la sagesse.

DROITE. *Amour & santé* : séduction, aventures sentimentales, liaisons et amitiés passagères. Force, vigueur, grande forme. Confiance en soi, courage et audace. *Affaires* : bonnes initiatives, avancement prévisible.

RENVERSÉE. *Amour & santé* : Trahisons amoureuses, infidélité. Manque de tonus, petits bobos. Orgueil déplacé.
Affaires : retard dans les projets, les paiements. Influences négatives de l'entourage.

3 - THORN, ou THOR.

(équivalent phonétique **th**) Thor est le dieu du tonnerre, de la foudre et de la pluie fertile. Ce cousin de Zeus a pour emblème le marteau. La rune est un symbole de puissance.

DROITE. *Amour & santé* : dispute sentimentale (sans conséquence ? Interroger la rune suivante). Bonne nouvelle à venir. Baisse de tonus.

Affaires : Courage, opportunisme et jugement. Bénéfices, bons résultats, promotion.

RENVERSÉE. *Amour & santé* : jalousie, indécision. Nervosité excessive, risque d'accident (interroger la rune suivante). Se méfier de ses colères et de sa violence. Obéir à ses intuitions, malgré les suggestions plus ou moins intéressées de son entourage.

Affaires : pas de panique devant l'adversité même si vos rivaux paraissent l'emporter. Repliezvous et attendez des jours meilleurs (interroger la rune suivante pour savoir quand ils viendront).

4 - OS, ou AS, ou ODIN.

(équivalent phonétique **a**) Odin est le dieu de la communication, le principe masculin de la vie.

DROITE. *Amour & santé* : sagesse, intuition. Besoin de communiquer. Désir de spiritualité. *Affaires* : bonnes opérations financières. Aide et protection d'un supérieur. Sagesse et patience.

RENVERSÉE. *Amour & santé* : brouilles et disputes. Liaisons furtives. Ruptures. Fatigue générale. Exaltation excessive. *Affaires* : ennuis fiscaux ou financiers. Relations difficiles avec un supérieur.

5 - RAD.

(équivalent phonétique **r**) Rad, la roue du chariot, mais aussi la chevauchée du chevalier : symbole d'errance, de voyage, de changement.

DROITE. *Amour & santé* : rencontre heureuse, nouvel amour, nouveaux amis. Petits pépins de santé. Indépendance. *Affaires* : rentrée d'argent, voyages d'affaires, transactions utiles et bénéfiques, avancement en vue.

RENVERSÉE. *Amour & santé* : mélancolie des amours non partagés. Détresse (morale ou maladie) dans votre entourage. Fuyez la solitude malgré votre tendance à vous replier sur vous-même. *Affaires* : retards dans les règlements, problèmes à régler d'urgence sous risque de blocages.

6 - KAN, ou CEN.
(équivalent phonétique **k**)
Le feu, la torche qui éclaire, la lumière du monde.

DROITE. *Amour & santé* : les nuages se dissipent, l'espoir renaît. Goût des arts et de la vérité. Santé équilibrée. Confiance en soi justifiée.
Affaires : votre bonne gestion est récompensée, vos talents et esprit d'initiative reconnus.

RENVERSÉE. *Amour & santé* : difficulté à vous faire comprendre. On doute de vous. Risques de dispute. Climat dépressif. Sentiment d'attente interminable (interroger la rune suivante pour savoir quand cela cessera).

Affaires : tensions professionnelles, pertes financières.

7 - GYFU.
(équivalent. phonétique **g**)
Gyfu, c'est le don, celui des dieux aux hommes, celui des hommes entre eux, spontané et fraternel.

DROITE. *Amour & santé* : harmonie et équilibre, amour partagé ou bonheur des retrouvailles. Générosité, bonté. Ce que vous donnez aux autres vous sera rendu. Bonne santé.
Affaires : primes et avancement possible. Rentrée d'argent. Opportunisme.

RENVERSÉE. *Amour & santé* : une histoire d'amour ou d'amitié s'achève, sans drame. La mélancolie viendra plus tard. Maladie parmi vos proches. Égoïsme.
Affaires : méfiez-vous des aigrefins, ou de votre imprudence, dans des placements financiers douteux. Irascibilité avec vos pairs et vos collaborateurs. Incompréhension dans vos relations sociales.

8 - WYN.
(équivalent phonétique **w**)
Wyn, c'est la joie, le bonheur d'être soi, en résonance avec les forces telluriques.

DROITE. *Amour & santé* : bonheur et harmonie, promesse d'un amour partagé. Santé florissante. Joie, gaieté.

Affaires : richesse. Considération de votre entourage. Promotion à envisager.

RENVERSÉE. *Amour & santé* : séparation violente, déchirements. Tendance au pessimisme, à l'abattement, au doute (pour connaître la fin de cette période noire, consulter la rune suivante).

Affaires : ennuis professionnels sérieux. Pertes financières conséquentes. Échecs relationnels (pour savoir s'ils seront surmontés, consulter la rune suivante).

9 - HAGEL, ou HAGAL.
(équivalent phonétique **h**)
Le cristal… ou la grêle. La seconde détruit (mais ses glaçons, en fondant, irriguent la terre), le premier brille de pureté et renvoie la lumière.

DROITE. *Amour & santé* : des changements imprévus dans votre vie paisible, bénéfiques ou non (interroger la rune suivante). Attention au virus qui passe… Faites un effort d'adaptation, d'opportunisme.

Affaires : contrôle fiscal, dépense imprévue. Êtes-vous certain(e) d'être adapté(e) à cette situation imprévue ?

RENVERSÉE. *Amour & santé* : transigez, acceptez les reproches (justifiés). Ne vous laissez pas aller sous prétexte que tout finira bien par passer… *Affaires* : ne prenez pas d'initiatives, surtout financières. Il est urgent d'attendre des jours meilleurs.

10 - NYD. (équivalent phonétique **n**) Nyd : le besoin et la nécessité.

DROITE. *Amour & santé* : résistez aux tentatives de séduction. Prudence indispensable. *Affaires* : avant d'investir, demandez conseil, ne succombez pas à un enthousiasme pouvant se révéler catastrophique.

RENVERSÉE. *Amour & santé* : vos amours et amitiés sont incertaines. Soyez moins matérialiste. Attention, pour votre santé, aux abus, nourritures trop riches, alcools. *Affaires* : grande prudence et grande attention. Gérer le quotidien.

11 - IS. (équivalent phonétique **i**) La glace, toujours présente dans la Tradition du Nord, symbole de l'inertie et de l'attente, de l'hypocrisie aussi, car sa solidité n'est pas certaine. Mais quelle beauté froide, quand la lumière joue avec elle !

DROITE. *Amour & santé* : séparation à prévoir, refroidissement dans les rapports amoureux ou amicaux. Vous êtes trop lointain(e). On vous le reprochera plus tard.

Affaires : prenez patience et courage, les tracas vont durer. La situation est bloquée (interroger la rune suivante pour connaître la fin du purgatoire) Mettez un bémol à votre arrivisme, il vous dessert.

RENVERSÉE. *Amour & santé* : difficultés conjugales de courte durée. Petites brouilles sans conséquences. Restez à l'écart, une courte retraite ne peut que vous être bénéfique pour faire le point et repartir avec un cœur et un moral neufs.

Affaires : ennuis passagers. Courte période négative.

12 - GER. (équivalent phonétique **j**) La terre, la vie, la fertilité et la croissance, le temps des moissons et l'éclat, la lumière chaude de l'été.

DROITE. *Amour & santé* : l'amour caché ne demande qu'à

s'épanouir. À prévoir de petits bobos. *Affaires* : la fin du tunnel est annoncée, mais avec des délais de paiements. Investissez.

RENVERSÉE. *Amour & santé* : si vous commencez une histoire d'amour, avancez avec prudence, l'amour sincère est souvent malhabile (et vous aussi). Soignez-vous, plutôt que de devoir supporter longtemps une maladie chronique.

Affaires : ennuis avec le fisc et les organismes sociaux, si vous êtes dans une entreprise. Laissez faire les spécialistes, ne vous énervez pas, patientez.

13 - EOH.
(équivalent phonétique **e**) L'If, arbre de cimetière… Eoh est la rune du passage, celui de la mort qui précède la renaissance, le nouveau départ.

DROITE. *Amour & santé* : rupture et/ou rencontre, promesse d'une tempête sentimentale, bénéfique ou non. Côté santé, cicatrisation, guérison. *Affaires* : malgré vos appréhensions, il faut accepter un changement nécessaire : nouveau poste, mutation…

RENVERSÉE : *Amour & santé* : graves difficultés amoureuses. Dépression, accident, maladie sérieuse. Prévenu(e), vous devez réagir dès les premiers signes. Sortez de vos inhibitions ! *Affaires* : ennuis plus ou moins passagers (consulter la rune suivante). Vous vous êtes endormi(e) sur vos lauriers, le réveil va être brutal. Les difficultés vont vous arracher à votre routine.

14 - PEORTH.
(équivalent phonétique **p**) La profondeur, ce qui est caché au cœur des éléments. Symbole de la sagesse et de sa quête.

DROITE. *Amour & santé* : le bonheur survient alors que l'on ne l'attendait plus. Dans cette jouissance du moment présent, ne pas négliger sa quête d'un maître, qui vous apprendra à prolonger ces moments heureux.

Affaires : rentrée d'argent inattendue. Originalité récompensée, mérites reconnus.

RENVERSÉE. *Amour & santé* : petites brouilles sans conséquences. Évitez les abus.

Affaires : ennuis passagers. Vos erreurs passées vous rattrapent, vous les surmonterez. Dépenses imprévues. Méfiance, les conseilleurs ne sont pas les payeurs.

15 - EOLH.
(équivalent phonétique **r**)
L'arc et sa flèche, l'élan et ses bois, trois doigts tendus en signe de paix : symboles multiples pour la rune de la défense et la protection.

DROITE. *Amour & santé* : votre cœur doit commander à la raison. Assumez vos velléités d'indépendance. *Affaires* : ça bouge tout autour, et vous, vous êtes en équilibre sur un fil… Gardez l'esprit ouvert. L'aide pourrait venir de l'extérieur.

RENVERSÉE. *Amour & santé* : difficultés conjugales. Votre santé est menacée par vos excès. Soyez plus sérieux(e) !

Affaires : reprenez confiance, réagissez contre les mauvaises influences de votre entourage, résistez au découragement (pour savoir quand votre vie matérielle reprendra un cours normal, piochez la rune suivante).

16 - SIGEL,
ou SIGIL,
ou SIG.
(équivalent phonétique **s**)
Le Soleil, la clarté, la chaleur, la lumière vitale… Rune de la vie, du renouveau, de la floraison, de la renaissance.

DROITE. *Amour & santé* : succès dans la conquête amoureuse, passion, pourquoi pas mariage… Votre joie et votre vitalité rayonnent.

Affaires : l'argent entre, la réussite est au rendez-vous, le succès et vous ne faites qu'un.

RENVERSÉE. *Amour & santé* : que de vaines agitations et gesticulations ! Les plus belles amours sont toujours les plus sereines. Attention au surmenage. *Affaires* : ennuis passagers. La réussite viendra, mais après des contretemps. Gardez votre bonne humeur et votre patience ; les problèmes à résoudre sont mineurs.

17 - TYR.

(équivalent phonétique **t**) La Lance, celle de la Guerre, de la Force. Cette énergie n'est pas toujours négative. Elle peut être utilisée pour combattre les forces du mal et de la nuit. Rune de la hardiesse et de la volonté.

DROITE. *Amour & santé* : passion violente, ou amour durable. Côté santé, c'est la pleine forme. Votre générosité et votre moral impressionnent votre entourage.

Affaires : vous incarnez la solidité et la sécurité. On vous écoute, on se soumet à votre jugement. Attention à l'orgueil !

RENVERSÉE. *Amour & santé* : infidélité ou frustration, rupture…. Discorde amoureuse ou amicale. Vous vous sentez faible, fatigué(e). Soyez plus tenace, plus volontaire.

Affaires : vous vous sentez trahi(e), jalousé(e), et vous n'avez pas tort. "Vissez" vos contrats, redevenez opiniâtre pour contourner l'échec.

18 - BEORC.

(équivalent phonétique **b**) La baguette de bouleau, symbole du renouveau printanier, et des rites sexuels de la fécondité, le lien entre les forces telluriques qui permettent la renaissance.

DROITE. *Amour & santé* : mariage ou enfant, union sereine.

Affaires : vos placements (financiers ou intellectuels) se rentabilisent. Débouchés inattendus.

RENVERSÉE. *Amour & santé* : amour menacé par la routine, stérilité affective. Vous avez du spleen, et l'envie de rien…

Tirez une autre rune, pour déterminer quand cessera cette période nébuleuse.

Affaires : vos investissements ont été vains. Arrêtez tout ! Prenez soin de votre image dans ce moment difficile : vos rivaux profiteront de votre défaitisme pour s'attaquer à votre réputation professionnelle.

19 - EH.
(équivalent phonétique **e**)
Le cheval qu'il faut dompter, comme ses émotions et ses instincts. Ce cheval emportait la nuit l'âme des humains dans les enfers, mais traînait, à l'aube, le char du soleil.

DROITE. *Amour & santé* : dominez vos sentiments et votre enthousiasme. Ménagez votre organisme.

Affaires : le vent tourne, les soucis d'aujourd'hui seront les succès de demain, les incertitudes ne dureront pas.

RENVERSÉE. *Amour & santé* : difficultés, déception. Comme le cheval de la rune, vous vous êtes emballé(e). Dépression.

Affaires : ennuis passagers. Ne faites pas n'importe quoi parce que vous êtes en phase d'incertitude. Ayez confiance en votre "business instinct".
Dominez-vous !

20 - MAN.
(équivalent phonétique **m**)
L'homme. Celui qui s'en va, qui quitte le foyer, pour en fonder un autre.
Rune de l'indépendance plus que de la rupture, elle symbolise aussi les conflits avec l'Autorité.

DROITE. *Amour & santé* : indépendance, création d'un nouveau foyer, donc départ d'un autre. La maladie, si elle vous épargne, peut toucher vos proches.

Affaires : votre abondance matérielle n'est que passagère. Et vos velléités d'indépendance ne sont pas du goût de votre hiérarchie.

RENVERSÉE. *Amour & santé* : difficultés conjugales. Discorde. Vous n'avez pas les forces nécessaires pour assurer vos ambitions, ou votre indépendance, d'où une grosse déprime. *Affaires* : ennuis financiers imprévus. Échecs (pour savoir s'ils seront surmontés, consulter la rune suivante). Quoi qu'il vous en coûte, osez changer.

21 - LAGU. (équivalent phonétique **l**) L'eau, insaisissable et fluide, essentielle, vitale et… mortelle, comme celle qui devient le tombeau de la belle Ophélie. Rune de l'intuition et de la poésie, de la quête d'absolu.

DROITE. *Amour & santé* : prenez garde au romantisme exacerbé. L'envie de voyager pourra se révéler plus forte que les attraits d'une vie rangée. Veillez à ce que l'eau de la rune ne vous fasse pas l'âme neurasthénique.

Affaires : problèmes d'argent, incertitudes professionnelles.

RENVERSÉE. *Amour & santé* : à force de privilégier le rêve sur la réalité, vous allez vous retrouver seul(e). Dépression, neurasthénie.

Affaires : ressaisissez-vous ; vos négligences vous desservent.

22 - ING. (équivalent phonétique **ng**) Ing, divinité solaire, époux de la Terre-Mère, est, chez les Nordiques, l'équivalent d'Osiris. Il associe l'eau et le feu, le jour et la nuit. Image de la fertilité.

DROITE. *Amour & santé* : tout s'arrange. Les blessures d'amour se cicatrisent, les maladies s'en vont. Vous retrouvez équilibre et sérénité.

Affaires : abondance matérielle. Avancement.

RENVERSÉE. *Amour & santé* : un rêve, un amour s'écroule. Ménagez-vous, vous êtes nerveusement au point de rupture.

Affaires : il y a du changement dans l'air, sans doute positif (pour le savoir, consultez la rune suivante). Ne vous précipitez pas, le temps travaille pour vous.

23 - DAEG. (équivalent phonétique **d**) La rune de l'aube. Celle d'un nouveau jour qui commence, d'une nouvelle étape, voire d'une nouvelle vie.

DROITE. *Amour & santé* : succès inattendu, changement bénéfique dans votre entourage. Côté santé, ça va beaucoup mieux. Ce renouveau vous transfigure.

Affaires : gains et projets favorables. Vos ambitions sont justifiées. Votre audace plaît à tous, ce qui n'est pas fréquent. Profitez-en !

RENVERSÉE. *Amour & santé* : la routine... Toujours les mêmes petits reproches qui font les grandes colères et, dans votre boîte à pilules, toujours les mêmes médicaments pour les mêmes maux.

Affaires : ne bougez pas ! Contentez-vous de ce que vous avez, de ce que vous faites.

24 - ODAL.

(équivalent phonétique **o**) La rune des ancêtres, et de leur legs.

DROITE. *Amour & santé* : bonheur paisible, bonnes relations entre générations. Quelques signes indiquent que vous prenez de l'âge.

Affaires : bonnes transactions en vue. Examens : période faste. Dans votre vie professionnelle, utilisez votre expérience et celle des autres.

RENVERSÉE. *Amour & santé* : le passé vous poursuit, parfois lourd à porter. Évitez les querelles. Grosse fatigue, anxiété.

Affaires : vos projets et vos ambitions, ce n'est pas encore aujourd'hui qu'ils se réaliseront. Attendez-vous à des contrariétés. Tenez bon, et gardez pour vous vos états d'âme.

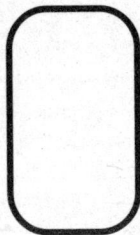

25 - WYRD.

Le destin, souvent aveugle et sourd, violent, derrière cette rune blanche.

DROITE.

Amour & santé, *Affaires* : cette rune est un formidable joker, qui intensifiera ce qu'il y a de positif dans le tirage des autres runes.

RENVERSÉE. *Amour & santé*, *Affaires* : laissez agir le destin, ne le contrariez pas, il est trop fort pour vous. Son message se lit à travers les autres runes tirées, et renforce leur message.

S

SABBAT

Voir aussi **Satan**, et **Sorcellerie**.
Les sabbats ont lieu lors des nuits des solstices et des équinoxes.
Le sabbat est l'assemblée des démons, des sorciers et des sorcières dans leurs orgies nocturnes, selon Collin de Plancy, neveu de Danton, historien, au XVIIIe siècle, du diable et de ses sorciers.
On s'y occupe ordinairement à faire et à méditer le mal, à donner des craintes et des frayeurs, à préparer des maléfices, à des mystères abominables.
Le sabbat se fait dans un carrefour, ou dans quelque lieu désert et sauvage, auprès d'un lac ou d'un étang, ou d'un marais, parce qu'on y fait la grêle et qu'on y fabrique des orages. Le lieu qui sert à ce rassemblement reçoit une telle malédiction qu'il n'y peut plus rien y croître.
L'Église, qui veut, pour imposer la sienne, éradiquer la culture celte panthéiste auprès de sociétés rurales aussi superstitieuses que naïves, mais à la longue mémoire, va donner une réalité à ces délires en accusant de sorcellerie, pour les déconsidérer ceux qui s'opposent à son pouvoir, notamment les guérisseurs, les voyantes et les rebouteux, les faiseurs de tisanes…
Une noire légende va naître. Pour se rendre au sabbat, sorciers et sorcières se frottent d'un onguent, passent par la cheminée et traversent le ciel sur un balai, ou sur un bouc.
Lors du sabbat, ils dansent, copulent avec le diable ou avec le

bouc, l'une de ses réincarnations, mangent des enfants non baptisés, quand ils ne les immolent pas, du chien, du chat et du crapaud. Ils disent aussi des "messes noires" où tout est… noir, des chandelles aux hosties.

Avant l'aube, ils se dispersent, chargés des onguents maléfiques qu'ils ont échangés entre eux.

Là où un sabbat s'est tenu, l'herbe ne repoussera plus.

SANTÉ ASTRALE

Voir aussi **Or potable**.

Pour **Paracelse** (voir ce nom) les astres avaient une grande influence pour le traitement des maladies :

"La médecine ne peut valoir sans le ciel, il faut qu'elle soit tirée du ciel… Ce qui appartient au cœur est conduit et porté au cœur par le Soleil. Ce qui dépend du cer-

veau par la Lune. Ce qui est à la rate par Saturne.

"Aux reins par Vénus. Au fiel par Mars. Au foie par Jupiter, et ainsi des autres membres".

"Les remèdes demeureraient seulement dans l'estomac, et sortiraient en leur imperfection par les intestins, sans ce secours astral.

"C'est un abus de dire : la mélisse est herbe de la matrice, la marjolaine profite à la tête… Les hommes inexperts et ignorants parlent de cette façon. C'est en Vénus et en la Lune que le tout consiste, d'autant que si tu désires trouver ces qualités et propriétés en ces herbes, il te faut trouver le ciel propice ; autre-ment, il ne s'en ensuivra aucun effet.

"Attendu que c'est le ciel qui par son mouvement et essieu, adresse le remède, il est nécessaire que ledit remède soit réduit en substance tellement aérée qu'il puisse être régi et adressé par Mars, Saturne, Jupiter ou les autres, selon qu'il est requis…

"Il faut que les remèdes de la médecine soient préparés de telle sorte que les quatre corps soient séparés de leurs arcanes, et il faut après savoir quel astre est dans cet arcane. Item, quel astre préside en cette maladie, et enfin quel astre de médecine est propre contre ce mal…

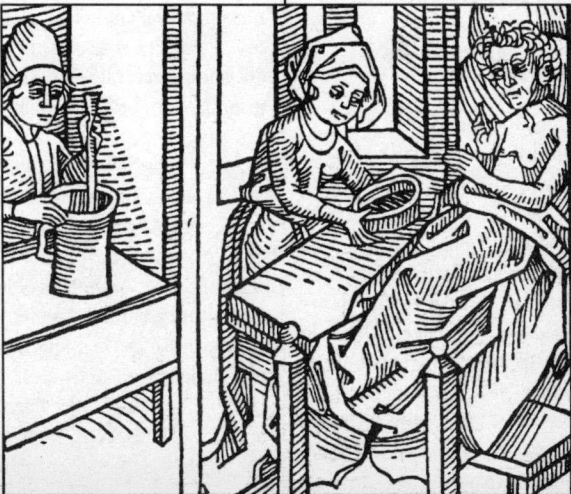

"Quand tu donnes au malade une médecine à boire, il est besoin qu'elle soit préparée et séparée par le ventre, qui en est l'alchimiste ou dispensateur. S'il est assez puissant de la réduire à ce point, les astres la reçoivent, alors elle est digérée. Sinon elle demeure dans le ventre et est jetée par la selle…

"Voila pourquoi je persiste à établir l'Alchimie pour fondement de la médecine, parce que ces grandes et graves maladies de tête ; comme l'apoplexie, la paralysie, la léthargie, la frénésie, la mélancolie, la tristesse et autres semblables ne se peuvent guérir par les décoctions impures des apothicaires."

SAPHIR

(corindon — alumine cristallisée — de couleur bleue).
Il aide à la relation entre deux personnes, favorise la méditation et l'intuition.

"Il profite aux mélancoliques, et résiste aux morsures des scorpions et des serpents. Albert le Grand dit avoir expérimenté deus fois que le saphir, par son seul touchement, guérit un anthrax, vulgairement dit un clou." (Selon Jérôme Cardan)

SATAN

Voir aussi **Sabbat** et **Sorcellerie**.
Le diable existe depuis qu'existe la religion. On peut penser que lorsqu'un chaman du néolithique réussissait à guérir un malade ou à faire pousser des graines, il remerciait les dieux, mais que lorsqu'il échouait, il accusait les démons de s'être mis en travers de ses rituels ; et s'il était habile, il en faisait porter la responsabilité à l'entourage du malade ou à la désobéissance de la tribu.

Le système religieux s'est perfectionné depuis, mais la base reste la même. Magie et religion sont alors étroitement imbriquées : on modèle dans la glaise des figurines représentant le mal avant de les détruire par le feu, et pour apaiser les mauvais génies, on va jusqu'à sacrifier des animaux ou des humains.

Chez les anciens Perses, Ormuzd, le dieu suprême, a pour ennemi le redoutable Ahriman, principe du mal. Ahriman, qui, comme ses successeurs et ses émules, devra être détruit à la fin des temps.

En Égypte, c'est Seth qui tient le rôle du méchant. Mais c'est dans la Bible qu'il faut aller chercher notre diable, ce Satan, étymologiquement "l'ennemi" en hébreu, "celui qui divise" en grec. Il apparaît dès la Génèse, sous la forme du serpent tentateur. Jéhovah, afin de le punir d'avoir voulu usurper son pouvoir, le condamne à ramper. C'est chez Job et Zacharie que l'on trouve le nom de Satan, diable-en-chef de tous les démons.

Moïse, lui, fait allusion à **Moloch** (voir ce nom), dont le culte exige des sacrifices d'enfants, culte qui frappera l'imaginaire et qui sera confondu avec le culte païen du taureau, du Minotaure à Baal.

C'est en se référant au dieu Moloch que l'on a façonné l'image du diable, empruntant à la cruelle idole ses cornes, sa fourche (sur certaines statues, le bras se terminait par un gril sur lequel était exposée la victime jusqu'à ce que son corps bascule dans un bassin d'airain disposé aux pieds de Baal-Moloch) et sa fascination du feu.

La notion de diable unique ne fait son apparition que dans le Nouveau Testament. Les anciens juifs croyaient à une multitude de mauvais esprits, démons, anges déchus, responsables des maladies et des fléaux. La maladie était le résultat d'une possession démoniaque ; chasser les démons, c'était guérir.

C'est au Moyen Âge que le diable connaît sa gloire, dans la tradition occidentale. On le représente sous les traits d'un serpent, mais aussi d'un crapaud, d'une chauve-souris, d'un léopard, d'un chat noir, d'un bouc, d'un singe…

Il est le cauchemar des saints, il est laid, grotesque, bizarre, effrayant ! Il doit faire peur aux petits et aux grands, dans la pénombre romane.

Il est dragon, créature hybride, corps velu à tête de bouc, mais peut aussi se révéler, surtout auprès des dames, un homme très séduisant. On prétendait, au Moyen Âge, que les coquettes qui passaient trop de temps devant leur miroir finiraient par y voir le diable, et que leur visage deviendrait aussi laid que l'arrière-train qu'il leur montrait.

Héritage celtique ? Comme le dieu gaulois Cernunos porte sur son front de splendides cornes de cerf, le diable a des cornes de bouc.

Pour échapper au diable, il existe des recettes, principalement : le signe de croix, la bénédiction, la prière, et, si l'affaire est grave, l'exorcisme. Pour éviter les maléfices, il est recommandé, par exemple, aux fiancés de communier avant de s'unir charnelle-

Satan tel que l'a dessiné Éliphas Lévi, prêtre défroqué du xixᵉ siècle,
historien de la magie et inventeur du mot occultisme.

ment (réunion des évêques à Aix-en-Provence, 1585).

L'invention de l'imprimerie permet de développer les livres de recettes magiques et merveilleuses. Au début du XVIIe siècle, on ne dénombre plus de 350 ouvrages consacrés au Malin.

Le *Maleus Maleficarum*, réservé a priori aux juges instruisant les affaires de sorcellerie, fera l'objet de 34 rééditions et alimentera les fantasmes des inquisiteurs.

Satan, selon eux, connaît bien des secrets naturels, possède une grande mobilité et se sert des sorciers autant qu'il les sert. Si certains doutent du sabbat et du pouvoir diabolique de transformer des hommes en bêtes ou de créer des animaux extraordinaires, tous sont d'accord pour estimer coupables les invocations aux démons, l'usage des sortilèges et maléfices.

Mais les partisans de la sorcellerie restent les plus forts. Jean Bodin (1530-1596) jurisconsulte et favori de Henri III dans *De la démonomanie des sorciers* (1568), souvent réimprimé, raconte les histoires diaboliques les plus fantastiques : incubes (voir ce mot), sabbats, sortilèges, apparitions… pour justifier l'envoi au bûcher des sorciers.

Un jésuite, Martin Del Rio (1551-1608) dans *Six livres de discussions magiques* (1599) "démontre" que la sorcellerie étant un crime *excepté*, tous les témoignages sont acceptables pour soumettre un suspect à la torture. En clair l'élucubration d'un simple d'esprit ou la délation d'un envieux peut livrer un malheureux aux tenailles de la Question et aux flammes purificatrices !

Les Protestants ne sont pas en reste. Luther croit au diable : *il suscite les querelles, l'assassinat, la guerre, le tonnerre, la grêle, il fait périr les récoltes et les bestiaux, et répand le poison dans l'air ; il menace sans cesse la vie des chrétiens, il apaise sa rage en faisant pleuvoir sur eux une foule de maux et de calamités. De là vient que tant de malheureux périssent, les uns étranglés, les autres fous ; c'est lui qui attire les enfants près des rivières, lui qui prépare des chutes mortelles.*

Les goitreux, pour Luther, sont nés d'un incube. Satan a mis ces monstres à la place du véritable enfant pour tourmenter les parents. *Quelquefois, le démon attire les jeunes filles près de l'eau, puis il les abuse et les retient près de lui jusqu'à la naissance des enfants ; ensuite il va lui-même poser ces enfants dans les berceaux des nouveau-nés, qu'il emporte à la place.*

Au siècle des Lumières, Satan ne fait plus peur, et on le retrouve même dans les déguisements, lors de soirées libertines.

Ce qui n'empêche pas une minorité de persévérer dans la dénonciation du satanisme. Un certain abbé Fiard, acharné à traquer Belzébuth dans des ouvrages aux titres révélateurs, *Lettres magiques*, *Lettres sur le diable* (1791), *La France trompée par les magiciens et démonolâtres du dix-huitième siècle, fait démontré par des faits* (1803) accuse d'être possédés du diable les Jacobins, et les Francs-Maçons.

Il annonce aussi la venue de l'Antéchrist (voir ce mot) et soutient qu'un ventriloque parle par la volonté ou avec l'aide des démons !

Au XIXᵉ siècle, le Malin suscite encore quelques vocations, notamment parmi des prêtres, dont l'abbé Boullan, héros du roman de Joris-Karl Huysmans, *Là-bas*.

Au XXᵉ siècle, le diable sévit toujours, notamment aux États-Unis où les sectes satanistes pullulent, et il est toujours présent dans le nouveau *Catéchisme de l'Église catholique*.

Messe noire

SATURNE

En astrologie, c'est le Dieu maître du temps. Les Anciens le surnommaient le "grand maléfique", chargé de tous les défauts : égoïsme, sécheresse de caractère, austérité…
Bref, un triste sire. Pourtant il incarne aussi la sagesse, la science, la philosophie, la réflexion intense. Le Saturnien est d'autant plus lent qu'il est réfléchi. Quand il a décidé d'agir, plus rien ne l'arrête.

SCEAU DE SALOMON

Utilisé pour la fabrication de talismans et d'amulettes, car considéré comme puissamment bénéfique, c'est le plus célèbre des sceaux magiques. Salomon l'aurait porté en bague (dessin ci-dessous). Ses deux triangles équi-

latéraux inversés symbolisent l'interpénétration alchimique de ce qui est en haut et de ce qui est en bas. Au centre du sceau, s'inscrit souvent le mot sacré TETRA-GRAMMATON (voir **Pantacle**).

SIDÉROMANCIE

Divination avec des pailles.
On jetait, sur un feu ardent, ou sur un fer rouge, des pailles en nombre impair. Pendant qu'elles brûlaient, on analysait le mouvement de pailles, leur tournoiement ou leur inflexion, la scintillation des flammes et la fumée.

SIKIDY

Nom malgache de la **géomancie**. Le Sikidy se pratique sur le sable, comme la géomancie des origines.

SOLEIL

En astrologie, le Soleil symbolise le caractère profond, la vie, la lumière, la prospérité, mais aussi l'orgueil, la domination, la célébrité. Dans un thème astral, il représente le père, le mari, le chef. Sa position est déterminante.

SONGES

Voir **Oniromancie**.

SORCELLERIE

Au IXᵉ siècle, sous le règne de Charles le Chauve, il est fait mention, dans les capitulaires, des serviteurs du diable :
Certaines femmes scélérates retournent à Satan séduites par les illusions et les fantasmes du démon. Elles croient et professent que pendant les nuits, avec Diane, déesse païenne, et une innombrable tourbe de femmes, chevauchant des bêtes, elles traversent des espaces

dans le calme des nuits obéissant à ses ordres (...) Nous avons appris que des hommes maléfiques et des sorcières apparaissent en divers lieux de notre royaume, leurs maléfices ont déjà causé la maladie ou la mort de beaucoup de personnes. C'est le devoir du roi de faire disparaître les impies, de ne pas laisser vivre les fabricants de maléfices et de poisons.

Les voici désignés, les serviteurs de Satan : les sorciers et sorcières ! Malheur à qui pactisera avec le diable, pendant tout le Moyen Âge, et même après ! Les Templiers, Jeanne d'Arc, Gilles de Rais seront condamnés pour sorcellerie. La sorcellerie va devenir une arme politique ; l'inculpation idéale, quand on ne peut rien prouver d'autre.

Les sorciers, rendus responsables de tous les malheurs du monde, seront, pour l'exemple, punis de crimes nés dans l'imagination de leurs juges, qui les font brûler après des procès

indignes. Les malheureux, sous la torture, et confrontés à des juges psychopathes, avouent, pour être délivrés de la douleur, n'importe quoi : sabbats, mauvais œil, sorts jetés sur les troupeaux, accouplements contre nature, baisers honteux (les Templiers seront accusés de la même infamie)…

Sous la Renaissance, les papes, qui souvent consultent des astrologues avant de prendre des décisions au nom de la Chrétienté, incitent les Inquisiteurs et les évêques à poursuivre les sorciers. Sous peine d'excommunication, le concile de Narbonne prescrit aux curés de dénoncer les hérétiques ou les sorciers de leurs paroisses ; ils exhorteront leurs fidèles, en chaire, à la délation de leurs voisins.

Les persécutions ne vont s'arrêter qu'au XVIIIe siècle. Le dernier supplice d'un sorcier est ordonné par le Parlement de Bordeaux, en 1718, sur un homme accusé d'avoir *lié* un seigneur, sa femme et ses servantes.

On trouve, dans *Le Dictionnaire de Trévoux* de 1732, rédigé par les Jésuites, cette définition : *Sorcier, magicien, enchanteur : celui qui, selon l'opinion commune, a*

communication avec le diable, et qui fait plusieurs choses merveilleuses par son secours.

On tient que les sorciers vont à des assemblées nocturnes qu'ils nomment sabbat, qu'ils y adorent le diable, qu'ils ont une marque qui rend la partie insensible.

Ceux qui ont écrit de la Démonomanie, comme Del Rio, Bodin... en racontent mille merveilles, dont la plupart sont visiblement fabuleuses. On excommunie au prône les sorciers et les sorcières, devins ou devineresses. Le peuple, qui souvent juge de travers, a accusé plusieurs grands hommes d'être sorciers. Le Parlement de Paris ne reconnaît point de sorciers. Le Parlement de Rouen les brûlait autrefois ; on ne le fait plus. On ne doit punir ceux qu'on accuse d'être sorciers, que lorsqu'ils sont dûment convaincus de maléfice, de quelque manière qu'ils l'aient fait.

Voltaire, dans son Dictionnaire philosophique, *règle son compte aux persécuteurs de sorciers :* Rien n'est plus ridicule que de condamner un vrai magicien à être brûlé ; car on devait présumer qu'il pouvait éteindre le feu et tordre le cou à ses juges.

Et les Encyclopédistes de conclure, au mot *Sorcellerie* : *Opération magique honteuse ou ridicule, attribuée stupidement par la superstition à l'invocation et au pouvoir des démons.*

SORT (MAUVAIS)

Pour le conjurer, on peut :
◆ Faire les cornes du Diable, en plaçant derrière son dos sa main fermée, avec l'index et l'auriculaire dressés.
◆ Faire le signe du Diable, en fermant la main, le pouce sortant entre l'index et le majeur.

SPIRITISME

Forme moderne de **nécromancie** (voir ce mot). Par des moyens évocatoires, un médium tente de se mettre en contact avec l'esprit des morts. Allan Kardec, dont la tombe, au cimetière du Père Lachaise, à Paris, continue à faire l'objet d'un culte, a été, au XIXe siècle, le théoricien du spiritisme. Victor Hugo pratiqua le spiritisme pour entrer en communication avec sa fille disparue.
En règle générale, le médium utilise un guéridon dont on interprète les oscillations, ou pratique l'écriture automatique, avec une aiguille qui oscille en direction de lettres de l'alphabet.

SUCCUBE

Voir **Incube**.

SYMBOLOMANCIE

Voir aussi **Cafédomancie** et **Oniromancie**.
Divination par les symboles. On la pratique quand on interprète des images, dans d'autres disciplines divinatoires : marc de café, analyse des songes…

T

TABLE D'ÉMERAUDE

Hermès dit-on, la grava sur une grande émeraude à l'aide d'une pointe de fer.

Ce qui est en bas est comme ce qui est en haut, et ce qui est en haut est comme ce qui est en bas, pour accomplir les miracles d'une seule chose. Et comme toutes choses ont été et sont venues d'Un, par la médiation d'Un, ainsi toutes choses sont nées de cette chose unique, par adaptation.

Le Soleil en est le père, la Lune en est la Mère, le vent l'a porté dans son ventre, la terre est sa nourrice et son réceptacle. Le père de tout, le Thélème du monde universel est ici; sa force est entière si elle est convertie en terre.

Tu sépareras la terre du feu, le subtil de l'épais, doucement avec grande industrie. Il monte de la Terre et descend du Ciel, et il reçoit la force des choses supérieures et inférieures.

Tu auras par ce moyen toute la gloire du monde et toute obscurité s'éloignera de toi. C'est la force forte de toute force, car elle vaincra toute chose subtile et pénétrera toute chose solide. Ainsi le monde a été créé. De cela sortiront d'admirables adaptations, desquelles le moyen est ici donné. C'est pourquoi j'ai été appelé Hermès Trismégiste, ayant les trois parties de la philosophie universelle. Ce que j'ai dit de l'œuvre solaire est complet.

Ce texte, pierre angulaire de l'Alchimie, est le viatique des occultistes de toutes les époques.

TALISMAN

Voir aussi **Pantacle,
Sceau de Salomon**.

Selon le *Traité des Talismans*, de Pierre de Bresche, édité en 1671, le talisman "n'est autre chose que le sceau, la figure, le caractère ou l'image d'un signe céleste, planète ou constellation, imprimée, gravée ou ciselée sur une pierre sympathique, ou sur un métal correspondant à l'astre, par un ouvrier qui ait l'esprit arrêté et attaché à l'ouvrage et à la fin de son ouvrage, sans être distrait ou dissipé en d'autres pensées étrangères au jour et heure de la planète, en un lieu fortuné, en un temps beau et serein, et quand il est en la meilleure disposition dans le ciel qu'il peut être, afin d'attirer plus fortement les influences, pour un effet dépendant du même pouvoir et de la vertu de ses influences…"

Grégoire de Tours raconte que sous le règne de Chilpéric (VIe siècle) on trouva dans les fossés de Paris une plaque de cuivre, sur laquelle était gravée la figure d'un rat, d'un serpent et d'une flamme de feu.

Peu de temps après que l'on eut ôté cette plaque, qui était un talisman, on vit dans Paris une quantité prodigieuse de rats et de serpents et qu'il se fit, dès le lendemain, un embrasement considérable dans la ville.

On peut fabriquer soi-même ces talismans, sans prendre autant de précautions astrologiques. Le talisman s'appelle aussi porte-bonheur, gri-gri, amulette, **pantacle** (voir ce mot)…

Les figurines en bois, terre ou métal représentant des dieux protecteurs chez les primitifs sont déjà des talismans.

Comme sont des talismans, en Égypte, certains hiéroglyphes, des figurations d'animaux toté-

Une carte, ou un bijou peuvent servir de talismans

miques aux vertus protectrices, ou les papyrus et leurs formules magiques qui accompagnaient le corps des défunts. Les **phylac-tères** (voir ce mot), paroles sacrées recopiées sur des parchemins que les Hébreux suspendent à leurs cheveux sont aussi des talismans.

La croix, pour les premiers chrétiens, était aussi un talisman…

Le talisman n'est pas un objet-miracle : il symbolise l'aboutissement d'une démarche spirituelle, sa concrétisation. Il matérialise la foi que l'on a mise dans une entreprise, il en témoigne.

Il n'y a donc pas de règles précises quant à sa fabrication. C'est une affaire individuelle. On fabrique, ou fait fabriquer son talisman — qui peut aussi être un bijou que l'on a "investi" de quelque pouvoir, on le porte sur soi, en pendentif ou dans sa poche, une **rune** qui s'est révélée bénéfique (voir ce mot)…

Pierre de Bresche, dans son *Traité des Talismans*, donnait la composition de quelques talismans selon lui éprouvés.

"Pour la joie, beauté et force du corps, gravez l'image de Vénus, qui est une dame tenante en main des pommes et des fleurs, en la première face de la Balance, des Poissons ou du Taureau. Pour avoir l'esprit plus subtil et la mémoire meilleure, gravez l'image de Mercure, qui est un jeune homme assis, tenant en main un caducée et la tête couverte d'un chapeau, en la première face des Gémeaux ou de la Vierge, sur un métal."

Toujours selon Pierre de Bresche, "on attribue à Salomon un livre intitulé *Des Sceaux de pierreries*, où il dit que :

♦ La figure d'un homme, gravée sur du jaspe vert et enchâssée dans l'airain, ayant un bouclier pendant au col et un casque en tête, un glaive élevé à la main, et

foulant un serpent aux pieds, rend celui qui le porte victorieux et invincible.

◆ La figure du Scorpion et du Sagittaire se combattant, gravée en quelques pierres, et enchâssée dans un anneau de fer, cause les divisions parmi ceux qui en sont touchés.

◆ Au contraire, la figure du Bélier avec la moitié du Taureau, gravée dans une pierre et enchâssée dans l'argent, apporte la paix et la concorde.

◆ La figure du Verseau gravée sur une turquoise fait gagner aux marchands tout ce qu'ils veulent.

◆ La figure de Mars, qui est d'un soldat armé de sa lance, gravée sur une pierre, rend l'homme belliqueux.

◆ La figure de Jupiter, qui est la forme d'un homme ayant une tête de bélier gravée sur quelque pierre, rend celui qui la porte aimable et gracieux, et lui fait obtenir l'effet de ses désirs.

◆ La figure du Capricorne, gravée sur une pierre précieuse et enchâssée dans un anneau d'argent, rend l'homme invulnérable et en ses biens et en sa personne : un juge ne pourra jamais donner sentence injuste contre lui ; il abondera en biens et en honneurs et obtiendra la bienveillance de tous les hommes."

Formule, datant du XVIᵉ siècle, à graver pour acquérir les honneurs et les grandeurs :
"Faites graver l'image de Jupiter, qui est un homme ayant la tête d'un bélier, sur de l'étain ou sur une pierre blanche, aux jour et heure de Jupiter, quand il est en son domicile, comme au Cancer, et qu'il soit libre de tout empêchement, principalement des mauvais regards de Saturne ou de Mars ; qu'il soit vite et non brûlé du Soleil, en un mot qu'il soit fortuné en tout.
Portez cette image sur vous, étant faite comme dessus, et avec toutes les conditions susdites, et vous verrez ce qui surpasse votre créance."

TAROT

Le tarot divinatoire, forme de **cartomancie** (voir ce mot; pour les équivalences, voir **Kabale**), remonterait à Salomon. Pratiqué au Moyen Âge, on lui rajouta des cartes. Il se compose de 22 arcanes majeurs (exposés ci-après), et d'arcanes mineurs, qui eux aussi peuvent être utilisés à des fins divinatoires plus poussées.

Interpréter les tarots, c'est interpréter le symbolisme de ses figures, très riches. Il existe plusieurs méthodes pour tirer les tarots, notamment celle de la croix (ci-dessous).

La question mentalement posée, on étale 5 cartes après que le consultant a choisi un nombre allant de 1 à 22.

Le devin compte alors les cartes qu'il a battues jusqu'au chiffre indiqué. Il pose la carte correspondante et recommence quatre fois de suite. On lit alors l'oracle, en fonction de la signification des cartes (lames).

Devant les 5 cartes étalées, il faut peser le pour et le contre de l'ensemble, et envisager éventuellement plusieurs solutions, chaque carte ayant un aspect positif et un aspect négatif. L'oracle n'est pas définitif, mais réfléchi.

Carte n° 3
JUGE
Ce qui intervient,
et aide à choisir
pour ou contre.

Carte n° 1
POUR
Ce qui est propice,
et ce qui est à faire.

Carte n° 5
SYNTHÈSE
Ce qu'il importe
de faire.

Carte n° 2
CONTRE
Ce qui est néfaste,
et à éviter.

Carte n° 4
SENTENCE
Résultat,
solution.

SIGNIFICATION DES 22 ARCANES MAJEURS

1 — LE BATELEUR

Point de départ, cause, origine, activité. Il prépare son ascension matérielle, a autant de volonté que de potentiel.

Influence mercurienne.

Pour : Esprit alerte, intelligence prompte, habileté, diplomatie, éloquence, disponibilité.

Contre : Agitation, mensonge, hâblerie, affabulation.

ÉQUIVALENCE ALCHIMIQUE

Terre, air, feu, eau ; les quatre éléments sont prêts pour la réalisation du Grand'Oeuvre.

2 — LA PAPESSE

Choses cachées, tues, mystère, intuition, piété, religion. C'est la Connaissance et ses mystères, la confrontation avec un au-delà secret.

Influence luno-saturnienne,

Pour : secours imprévu, attente nécessaire ; réserve, discrétion,

LE · BATELEUR

LA · PAPESSE

confiance, méditation, foi, résignation.

Contre : hostilité, dissimulation, hypocrisie, bigotisme, paresse, rancunes.

ÉQUIVALENCE ALCHIMIQUE
L'alchimiste s'instruit des lois du Cosmos

3 — L'IMPÉRATRICE

Sagesse, discernement, richesse spirituelle, grâce, influence civilisatrice, amour et contrôle des émotions.

Influence luno-solaire.

Pour : intelligence, compréhension, savoir, instruction, charme, élégance, politesse, douceur, domination féminine, administration des richesses, abondance.

Contre : Affectation, coquetterie, vanité, prétention, dédain, frivolité, prodigalité, manque de sens pratique.

ÉQUIVALENCE ALCHIMIQUE
La volonté de l'alchimiste allume l'athanor.

L'IMPÉRATRICE

L'EMPEREUR

4 — L'EMPEREUR

Pouvoir, volonté, fermeté, réalisme. Domination de la matière. Influence Saturne-Mars.

Pour : protecteur puissant, autorité, rigueur, certitude, réalisation, énergie, persévérance.

Contre : obstacle, adversaire tenace, hostilité, risques d'échec, absolutisme, caractère impérieux

ÉQUIVALENCE ALCHIMIQUE

Tétrade ; 1 + 2 + 3 + 4 = 10, connaissance des éléments, retour à l'unité.

LE · PAPE

5 — LE PAPE

Devoir, moralité, conscience. Référence à l'ordre, et à l'obéissance aux lois universelles. Influence jupitérienne.

Pour : conseiller bienveillant, sagesse, respect des convenances et des lois, indulgence, générosité, pardon.

Contre : moralisme étroit, pontifiant et sentencieux, dogmatisme, intolérance, incompétence, intransigeance.

ÉQUIVALENCE ALCHIMIQUE

L'alchimiste connaît les règles et commence à les appliquer.

6 — L'AMOUREUX

Sensibilité, libre arbitre, choix, épreuve, émotion, antagonisme entre le devoir et le désir. Double influence de Vénus, étoile du soir et du matin.

Pour : aspirations, vœux, responsabilité, sentiments chaleureux, sympathie.

Contre : épreuve à subir, doute, irrésolution, risque de séduction, faiblesse, libertinage, manque d'héroïsme.

ÉQUIVALENCE ALCHIMIQUE

L'alchimiste confronté au choix, voie sèche ou voie humide ?

7 — LE CHARIOT

Maîtrise d'une situation, triomphe de l'âme sur la matière. Influence Mars-Soleil.

Pour : succès légitime, avancement justifié, capacités, talent, tact, conciliation.

Contre : pouvoir usurpé, succès précaire, danger de révolte, surmenage, fièvre.

ÉQUIVALENCE ALCHIMIQUE

L'alchimiste a accompli la première phase.

8 — LA JUSTICE

Régularité, méthode, perfection, équilibre entre conscience et fatalité, conflits apaisés, triomphe - difficile - du bien.

Influence Jupiter-Lune.

Pour : stabilité, organisation, discipline, logique, coordination, adaptation aux nécessités, sens pratique, raison, économie, obéissance.

Contre : timidité, manque d'initiative, complications, lenteurs, procès.

L'AMOVREVX

LE CHARIOT

ÉQUIVALENCE ALCHIMIQUE
Le déséquilibre des forces annonce des difficultés.

9 — L'ERMITE

Prudence, réserve, restriction, expérience, introspection et sagesse, équilibre des forces et des idées.
Influence saturnienne.
Pour : concentration, discrétion, méditation, étude, sobriété, secret, philosophie.

Contre : isolement, misanthropie, mutisme, caractère fermé, conspiration, solitude, avarice.
ÉQUIVALENCE ALCHIMIQUE
L'alchimiste se rend compte que le Grand'Œuvre n'est pas la transmutation de métaux mais une ascèse personnelle.

10 — LA ROUE DE FORTUNE

Alternatives du sort, instabilité, fortune mineure, soumission à la loi des cycles, ascension et régression.

LA·JUSTICE

L'HERMITE

Influence luno-mercurienne.

Pour : Chance soudaine, réussite fortuite, gain au jeu, spontanéité, présence d'esprit, invention, entrain, bonne humeur, initiative heureuse.

Contre : Spéculation hasardeuse, risques, insouciance, insécurité, situation instable, revirements.

ÉQUIVALENCE ALCHIMIQUE
L'athanor libère les énergies de la matière, dont la conduite peut mener à la ruine.

11 — *LA FORCE*

Vertu, courage, énergie canalisée. La volonté maîtrise les énergies. Influence Jupiter-Mars.

Pour : intrépidité, calme dominateur, puissance morale, héroïsme.

Contre : colère, impatience, insensibilité, cruauté, discorde, opération chirurgicale. '

ÉQUIVALENCE ALCHIMIQUE
L'affrontement avec les énergies libérées sera victorieux, si l'alchimiste consent au renversement de sa personnalité.

LA·ROUE·DE·FORTUNE

LA FORCE

12 — LE PENDU

Abnégation, dévouement, soumission, sacrifice consenti.
Influence Lune-Vénus.

Pour : désintéressement, renoncement aux ambitions personnelles, générosité, altruisme.

Contre : bons sentiments inopérants, promesses non tenues, projets non exécutés, utopies, impuissance, amour non partagé, bonté qui se laisse exploiter.

ÉQUIVALENCE ALCHIMIQUE

L'alchimiste doit se vérifier lui-même avant de vérifier la matière.

13 — LA MORT

Fatalité inéluctable, fin nécessaire, transformation, désenchantement. Renoncements décisifs.
Influence Saturne-Mars.

Pour : perception de la réalité cachée, sagesse désabusée, désenchantement, changement entier, détachement métaphysique, mort initiatique.

Contre : échéance fatale, échec inévitable dont la victime n'est pas responsable, découragement, pessimisme, abandon passif, nihilisme.

LE · PENDU

ÉQUIVALENCE ALCHIMIQUE
Le changement opéré est inéluctable et nécessaire. L'alchimiste est mort à lui-même, il a tué le vieil homme.

14 — *LA TEMPÉRANCE*

Adaptation à la vie universelle, transmutation. Inspiration et échanges, but en vue.
Influence : Soleil-Lune.
Pour : sérénité, indifférence aux contrariétés, accommodement, sociabilité, aptitude à se transformer sous l'influence du milieu.
Contre : froideur, manque de personnalité, abandon, laisser-aller, esclavage de la mode, lymphatisme.
ÉQUIVALENCE ALCHIMIQUE
Distillation et fermentation. La transmutation brûle de l'énergie.

15 — *LE DIABLE*

Énergies inconscientes, polarisations psychophysiologiques. Passion et négation, gros potentiel d'énergies psychiques (attention

TEMPÉRANCE

LE DIABLE

à ne pas les gaspiller).
Influence : Mars-Vénus.
Pour : magnétisme, rayonnement vital, vigueur.
Contre : passion, désordre, lubricité, concupiscence, complications, intrigues, illégalité.
ÉQUIVALENCE ALCHIMIQUE
Fixation des éléments, devenus stables après l'ensemencement.

16 — LA MAISON-DIEU

Excès, explosion, effondrement, chute. Orgueil châtié, déchaînement des énergies.
Influence mauvaise : Jupiter-Mars.
Pour : crise salutaire, leçon tirée du malheur d'autrui, retenue de peur d'une punition,
Contre : punition, maladie, ambition immodérée, scandale, hypocrisie démasquée, accaparement, orgueil, imprudence, entreprises chimériques.

LA · MAISON · DIEU

L'ETOILE

ÉQUIVALENCE ALCHIMIQUE
L'œuf alchimique explose libérant des énergies considérables et dangereuses.

17 — L'ÉTOILE

Idéalisme, Espérance, Beauté. Connaissance des lois du monde. Influence : Soleil-Vénus. Carte féminine.
Pour : simplicité, confiance en la destinée, épanouissement naturel, sensibilité artistique, bonté, compassion.

LA·LUNE

Contre : candeur rêveuse, naïveté, légèreté, impudeur.
ÉQUIVALENCE ALCHIMIQUE
Fusion avortée, convergence inaboutie, essais.

18 — LA LUNE

Imagination, Apparence, Illusions. Conflits, frayeurs, désirs inavouables. Carte de discorde. Influence lunaire.
Pour : objectivité, expérimentation douloureuse, docilité, intuition, lucidité.
Contre : fausses suppositions, visions, égarements, lubies, pièges, déceptions, flatteries, menaces, chantage.
ÉQUIVALENCE ALCHIMIQUE
Le Grand'Œuvre peut avorter, convoitise et précipitation, synthèse impossible.

19 — LE SOLEIL

Lumière, Raison, Concorde, Harmonie. L'esprit rejoint le divin, c'est la grande synthèse entre Connaissance et Amour. Influence solaire.
Pour : clarté de jugement et d'expression, talents artistiques, célébrité, gloire, réussite, bonne entente, félicité conjugale, frater-

nité, intelligence et bons sentiments. Bonheur.

Contre : vanité, susceptibilité,
misère dissimulée, bluff, simula-
tion.

ÉQUIVALENCE ALCHIMIQUE

Le dernier réchauffement va faire
la synthèse des éléments, les tensions disparaissent, l'Œuvre au
rouge est en vue.

20 — LE JUGEMENT

Inspiration, Souffle rédempteur,
Régénération. Avénement de
l'homme nouveau, révélation,
nouveau sens à la vie, éveil aux
dimensions du monde.

Influence : Soleil-Mercure.

Pour : spiritualité, enthousiasme,
sainteté, apostolat, rénovation,
naissance.

Contre : spiritisme, bruit, agitation, renommée artificielle.

ÉQUIVALENCE ALCHIMIQUE

L'alchimiste s'accomplit dans

LE·SOLEIL

LE·JUGEMENT

son œuvre, l'inanité de la transmutation lui apparaît, il commence sa propre transmutation.

21 — LE MONDE

Récompense, Apothéose. Intégra-
tion dans l'harmonie universelle,
synthèse du savoir et de l'action,
utilisation positive de ses propres
contradictions.
Influence : Jupiter
Pour : réussite, couronnement de
l'œuvre, accomplissement, inté-
grité, loyauté.

Contre : obstacle extérieur,
ambiance hostile, revers de fortune, déconsidération sociale,
dispersion mondaine.
ÉQUIVALENCE ALCHIMIQUE
Le Triomphe.

LE FOU (LE MAT)

Inconscience, Impulsivité, Alié-
nation. Envie d'indépendance, de
changement. Pauvreté. Nouveau
départ. Fatalité et expiation,
imprudence et folie. Le Mat,
c'est Prométhée.

LE · MONDE

LE · MAT

Pour : médiumnité, repos, inaction évitant des fautes, irresponsabilité, insouciance, résignation instinctive.

Contre : incapacité de se diriger, obéissance aux impulsions aveugles, inconduite, extravagance, regrets, folie.

ÉQUIVALENCE ALCHIMIQUE

Liberté en folie, l'alchimiste accompli devient Initié. En harmonie avec les sphères célestes, il se détache petit à petit des contingences terrestres, il se trouve en état de félicité. Il est.

TOPAZE

(Fuosilicate d'aluminium jaune à bleu)

Il concentre l'énergie, aide à la circulation sanguine, la cicatrisation, renforce l'intelligence et combat l'insomnie.

TRÉSOR

Nombre de radiesthésistes (voir **Radiesthésie**) tentent de trouver l'emplacement de trésors avec leur pendule. Jérome Cardan, d'après les *Secrets merveilleux du Petit Albert* de 1772, avait une autre méthode :"Pour savoir si le trésor est dans le lieu où l'on creuse, il faut avoir une grosse chandelle, composée de suif humain et enclavée dans un morceau de bois de coudrier. Si la chandelle, étant allumée dans le lieu souterrain, y fait beaucoup de bruit en pétillant avec éclat, c'est une marque qu'il a un trésor en ce lieu, et plus on approchera du trésor, plus la chandelle pétillera, et enfin elle s'éteindra, quand on sera tout à fait proche.

"Il faut avoir d'autres chandelles dans des lanternes, afin de ne pas demeurer sans lumière.

"Quand on a des raisons solides pour croire que ce sont des esprits des hommes défunts qui gardent les trésors, il est bon d'avoir des cierges bénits au lieu de chandelles communes, et les conjurer de la part de Dieu de déclarer si l'on peut faire quelque chose pour les mettre en lieu de bon repos, et il ne faudra jamais manquer d'exécuter ce qu'ils auront demandé."

TURQUOISE

(phosphate naturel d'aluminium et de cuivre, de couleur bleu-ciel à bleu-vert).

La turquoise protège du mauvais œil. Elle aide aux relations positives, protège des accidents et rend volontaire.

"Portée en anneau, si son propriétaire tombe de cheval, est estimée recevoir tout le coup, et être rompue en pièces, et l'homme sauvé. Les peuples où cette pierre est engendrée estiment qu'elle a des vertus contre les empoisonnements et la mélancolie." (Selon Jérôme Cardan.)

Trésor. Voir ce mot

U

URANUS

En astrologie, planète de la révolution (elle a été découverte peu avant la Révolution française), elle symbolise la rapidité, mais aussi l'occultisme, l'intelligence (par rapport à Mercure, qui incarne davantage la ruse).

L'uranien est un individualiste qui a la passion d'apprendre et de comprendre. Il ne croit ni au hasard, ni aux coïncidences. Son magnétisme personnel ne l'empêche pas de se faire des ennemis, à cause de son franc-parler. Il peut être génial, et incompris.

V-W

VÉNUS

En astrologie, Vénus, l'étoile du soir et du matin (l'étoile du berger) inspire la beauté, l'amour et l'art sous toutes ses formes. Le Vénusien est charmeur, élégant, diplomate, mais sa séduction peut en faire la victime de gens peu scrupuleux, qui cherchent à l'utiliser à son insu. Quand il prend conscience de son éventuelle futilité, il en devient misanthrope, ce qui ajoute à son charme, s'il accepte de se laisser convaincre qu'il reste le plus beau, le meilleur…

VERGE

Nom donné à la baguette divinatoire du mage, ou à la baguette des sourciers. C'est avec sa verge que Moïse, répliquant aux magiciens égyptiens, sut convaincre Pharaon de sa puissance et obtint le départ des Hébreux pour la terre promise.

"En quelques endroits d'Allemagne, rapporte au XVIIᵉ siècle un historien des superstitions, le père Lebrun, on fait un usage fort singulier d'une baguette de coudre (noisetier) ou de frêne, car on s'en sert pour remettre les os disloqués ou rompus, pour guérir les plaies et étancher les hémorragies.

"La plupart préfèrent le frêne à tout autre bois, et pour cela l'appellent le bois à guérir les plaies.

"Un médecin faisait une foule de guérisons, avec de petits bâtons de coudre qu'il conservait bien munis des influences de la constellation qui les rendait si bienfaisants.

"Tout son secret consistait à couper d'un seul coup une verge de coudre, lorsque le Soleil entrait dans le signe du Bélier, et à en sceller les deux bouts avec de la cire d'Espagne, de peur que la vertu ne s'évaporât.

"Ensuite, il n'avait qu'à frotter la contusion avec une de ces baguettes, pour faire remettre les os dans leur place, comme si on s'était servi de quelque enchantement. Le même médecin préparait aussi des baguettes de frêne, au temps de la conjonction du Soleil et de la Lune dans le signe du Bélier, et prétendait par leur seul attouchement arrêter toute sorte d'hémorragie."

VERRUES

Voir aussi **Grains de beauté** et **Envie**

Incident dermatologique, la verrue. Nettement moins esthétique que le grain de beauté, elle a, elle aussi, fait l'objet "d'études".

Son exégète fut le Suisse Lavater, au XVIIIe siècle.

Sur le menton, la verrue était signe de crétinisme. Celle sur le front était inoffensive pour son porteur.

Ceux qui croyaient au diable y voyaient la trace de son doigt. Les autres un signe de bonheur et de chance, surtout si des poils en sortaient. Les dermatologues le confirmeront : les verrues "poilues" ne sont pas malignes.

Pour les soigner, selon Pline, il fallait s'allonger en plein air, face à une lune de vingt jours, et la

frotter avec l'herbe à portée de la main. Autant choisir son emplacement loin d'un buisson d'orties !

On pouvait aussi, sur un chemin, abandonner une bourse contenant des cailloux et une pièce d'argent. Celui qui s'en emparait héritait malgré lui des verrues du donateur !

Pour s'en débarrasser, certains préconisaient le fer rouge : méthode radicale. Le feu, de la verrue au grain de beauté, guérissait tout, et même du diable ! Et la cicatrice qu'il vous laissait ressemblait à une… envie.

VERVEINE

La verveine, pour n'être pas fleur, n'en est pas moins oraculaire. *Herbe à Vénus*, ou *herbe à sorcier* selon ses propres convictions, c'est l'une des plantes favorites des magiciens de l'amour.

D'abord parce qu'elle purifie l'haleine, ce qui n'est pas négligeable lors des tentatives de séduction, ensuite parce qu'elle rend amoureux.

Selon l'*Opération des sept Esprits des planètes*, un traité du XVIIIe siècle, au chapitre *Secrets de magie pour se faire aimer*, il faut se frotter les mains avec du jus de verveine et toucher celui ou celle à qui l'on voudra donner de l'amour.

Les druides, eux, lavaient leurs autels avant les sacrifices avec du jus de verveine.

Autre procédé de séduction infaillible, l'infusion de verveine, que l'on fera boire à celui (ou celle) que l'on veut séduire.

Auparavant, il aura fallu la cueillir le premier vendredi de la nouvelle lune, avec un couteau neuf, à genoux, tourné vers l'orient naissant, en récitant : *Je te cueille par la force de Lucifer, Prince des Enfers, et de Belzébuth, mère des trois démons ; qu'elle commande à Attos, à Effeton et à Canabo d'aller tourmenter X… de haut en bas afin que dans les vingt-quatre heures, il (elle) accomplisse ma volonté !*

Ensuite, regagner son logis sans se retourner (recette du *Grand Albert*)…

Le *Grand Albert*, Bible des magiciens, conseille aussi de toujours porter sur soi une couronne de verveine, *afin d'être vigoureux dans le coït.*

Enfin, pour les **envoûtements** (voir ce mot), il fallait, dans le feu destiné à faire fondre les statuettes de cire, jeter de la verveine.

VIRGINITÉ (JUGEMENT DE)

Pour constater la "virginité et pucelage" des filles, on leur explorait l'intimité avec un filet dont on mesurait le col.

On pouvait aussi leur faire absorber de l'agate réduite en poudre. Si elles la vomissaient, c'est qu'elles n'étaient plus pucelles.

Autre signe qui ne trompait pas : si une hermine s'enfuyait à l'approche d'une femme, c'est qu'elle n'était plus vierge !

Pour capturer une licorne (symbole de chasteté, bien que sa corne fût réputée aphrodisiaque), il fallait introduire sur son territoire une jeune fille vierge. La licorne, séduite par sa pureté, venait auprès d'elle et s'endormait sur son sein. Il ne restait plus qu'à la vierge triomphante de passer le licou à la licorne. Mais si la chasseresse n'était plus vierge, malheur à elle : la licorne lui transperçait le bas-ventre de sa corne phallique, la punissant sévèrement par là où elle avait péché.

La licorne, en se réfugiant sur le sein d'une jeune fille, prouvait qu'elle était vierge...

VŒU

Lorsqu'on fait un vœu, notamment lorsque pour la première fois de l'année, on mange un fruit, il faut, afin qu'il soit exaucé, croiser bras et jambes.

En public, on peut se contenter de croiser le majeur et l'index de la main droite.

Certains recommandent, simultanément, de toucher du **bois** (voir ce mot).

VOYANCE (ÉTAT DE…)

On ne s'improvise pas voyant, ou voyante. Il faut posséder, ou acquérir, une certaine réceptivité, une certaine "médiumnité".

Sans état de voyance, on peut certes lire des cartes, distinguer des taches dans du marc de café, mais on ne peut émettre un oracle, à moins d'affabuler, ce qui peut s'avérer dangereux si l'on s'adresse à un interlocuteur qui, lui, prendra pour argent comptant des vaticinations.

Pour aider à l'état de voyance, il y a bien sûr la concentration, la méditation, et quelques "trucs".

Le médium étant un "détecteur d'ondes", qui reçoit des vibrations extérieures par l'intermédiaire de son système nerveux, il faut entraîner cette réceptivité, et créer une ambiance réceptive.

Sont attractifs :
— le cristal, le saphir, la calcédoine, les perles,
— les couleurs bleu et blanc, gris, noir, jaune,
— les lieux humides et silencieux, étangs, forêts, bords de rivière, ruines…
— les chats et les hiboux, les corbeaux…
— le soufre, l'étain, le plomb, l'argent…

Une voyance doit s'effectuer dans un lieu sombre, face à l'ouest, jamais en pleine lumière. Le voyant, lorsqu'il énonce son oracle, ne doit pas réfléchir aux mots qu'il prononce ; il s'abandonne à une impulsion psychique, d'où l'apparente incohérence, parfois de ses propos.

Ainsi les pythies du temple de Delphes, qui émettaient des oracles sibyllins sous l'influence de drogues diverses, étaient-elles réputées pour leurs messages, que des prêtres, ensuite, décryptaient et sans doute arrangeaient à leur guise et selon leurs interlocuteurs.

Il en est ainsi de la voyance : c'est parfois un état second, avec un médium sincère, c'est souvent un jeu intellectuel, ou le "voyant" est davantage un psychologue qui accommode le message perçu en fonction de son vis-à-vis.

X-Y-Z

YI KING

Le Yi Jing (ou Yi King), ou *Livre des Mutations* est le plus ancien livre initiatique et divinatoire du monde (VIIe siècle av. J.-C.). Cette méthode oraculaire était pratiquée, par les devins, avec des tiges d'achillée, selon un rituel compliqué.

Elle aurait été découverte par le légendaire empereur Fou-Hi qui aurait distingué 8 trigrammes sur la carapace d'une tortue ; à moins qu'il n'en ait eu la révélation par la gueule d'un dragon...

Wen, autre souverain mythique, aurait superposé ces trigrammes en hexagrammes. Mais ce ne serait qu'au IIe siècle de notre ère que le mandarin Wang Pi aurait codifié le Yi King dans sa version actuelle, y introduisant morale, philosophie et sagesse.

C'est cette version que découvrirent les missionnaires jésuites du XVIIe siècle. Depuis, la méthode a été simplifiée, "occidentalisée". Toutefois, pour pratiquer le Yi King, même à l'européenne, il faut oublier son rationalisme.

Le Yi King s'appuie sur l'équilibre entre le Yin et le Yang. Rien n'est jamais acquis, tout est cycle : dans la leçon de la défaite on apprend la victoire, mais quand on a remporté la victoire, il faut s'attendre à subir, à son tour, selon la loi des cycles, la défaite. Comme, à peine parvenu à son zénith, le soleil doit aborder son déclin...

Il faut recevoir les oracles du Yi King comme une suggestion, un art de vivre plutôt que comme des conclusions définitives et péremptoires.

Le Yi King suggère une conduite, une attitude, et ne répond pas aux questions d'ordre matériel. La "fortune", dans le Yi King, c'est la "bonne fortune" : le bonheur, et la "mauvaise", celle contre laquelle il faut faire "bon cœur", c'est-à-dire montrer du courage.

Le Yi King est un ensemble de 64 hexagrammes qui combinent 6 lignes horizontales, pleines, principe Yang, masculin, la lumière et le ciel, ou brisées, principe Yin, féminin, l'ombre et la terre. La superposition de ces 6 lignes donne un hexagramme, lui-même composé de 2 trigrammes de 3 lignes. Il y a 8 trigrammes :

 le **Ciel**

 la **Terre**

 le **Tonnerre**

 l'**Eau**

 la **Montagne** (le Bois)

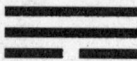 le **Vent**

 le **Feu** (le Soleil)

 le **Lac** (la Brume)

Trigrammes dont les noms permettent, lors de leur juxtaposition, des interprétations poétiques et symboliques, qui restent à l'appréciation de celui qui effectue l'oracle.

La manière la plus simple pour pratiquer le Yi King est d'utiliser 3 pièces de monnaie identiques, que l'on jette ensemble 6 fois de suite, en ayant eu soin, à chaque jet, de noter le résultat. Les *piles* comptent 2, les *faces* 3 points.

Chaque jet donne l'un des 4 cas suivants :

❖ Pile + Pile + Pile : 2 + 2 + 2 = 6
Vieux Yin (*mutable*) —**X**—
qui devient : ▬▬▬

❖ Pile + Pile + Face : 2 + 2 + 3 = 7
C'est le **Yang** : ▬▬▬

❖ Pile + Face + Face : 2 + 3 + 3 = 8
C'est le **Yin** : ▬ ▬

❖ Face + Face + Face : 3 + 3 + 3 = 9
Vieux Yang (*mutable*) —**X**—
qui devient : ▬ ▬

Les rangs se notent de bas en haut. Une consultation amenant un hexagramme sans trait mutable (vieux Yin ou vieux Yang) est à recommencer.

Dans une divination Yi-King complète, chaque trait a une signification propre ; ci-après, nous ne donnerons que la tendance proposée par l'ensemble de l'hexagramme.

Pour identifier cet hexagramme, et connaître son numéro, se reporter au tableau ci-dessous. L'hexagramme se compose de deux trigrammes (série de trois lignes).

Il se trouve à l'intersection de la verticale du trigramme supérieur (en haut du tableau), et de l'horizontale du trigramme inférieur (colonne de gauche du tableau).

1. K'IEN
Le Créateur (le Yang)
Le Ciel est dans le Ciel

La réussite. Allez de l'avant. Votre pouvoir créatif et votre ardeur vous permettent de vous adapter à toutes les situations et d'agir sur les êtres.

2. K'OUEN
Le Réceptif (le Yin)
La Terre est dans la Terre

La chance est à qui sait l'attendre. Période de sérénité. Comme la Terre reçoit la chaleur du Soleil et la renvoie, vous irradiez. Soyez sage et silencieux.

	1	34	5	26	11	9	14	43
	25	51	3	27	24	42	21	17
	6	40	29	4	7	59	64	47
	33	62	39	52	15	53	56	31
	12	16	8	23	2	20	35	45
	44	32	48	18	46	57	50	28
	13	55	63	22	36	37	30	49
	10	54	60	41	19	61	38	58

3. TCHOUEN
La Difficulté initiale
*L'Eau submerge
le Tonnerre*

Attente forge persévérance.
Vous êtes en phase de formation.
Laissez les choses se décanter.
Calculez bien les risques. Maîtrisez vos désirs et votre orgueil.
Trop d'agitation serait néfaste.

4. MONG
**L'Impétuosité
juvénile**
*La Montagne
au-dessus de l'Eau*

L'apprentissage fait le maître.
Préférez la persévérance à la
témérité. Pour acquérir la force
intérieure qui vous fait encore
défaut, il faut vous discipliner.
Ceux que vous admirez ne sont
pas forcément des modèles.

5. SU
L'Attente
*L'Eau est
au-dessus du Ciel*

**Pendant la trêve, le guerrier
nettoie son arme.**
Pliez, le temps de faire provision
d'énergie. Contournez l'obstacle,
même si le détour vous paraît
long : même la plus grosse avalanche finit par fondre.

6. SOUNG
Le Conflit
*Le Ciel est
au-dessus de l'Eau*

**Mauvaise entente vaut mieux
que bon procès.**
Prudence. Faites appel à un
conseiller impartial. Vouloir avoir
raison à tout prix pourrait causer
votre ruine.

7. SZE
L'Armée
*La Terre est
au-dessus de l'Eau*

L'action commune attire la victoire. Rassemblez, profitez des
opportunités. Il vous faut enthousiasme, discipline et persévérance
pour l'emporter en ce combat
douteux (*hexagramme de Mao
durant la Longue Marche*).

8. PI
La Solidarité
*L'eau est au-dessus
de la Terre*

L'union fait la force.
Seul, vous ne connaîtrez
qu'amertume et échec. Associez-vous avec des personnes complémentaires, mais ne vous dispersez
pas, gardez votre objectif.

9. SIAO TCHOU
Le Pouvoir
d'apprivoiser
Le Vent est sur le Ciel

La force du petit est aussi utile que celle du grand. L'obstacle doit être contourné par la ruse. Gardez-vous du spectaculaire, renforcez vos sentiments. La goutte d'eau, en gelant, peut faire éclater le rocher.

10. LIU
La Démarche
Le Ciel est
au-dessus du Lac

Pas de succès sans morale. Prudence devant l'adversité, plus forte que vous, mais qui se lassera avant vous. Il ne faut pas marcher sur la queue du tigre pour le faire partir.

11. T'AI
La Paix
La Terre est
au-dessus du Ciel

L'état de grâce. L'Harmonie des énergies permet entente et prospérité, concorde. Succès sera proportionnel à votre sagesse et à votre modération.

12. P'I
La Stagnation
Le Ciel est au-des-
sus de la Terre

Le désordre naît du mauvais chef. Situation bloquée. N'allez pas contre votre nature. Pendant ce déclin provisoire, ne faiblissez pas : on vous juge. Persévérez.

13. T'ONG JEN
La Fraternité
Le Ciel est au-des-
sus du Feu (Soleil)

Faire cause commune réchauffe celui qui a froid. Union avec ceux qui partagent vos valeurs. Échec quand l'intérêt personnel commande.

14. TA YEOU
L'Avoir
Le Soleil est
au-dessus du Ciel

L'abondance se partage. Liberté et richesse sont au rendez-vous. La vraie fortune, c'est davantage la sagesse et l'harmonie que la réussite sociale. La "sublime réussite", c'est d'être fier de sa vie.

15. K'IEN
L'Humilité
La Terre est au-des-
sus de la Montagne

Plus on monte, et plus dure est la chute.
Aussi convient-il de gravir lentement, avec simplicité et réalisme, sans illusions, ce qui permet une plus grande liberté d'action.

16. YU
L'Enthousiasme
Le Tonnerre est
sur la Terre

Péril vient de complaisance. Ne vous emballez pas, utilisez votre enthousiasme et vos forces neuves à vous armer pour les combats futurs, sans chercher à forcer votre nature et celle de vos proches.

17. SOUEI
La Persévérance
Le Tonnerre est
sous le Lac

S'adapter pour réussir.
Concentrez-vous sur l'action, oubliez les rancœurs et les héritages égoïstes. Pour vaincre l'adversaire, il faut penser comme lui.

18. KOU
La Décadence
Le Vent est sous
la Montagne

La réflexion purifie.
Devant la situation, difficile et dangereuse, ne vous découragez pas. Prenez le temps de méditer, et de trouver le remède : il est en vous. Faites une introspection.

19. LIN
L'Approche
La Terre est
au-dessus du Lac

Mûrir, c'est grandir.
Vous êtes dans une longue période faste. Profitez-en pour prévoir l'avenir, et la chute, inéluctable, afin de minimiser les dégâts.

20. KOUAN
La Contemplation
La Terre est
sous le Vent

De la tour d'ivoire, le succès se guette.
Contentez-vous de faire le point, pour avoir une vue d'ensemble et éliminer malentendus ou mésententes. Il sera toujours temps d'avancer.

21. CHE HO
La Justice
Le Soleil est au-des-
sus du Tonnerre

Mordre la proie qui se dérobe.
Une action énergique est nécessaire pour écarter l'entrave qui surgit. Si une faute a été commise, il faut vite la corriger.

22. PI
La Grâce
Le Soleil est en des-
sous de la Montagne

Harmoniser le fond et la forme.
Tout vous paraît facile. Pour que le succès soit durable, car il est factice, agissez avec discrétion, contentez-vous de régler des problèmes quotidiens, en laissant de côté les grandes questions.

23. PO
L'Éclatement
La Terre est sous
la Montagne

Quand on a un abri, il faut laisser passer l'orage.
Il y a danger à continuer. Arrêtez-vous et attendez, sinon, c'est la chute. N'entreprenez rien.

24. FOU
Le Retour
La Terre est au-des-
sus du Tonnerre

Le temps du renouveau n'a pas de saison.
Vous êtes au début d'un cycle favorable. Ne le gâchez pas par précipitation. Il faut laisser mûrir le succès, avant de le cueillir.

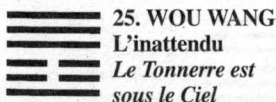

25. WOU WANG
L'inattendu
*Le Tonnerre est
sous le Ciel*

À l'innocent les mains pleines.
Écoutez vos voix intérieures,
faites taire les les convoitises. Le
succès, inattendu, naîtra de votre
droiture et de votre sérénité.

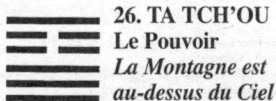

26. TA TCH'OU
Le Pouvoir
*La Montagne est
au-dessus du Ciel*

**Faire fructifier les
profits de l'expérience.** Pour
garder votre pouvoir sur les événements, évitez la facilité, renou-
velez-vous. La réussite passe par
l'innovation et l'appui des autres.

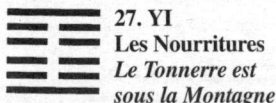

27. YI
Les Nourritures
*Le Tonnerre est
sous la Montagne*

**Les lèvres sont la porte du Bien,
et du Mal.** Les paroles, comme
les nourritures, peuvent être
nourrissantes ou empoisonnées.
D'où une nécessaire modération,
et des choix sûrs.

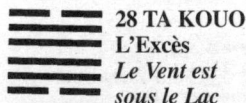

28 TA KOUO
L'Excès
*Le Vent est
sous le Lac*

Toute hâte est coupable.
Vous êtes menacé. Fixez-vous un
but précis, et allez-y. Il faut agir
vite, avec fermeté et diplomatie.
La réussite fuit le brouillon et l'ir-
réfléchi.

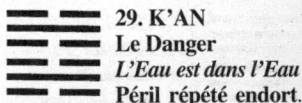

29. K'AN
Le Danger
L'Eau est dans l'Eau
Péril répété endort.
Ne vous laissez pas décourager
par les obstacles ; utilisez-les pour
vous abriter derrière. Ainsi trou-
verez-vous d'autres issues pour
les contourner.

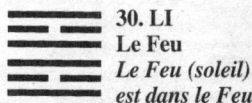

30. LI
Le Feu
*Le Feu (soleil)
est dans le Feu*

Briller sans se consumer. Il faut
être en harmonie avec le monde,
les événements, et accepter d'en
être dépendant. Les liens consen-
tis ne sont pas chaînes. Loyauté et
fidélité sont récompensées.

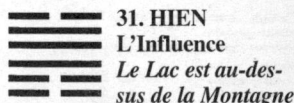

31. HIEN
L'Influence
*Le Lac est au-des-
sus de la Montagne*

Mariage heureux.
Allez vers ceux qui vous attirent,
l'attirance est réciproque. Vous
devez avoir un but et persévérer.
Ne rien souhaiter ni désirer est
signe d'appauvrissement.

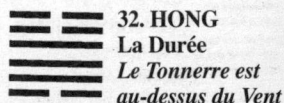

32. HONG
La Durée
*Le Tonnerre est
au-dessus du Vent*

Accepter l'ordre des choses.
Sachez évoluer, persévérez, en
vous adaptant aux circonstances.
Les courants sous-marins ne sont
pas visibles de la surface, mais ils
renouvellent l'eau du lac.

33. TOUEN
La Retraite
Le Ciel est au-des-
sus de la Montagne

Reculer pour mieux sauter.
Retraite n'est pas fuite. Gardez
votre force, et vos distances :
vous n'en serez que plus respecté.

34. TA TCHOUANG
La Puissance
Le Tonnerre est
au-dessus du Ciel

Avoir le triomphe modeste.
La chance est avec vous. Ne vous
laissez pourtant pas griser par
votre succès, restez tenace et
énergique, préférez la diplomatie
à la force. Pour paraître grand, il
faut être droit.

35. TSIN
La Progression
Le Soleil est
sur la Terre

La lumière ne salit pas.
Vous rayonnez de lumière intérieure, sans que l'on vous en
jalouse pour autant. Marchez
sereinement vers le succès.

36. MING YI
L'Obscurcissement
Le Soleil est
sous la Terre.

Savoir se ressourcer dans la
pénombre.
L'adversité l'emporte. Ne résistez
pas, repliez-vous. Dans le sommeil, on reprend des forces.

37. KIA JEN
Le Clan
Le Soleil est
sous le Vent

Du cercle familial partent les
rayons. C'est au sein du foyer
que vous trouverez l'harmonie et
la force d'entreprendre. Régéné-
rez-vous à la chaleur familiale
avant d'entreprendre.

38. K'OUEI
L'Opposition
Le Soleil est
au-dessus du Lac

S'enrichir des divergences.
L'eau et le feu ne se mélangent
pas. Équilibrez-les, que le feu ne
transforme l'eau en vapeur, et que
l'eau n'éteigne le feu. Pas de
grands projets quand il y a
incompréhension.

39. KIEN
L'Obstacle
L'Eau est
sur la Montagne

Savoir s'arrêter. Cherchez en
vous l'origine de vos difficultés.
Ne provoquez pas, et, en reculant,
ne fuyez pas non plus. L'adversité
forge le caractère.

40. HIAI
La Libération
Le Tonnerre est
au-dessus de l'Eau

La délivrance amène le pardon.
Les difficultés vont se résoudre.
Pas de triomphalisme. Soyez un
vainqueur serein, n'affichez pas
votre soulagement.

41. SOUEN
La Diminution
La Montagne est
au-dessus du Lac

La colère est mauvaise conseillère. Limitez vos ambitions, modérez vos prétentions, acceptez un état subalterne en maîtrisant votre colère. De la passion, passez à la patience.

42. YI
La Croissance
Le Vent est au-dessus du Tonnerre

Faire sa richesse de la sagesse d'autrui. Période faste pour entreprendre. Faites vite, un état de grâce ne dure pas. Profitez-en pour corriger vos erreurs.

43. KOUAI
La Résolution
Le Lac est
au-dessus du Ciel.

L'homme résolu doit être irréprochable. Ne donnez pas prise, par la violence et l'excès, à l'adversité. Étant irréprochable, vous n'aurez pas à accepter des compromissions.

44. KEOU
La Rencontre
Le Ciel est
au-dessus du Vent.

Laisser dire et laisser faire. Accueillez ceux qui viennent à votre rencontre, mais ne vous livrez pas, gardez votre indépendance. Qui ouvre les bras c'est pour, ensuite, mieux maîtriser !

45. TS'OUEI
Le Rassemblement
Le Lac est au-dessus de la Terre

Petits gains, grand profit. Entreprenez prudemment, en consolidant votre cercle intime.

46. CHENG
L'Élévation
La Terre est
au-dessus du Vent

Herbe folle n'empêche pas arbre de pousser. La réussite est là, en dépit d'une opposition provisoire. Justifiez votre ascension, donnez les preuves de votre maturité.

47. K'OUEN
L'Accablement
Le Lac est au-dessus de l'Eau

Quand la détresse est lisse, le malheur ne s'y accroche pas. Situation difficile. Les échecs s'accumulent. Ne renoncez pas. Gardez le silence et le secret, restez intègre, et engrangez ces forces qui, bientôt, vous aideront à vous en sortir.

48. TSING
Le puits
L'Eau est au-dessus du Vent

La meilleure force est celle que l'on trouve en soi. Introspection nécessaire. La réussite viendra de vous, pas des autres. Puiser l'énergie au plus profond de vous-même, comme au fond d'un puits.

49. KO
La Révolution
Le Lac est
au-dessus du Soleil

Croire en l'avenir n'est pas trahir le passé.

Période de transition, de réussite. Du passé faites table rase, adaptez-vous à votre nouvel état, et ne comptez que sur vous-même.

50. TING
Le Chaudron
Le Soleil est
au-dessus du Vent.

Le sage respecte les lois.

Vous êtes sur la voie du succès. Confortez-vous en respectant les règles du jeu social, et prenez de la distance avec vos problèmes.

51. - TCHEN
Le Tonnerre
Le Tonnerre est
dans le Tonnerre

La foudre éclaire l'âme.

Il faut se préparer à l'orage, à l'événement inattendu. Afin de garder votre sang-froid quand la foudre tombera, corrigez vos erreurs et vos négligences. Vous tirerez alors parti de son éclat.

52. KEN
L'Immobilisation
La Montagne est
dans la Montagne

Calme n'est pas passivité.

Restez à l'écart. Le moment est au repos, non à l'action. Revoyez vos objectifs et guettez les opportunités.

53. TSIEN
Le Progrès graduel
La Montagne
est sous le Vent

Qui veut aller loin ménage sa monture. C'est en avançant pas à pas, dans le respect des usages, que l'on progresse. La vitesse mène à l'échec.

54. KOUEI MEI
L'Épousée
Le Tonnerre est
au-dessus du Lac

L'impulsion est mauvaise maîtresse. Situation délicate si elle est d'affaire, compliquée si elle est sentimentale.

N'entreprenez rien sur un coup de tête. Gardez le sens de la mesure, maîtrisez-vous.

55. FONG
La Plénitude
Le Tonnerre est
au-dessus du Soleil

Qui trop embrasse mal étreint. Chances à saisir, en cette période faste. Ne pas vous éparpiller ! Privilégiez la grandeur plutôt que la splendeur.

56. LIU
Le Voyageur
Le Soleil est au-dessus de la Montagne

Les voyages forment la sagesse. Vous n'êtes pas encore parvenu au but et vous devez errer encore. Évitez de vous engager durant ce voyage qui vous enrichit et vous endurcit.

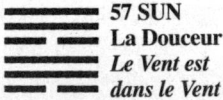

57 SUN
La Douceur
Le Vent est
dans le Vent

Le roseau plie quand le chêne se rompt. Succès, si vous restez modeste et persévérant. Il ne faut pas résister au vent, mais, sans gloire, se laisser pousser par lui.

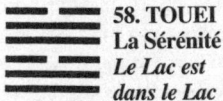

58. TOUEI
La Sérénité
Le Lac est
dans le Lac

Enrober la fermeté de douceur. Amélioration et bonnes nouvelles en perspective. Si vous agissez avec amabilité, et souplesse, le succès n'en sera que plus fort.

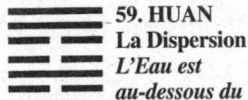

59. HUAN
La Dispersion
L'Eau est
au-dessous du Vent.

Quand la glace fond, l'eau vitale s'en va. Cupidité et égoïsme peuvent provoquer une séparation. Acceptez le dialogue, en respectant la justice. Vous êtes seulement un élément de la communauté, pas le centre.

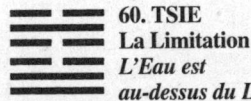

60. TSIE
La Limitation
L'Eau est
au-dessus du Lac

Pour sauter l'obstacle, il faut le mesurer.
Modérez votre envie d'en découdre, et hâtez-vous lentement vers des objectifs à votre portée.

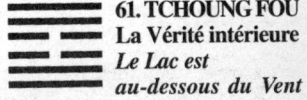

61. TCHOUNG FOU
La Vérité intérieure
Le Lac est
au-dessous du Vent

Confiance en soi n'est pas orgueil. "Connais-toi toi-même et tu connaîtras les autres". Savoir écouter autrui, pour le convaincre.

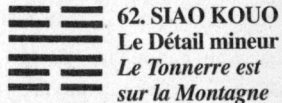

62. SIAO KOUO
Le Détail mineur
Le Tonnerre est
sur la Montagne

Quand il pleut, le papillon se cache. Faites preuve de modestie, et de ténacité. Le temps est à l'économie.

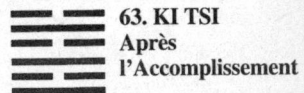

63. KI TSI
Après
l'Accomplissement

L'Eau est au-dessus du Soleil
Mieux vaut tenir que courir. C'est en envisageant les malheurs qu'on s'en prémunit. Vous êtes au sommet, en équilibre instable. Respectez l'acquis, et veillez, par impétuosité ou imprudence, à ne pas régresser.

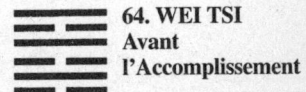

64. WEI TSI
Avant
l'Accomplissement

L'Eau est au-dessous du Soleil
Après le chaos, l'harmonie.
Un nouveau cycle va commencer. Finissez ce qui a été entrepris, ce sera la base d'un nouveau départ. Tout est à faire, tout est possible, jusqu'à la victoire.

ZODIAQUE

Les astres, à commencer par le Soleil et la Lune, se lèvent à l'est et se couchent à l'ouest. Pour les adeptes de l'astrologie, ils tournent autour de la Terre, et suivent donc toujours le même chemin : le Zodiaque.

C'est une bande de 16° qui encercle la Terre. Les premiers astrologues ont divisé ce zodiaque en 12 parties égales : les signes (voir **Astrologie**).

Chaque signe du Zodiaque est égal à 30°, et le Soleil met environ un mois pour parcourir un signe. Soleil qui par son passage détermine les périodes de l'année astrologique.

Le début de ce cycle se situe le 21 mars, à l'équinoxe de printemps, au départ du signe du Bélier. Suivent les signes du Taureau, des Gémeaux, du Cancer... jusqu'aux Poissons.

Dans le zodiaque passent les routes apparentes du soleil, de la

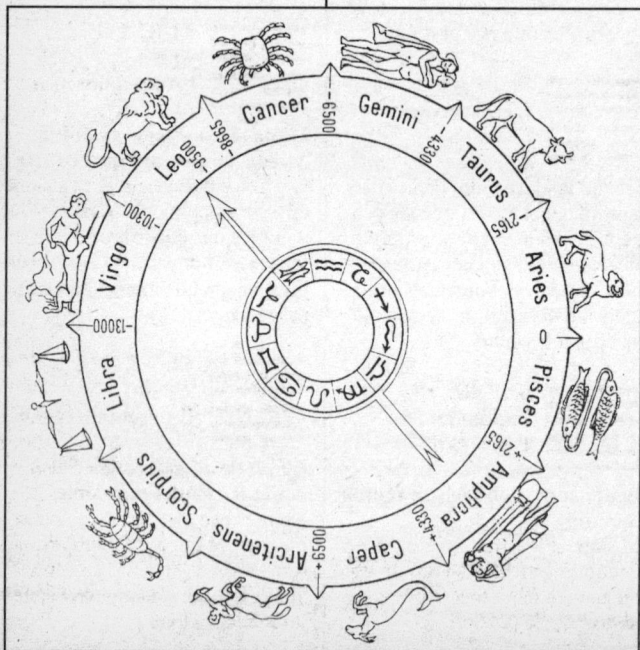

lune, et des planètes que connaissaient les Anciens, et auxquelles ils donnèrent les noms de leurs dieux.

Du fait de la précession des équinoxes (décalage dû au mouvement que fait l'axe de la Terre, cette dernière tournant inclinée comme une toupie autour du Soleil), la position de ces planètes a changé, et les horoscopes à travers l'histoire ne sont pas comparables.

L'entrée du Soleil dans le Bélier correspond à l'équinoxe de printemps, dans le Cancer au solstice d'été, dans la Balance à l'équinoxe d'automne, dans le Capricorne au solstice d'hiver.

Notre actuel zodiaque a 2 000 ans : les signes doivent leur nom aux constellations avec lesquelles ils coïncidaient alors.

Mais, à cause de la précession des équinoxes, un décalage s'opère (30° en 2 150 ans) : ainsi, de l'ère des Poissons à laquelle nous appartenons depuis environ 2 000 ans, et qui correspond à l'avènement du christianisme, passerons-nous à celle du Verseau, ce qui fait prévoir par certains la fin du christianisme, dont l'un des premiers symboles gravés dans les catacombes fut, d'ailleurs, le poisson…

Ce décalage dû à ce phénomène compliqué qu'est la précession des équinoxes explique aussi pourquoi les astrologues, dans les magazines qui publient leurs horoscopes, ne donnent pas des dates identiques pour le début et la fin de chaque signe.

Les rationalistes ne se privent pas de leur en faire le reproche. Mais il s'agit d'astrologie, et non d'astronomie ; la première est un art divinatoire, avec toutes les incertitudes qu'une telle discipline comporte, la seconde est une science exacte, où les calculs mathématiques remplacent la prescience.

Ceux qui sont nés entre les 19 et 23 de chaque mois, c'est-à-dire à la fin d'un signe ou au début d'un autre, s'ils sont dans le doute, choisiront le signe auquel ils veulent appartenir selon leur intuition, ou en comparant, quant aux signes qui les concernent, la précision des horoscopes.

Des zodiaques étaient souvent gravés dans les temples antiques (comme celui de Denderah, en Égypte) ; on en trouve aussi dans les cathédrales (Notre-Dame de Paris, Strasbourg, Autun…), preuve de l'importance accordée à l'astrologie dans le Moyen Âge occidental.

INDEX

ARTS DIVINATOIRES
PROCÉDÉS MAGIQUES ET SUPERSTITIONS
SCIENCES OCCULTES
PERSONNAGES CÉLÈBRES

ARTS DIVINATOIRES

PROCÉDÉS MAGIQUES et superstitions

SCIENCES OCCULTES

PERSONNAGES CÉLÈBRES

Impression réalisée sur Presse Offset par

BRODARD & TAUPIN

GROUPE CPI

La Flèche (Sarthe),
en janvier 2004

Imprimé en France
Dépôt légal : janvier 2004
N° d'impression : 22130
ISBN : 2-84690-127-9